Stadt Boppard
Verbandsgemeinde Emmelshausen

100 Jahre Hunsrückbahn

1908 - 2008

Boppard - Emmelshausen

Boppard / Emmelshausen
Selbstverlag der Herausgeber

2008

Bibliographische Information der Deutschen Nationalbibliothek

Die Deutsche Nationalbibliothek verzeichnet diese Publikation in der Deutschen Nationalbibliographie; detaillierte bibliographische Daten sind im Internet über **http://dnb.d-nb.de** abrufbar.

Satz, Gestaltung und Layout: Bernd Hübner, Jürgen Johann

Verantwortlicher Autor, Redaktionsleitung: Jürgen Johann

Herausgeber: Stadt Boppard und Verbandsgemeinde Emmelshausen

Druck und Gesamtherstellung: Graphische Werkstätte Seiser & Schwieck OHG, Neuwied

ISBN 978-3-00-024757-6

Inhaltsverzeichnis

100 Jahre Hunsrückbahn

1908 - 2008

Boppard - Emmelshausen

Grußwort

Für die Menschen in der Region ist die 16 Kilometer lange Hunsrückstrecke sehr bedeutsam. Sie stellt die Verbindung der Gemeinden des östlichen Hunsrücks an das Rheintal dar. Darüber hinaus schätzen Touristen die Bahn nicht zuletzt wegen ihrer Einbindung in die reizvolle Landschaft des Hunsrücks und den Rheintals.

100 Jahre wird diese Strecke in diesem Jahr alt. Zur Zeit ihrer Erbauung galt sie als technische Meisterleistung. Aufgrund ihrer starken Steigungsstrecken konnte sie nur von Loks mit Zahnradunterstützung befahren werden. Auch heute sind noch Spezialfahrzeuge und ein zweiter Lokführer nötig, um die mehr als 60 ‰ steile Strecke zu befahren.

Bei diesen technischen und organisatorischen Herausforderungen ist es umso erfreulicher, dass es dem Zweckverband Schienenpersonennahverkehr Rheinland-Pfalz Nord gemeinsam mit dem Verkehrsministerium gelungen ist, den Bestand der Strecke für weitere 20 Jahre bis 2029 zu sichern und den Menschen in der Region damit eine verlässliche Grundlage für die Erfüllung der Mobilitätsbedürfnisse zu schaffen.

Der Gewinner des wettbewerblichen Vergabeverfahrens, das Unternehmen Rhenus Veniro aus Rheinland-Pfalz, wird auf der Strecke künftig moderne Leichttriebwagenfahrzeuge einsetzen. Die Vergabe der Zugleistungen auf dieser Strecke über einen längeren Zeitraum war auch der Startschuss dafür, dass jetzt die Gleise nach 100 Jahren gründlich saniert werden.

Ich bin sicher, dass die Menschen der Region die umfangreichen Investitionen in Strecke und Wagenmaterial begrüßen und die Bahnstrecke zukünftig noch stärker nutzen werden. In der vorliegenden Publikation wurden viele Fakten und viel Wissenswertes zu der Hunsrückstrecke in kompakter Form zusammengetragen. Dafür danke ich den vielen an der Herausgabe Beteiligten sehr herzlich.

Allen Lesern wünsche ich eine anregende Lektüre.

Hendrik Hering
Minister für Wirtschaft, Verkehr, Landwirtschaft und Weinbau des Landes Rheinland-Pfalz

Grußwort

Liebe Kunden der Hunsrückbahn,
sehr geehrte Damen und Herren,

Dieses Jahr feiert die Hunsrückbahn von Boppard nach Emmelshausen ihren 100. Geburtstag. Dabei ist sie keine gewöhnliche Nebenbahn, sondern mit einem Neigungsgrad von sechs Prozent die steilste Strecke in unserem Netz von rund 34.000 Kilometern. Und trotz ihres Alters wird sie im Gegensatz zu früher heute gut genutzt, sowohl von der einheimischen Bevölkerung, wie auch von vielen Touristen, die im UNESCO-Welterbe Mittelrheintal und im Hunsrück ihren Urlaub Fahrrad fahrend oder wandernd verbringen.

Über lange Jahrzehnte des Bundesbahnzeitalters wurde die Strecke Boppard-Emmelshausen wie zahlreiche andere Nebenbahnen vernachlässigt. Die Bundesbahn hatte schlicht zu wenig finanziellen Spielraum, um im unwirtschaftlichen Nebenbahnverkehr Schritte nach vorne zu gehen. Die Versäumnisse der Verkehrspolitik machten sich auch im Hunsrück bemerkbar. Dies konnte sich erst ändern mit der Regionalisierung des Schienenpersonennahverkehrs im Jahr 1996. Seitdem zeichnen die Länder verantwortlich für die Bestellung des Zugangebots bei den Bahnen und erhalten hierzu finanzielle Mittel vom Bund. So ist der Zugbetrieb auf der Hunsrückbahn bis zum Jahr 2029 durch das Land Rheinland-Pfalz bestellt und damit gesichert.

Dies gibt der Deutschen Bahn AG als Infrastrukturbetreiber die Möglichkeit, die Strecke nun wirtschaftlich und grundlegend zu modernisieren. Noch im Jahr 2008 investieren wir hierfür mehr als neun Millionen Euro und geben der Hunsrückbahn damit grünes Licht für die Zukunft. Ich hoffe, dass das Land Rheinland-Pfalz sein Engagement für den ökologisch und ökonomisch effizienten Verkehrsträger Schiene konsequent fortsetzt. 6.500 DB-Mitarbeiter in Rheinland-Pfalz und Millionen Kunden des überaus erfolgreichen Rheinland-Pfalz-Taktes freuen sich darauf.

Der neuen Hunsrückbahn wünsche ich allzeit gute Fahrt!

Ihr Hartmut Mehdorn

Hartmut Mehdorn
Vorstandsvorsitzender
Deutsche Bahn AG

Grußwort

Liebe Eisenbahnfreundinnen,
liebe Eisenbahnfreunde,

zum Jubiläum „100 Jahre Hunsrückbahn Boppard - Emmelshausen“ möchte ich Sie in doppelter Funktion grüßen: Als Landrat des Rhein-Hunsrück-Kreises und als Verbandsvorsteher des Zweckverbandes Schienenpersonennahverkehr Rheinland-Pfalz Nord.

Die landschaftlich reizvolle und vor allem touristisch attraktive etwa 15 km lange Eisenbahnverbindung zwischen dem Mittelrheintal und dem Hunsrück wurde im November 1990 unter Denkmalschutz gestellt. Nicht zuletzt wegen der riesigen Stützmauern, den fünf Tunnels und den zwei hohen Viadukten mit Rundbogenarkaden; darunter die in einer Kurve geführte Hubertusschlucht-Brücke mit sechs Öffnungen auf 150 m Länge bei 50 m Höhe, zu ihrer Zeit eine der höchsten Steinbogenbrücken in Deutschland. Umso mehr freue ich mich, dass auf dieser denkmalgeschützten Strecke auch in ihrem 100. Jubiläumsjahr Schienenpersonenverkehr im Takt angeboten wird. Der Zugbetrieb wird derzeit noch von DB Regio durchgeführt, während die Gleisanlagen in der Hand von DB Netz liegen.

Über den Steilstreckenabschnitt zwischen Boppard und Buchholz wird auf gut sechs Streckenkilometern ein Höhenunterschied von fast 330 m bewältigt. Wegen technischer Probleme auf der Steilstrecke kam es in den letzten Jahren wiederholt zu zeitweiligen Einstellungen des Betriebs. Inzwischen ist jedoch vereinbart, dass die dringend erforderliche Generalsanierung der gesamten Strecke im Sommer 2008 erfolgt.

Grundlage dafür ist die Bereitschaft des Zweckverbandes Schienenpersonennahverkehr Rheinland-Pfalz Nord, längerfristig Eisenbahnverkehrsleistungen auf der Strecke zu bestellen. Im Rahmen eines Wettbewerbsverfahrens erhielt das rheinland-pfälzische Eisenbahnverkehrsunternehmen Rhenus Veniro den Zuschlag. Dieses Unternehmen wird ab Dezember 2009 für die Dauer von 20 Jahren den Zugbetrieb auf unserer Jubiläumsstrecke durchführen.

Mit dem Betreiberwechsel im Jahre 2009 werden auch neue Dieseltriebwagen zum Einsatz kommen. Damit soll in Verbindung mit einer verstärkten touristischen Vermarktung der landschaftlich attraktiven Strecke die Fahrgastnachfrage gesteigert werden.

Im Jubiläumsjahr sind also die Weichen für einen langfristigen Zugbetrieb auf der Hunsrückbahn zwischen Hunsrück und Rhein gestellt. Nicht jede 100jährige Eisenbahnstrecke kann mit dieser Gewissheit in die Zukunft blicken. Unsere Jubiläumsstrecke hat eine denkwürdige Vergangenheit und eine hoffnungsvolle Zukunft. Dies ist ein doppelter Grund zum Feiern.

Bertram Fleck
Landrat Rhein-Hunsrück-Kreis
Verbandsvorsteher SPNV

Gemeinsames Grußwort

100 Jahre Hunsrückbahn - Tradition mit Zukunft

Das 100-jährige Jubiläum unserer Hunsrückbahn zwischen Emmelshausen und Boppard ist ein großes historisches Ereignis für unsere Heimatregion, aber gleichzeitig der Ausgangspunkt für eine gesicherte, prosperierende Zukunft dieser einzigartigen Bahnverbindung.

Am 3. August 1908 wurde die neue Bahnlinie erstmals fahrplanmäßig befahren. Mit der Hunsrückbahn und der gleichzeitigen Errichtung des „Bahnhofs Halsenbach" wurde die Keimzelle der schließlich 1935 gegründeten Gemeinde Emmelshausen geschaffen. Nach dem Bau der Strecke und des Bahnhofs entwickelte sich sozusagen „Zug um Zug" die gewerbliche Wirtschaft sowohl in Emmelshausen als auch in Halsenbach, die den Menschen mit Blick auf die schwierigen Umstände der hiesigen Landwirtschaft eine spürbare Verbesserung der Existenzgrundlage brachte.

Der Bau der Hunsrückbahn war damit zweifellos die Initialzündung zu der außerordentlich erfolgreichen Entwicklung unserer Heimatregion „ganz vorne im Hunsrück" mit den heute hervorragenden Standortfaktoren und der hohen Lebensqualität.

Unsere Hunsrückbahn hat nicht nur das vergangene Jahrhundert mit all seinen Wirren und Tragödien unbeschadet überstanden. Sie wurde nun sogar mit großem Aufwand generalsaniert und damit für die zukünftigen Generationen gesichert. Dies ist ein wahrlich geeigneter Moment, um das stolze Jubiläum unserer Hunsrückbahn zu feiern.

Genießen Sie die Fahrt auf der frisch sanierten Hunsrückbahn, zweifellos eine der steilsten und schönsten Eisenbahnstrecken Deutschlands.

Norbert Monnerjahn
Ortsbürgermeister
Emmelshausen

Erich Schneider
Ortsbürgermeister
Halsenbach

Peter Unkel
Bürgermeister
Verbandsgemeinde Emmelshausen

Grußwort

Jahrzehntelanges Ringen und Kämpfen um die Schaffung einer durchgehenden Schienenverbindung vom Mittelrheintal auf die Höhen des Hunsrücks war vergessen, als am 2. August 1908 das letzte Teilstück der Hunsrückbahn zwischen Kastellaun und Boppard feierlich eröffnet wurde. Ein Meilenstein ähnlich wie die erstmalige Herstellung der Römerstraße.

Die hiermit verbundenen immensen Vorteile unserer Region - und dies nicht nur auf wirtschaftlichem und touristischem Gebiet - sind heute kaum noch messbar.

Ein Jahrhundert Hunsrückbahn bedeutete auch ein Jahrhundert Höhen, Tiefen, Nöte und Sorgen. Während bis auf das ohne Frage landschaftlich herausragende Teilstück zwischen Boppard und Emmelshausen mitsamt seiner einmaligen Steilstrecke das gesamte einstige Streckennetz längst zur Historie zählt, kann sich das laufende Kalenderjahr 2008 nicht nur als Jubiläumsjahr schmücken. Mit der Durchführung umfangreicher Sanierungsmaßnahmen entlang der Steilstrecke und der umgesetzten Teilprivatisierung des Streckenabschnitts ist nach Verlautbarung aller maßgeblichen Bahnverantwortlichen der Bestand der Hunsrückbahn für die nächsten Jahrzehnte gesichert. Hierüber freuen wir uns alle.

Mit der nunmehr vorliegenden Jubiläums-Festschrift wurde zudem ein Werk geschaffen, welches in reichhaltig bebilderter Form die Geschichte unserer Hunsrückbahn aufleben lässt. Dem Autorenteam ist es gelungen, ein ansprechendes Werk gleichermaßen für Eisenbahn- und Heimatfreunde zu Papier zu bringen. Hierfür mein Dank.

Allen Leserinnen und Lesern der vorliegenden Festschrift wünsche ich viel Erbauung und gute Unterhaltung.

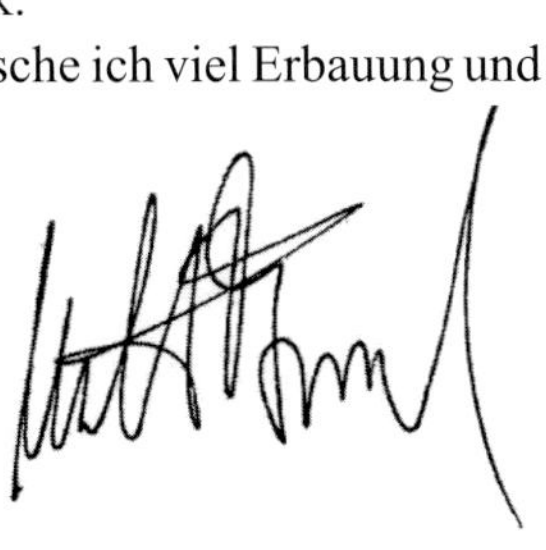

Dr. Walter Bersch
Bürgermeister
Stadt Boppard

„Bestand der Strecke ist langfristig gesichert!"

Von Tal zu Berg: 100 Jahre Hunsrückbahn

von Stephan Pauly M.A./ Dr. Thomas Geyer

Stephan Pauly M.A.

Dr. Thomas Geyer

Als um die Wende vom 19. zum 20. Jahrhundert zunehmend die Eisenbahn auch den ländlichen Raum eroberte, stellte sich den Ingenieuren und technischen Planern das Problem, dass die Hochflächen des rheinischen Schiefergebirges - so auch des Hunsrücks - nicht unmittelbar vom tief eingeschnittenen Rheintal aus zu erreichen waren. Die enormen Höhenunterschiede erforderten auf relativ kurzen Streckenabschnitten starke Steigungs- bzw. Neigungsverhältnisse, deren technische Realisation zunächst nur mit der Anlage von Zahnradbahnen umgesetzt werden konnte.

Auf einer derartigen „Steilstrecke" zogen sich auch zwischen den Bahnhöfen Boppard und Buchholz die Lokomotiven mit Hilfe eines Zahnrades und der zwischen den Schienen befestigten Zahnstange über einen 5,5 km langen Abschnitt auf die Höhen des Hunsrücks hinauf. Bei der Eröffnung der Hunsrückbahn wurde auf diesem Streckenabschnitt ein Steigungs- bzw. Neigungsverhältnis von 1:16,4 erreicht. Dies entspricht einer Steigung von exakt 6,09 %.

Nachdem als erste Steilstrecke ein Abschnitt der Brohltaleisenbahn bereits im Jahr 1901 erfolgreich in Betrieb gegangen war und somit erste Erfahrungen mit dem Zahnradbetrieb gewonnen werden konnten, folgte im Jahr 1908 mit der Eröffnung der Hunsrückbahn die Betriebsaufnahme auf der seinerzeit steilsten Eisenbahnstrecke für Personen- und Güterverkehr im Rheinland bzw. im Westen des damaligen Deutschen Reiches.

Der Betrieb auf der Strecke Boppard - Buchholz - Emmelshausen stellte über viele Jahre höchste Anforderungen an Mensch und Material. Die eingesetzten Zahnradlokomotiven verfügten über eine höchst komplizierte und aufwendige Triebswerkstechnik, die bei der Wartung umfangreiche technische Kenntnisse und Fähigkeiten des bedienenden Personals voraussetzte.

Das seit dem Jahr 1908 auch im Zuge der Verlängerung der Strecke Boppard - Emmelshausen bis zum früheren Bahnknotenpunkt Simmern stetig wachsende Verkehrsaufkommen erforderte jedoch die Abkehr von dem technisch sehr aufwendigen und wirtschaftlich ineffizienten Steilstreckenbetrieb in Form der Zahnradbahn.

Nach erfolgreichen Versuchen mit besonders schweren Reibungslokomotiven in Thüringen wurde die Strecke noch in den 1920-er Jahren auf „normalen" Reibungsbetrieb umgestellt, der jedoch bis heute bremstechnisch höchste Anforderungen an das hier zum Einsatz kommende Fahrzeugmaterial stellt.

Noch lange bevor der Hunsrück durch den Bau der gleichnamigen „Höhenstraße" im 2. Drittel des 20. Jahrhunderts erschlossen wurde, sorgte die eisenbahntechnische Erschließung des Hunsrücks für einen bescheidenen Wohlstand und eröffnete auch den Hunsrücker Landwirten im größeren Stil die Erschließung der Märkte für die im Hunsrück produzierten landwirtschaftlichen Produkte. Darüber hinaus konnte der stark ländlich geprägte Raum des Vorderhunsrücks nunmehr zunehmend auch mit den Gütern der Konsum- bzw. Grundstoffindustrie versorgt werden.

Nicht zuletzt diente die Hunsrückbahn aber auch im ganz besonderen Maße dem Transport und der Beförderung von Personen und Reisenden, die teils als Berufspendler oder - wie noch heute - als Ausbildungspendler von den Hunsrückhöhen nach Boppard zu den weiterführenden Schulen befördert wurden und werden.

Die besondere Funktion der Hunsrückbahn als direkte Verbindung aus dem Mittelrheintal auf die Hunsrückhöhen und der Tatsache, dass diese Verbindung nur schwerlich durch eine ähnlich attraktive Busverbindung ersetzt werden kann, ist es zu verdanken, dass die Strecke die Stilllegungswelle der 60er Jahre zumindest im Abschnitt zwischen Emmelshausen und Boppard unbeschadet überstanden hat. Spätestens mit der Mitte der 90er Jahre greifenden Regionalisierung des Schienenpersonennahverkehr war die latente Bedrohung einer Stilllegung vollständig gebannt, da nunmehr die Verantwortung für die Bedienung dieser Strecke in der Region bei dem dafür gegründeten Zweckverband Schienenpersonennahverkehr Rheinland-Pfalz Nord (SPNV-Nord) liegt.

Der Aufrechterhaltung des Betriebes diente auch ein europaweites Wettbewerbsverfahren, das der SPNV-Nord durchgeführt hat und auf dessen Grundlage nunmehr beginnend im Dezember 2009 für die folgenden zwanzig Jahre ein neuer Betreiber, nämlich das Mainzer Eisenbahnverkehrsunternehmen Rhenus Veniro, den Betrieb der Hunsrückbahn übernehmen wird. Diesen langfristigen Vertrag zur Durchführung des Nahverkehrs auf der Hunsrückbahn nahm wiederum der Infrastrukturbetreiber der Gleis-, Leit- und Sicherungsanlagen, die DB Netz AG, zum Anlass, mit einem Betrag von rd. 9,3 Mio. € die Komplettsanierung der gesamten Strecke im Jahr 2008 durchzuführen und erfolgreich abzuschließen.

Mit dem Betreiberwechsel wird sich auch die Qualität des Angebotes auf der Strecke grundlegend verändern. Statt der im Nahverkehr nicht mehr zeitgemäßen Diesellokomotiven und alten Nahverkehrswagen werden künftig moderne Triebfahrzüge des Typs RS 1 der Fa. Stadler auf der Strecke verkehren. Diese Züge erfüllen die heute im Nahverkehr eigentlich selbstverständlichen Anforderungen an Reisekomfort und Barrierefreiheit und werden die Attraktivität der Strecke deutlich erhöhen. Außerdem werden die Bedingungen für die auf dieser Strecke wichtigen Fahrradmitnahme verbessert.

Die Verantwortlichen für den Personennahverkehr im Norden von Rheinland-Pfalz verbinden mit den jüngst getätigten Investitionen die Hoffnung, dass den Kunden und Reisenden auf der Hunsrückstrecke auch für die nächsten 100 Jahre ein gesichertes und umfangreiches Nahverkehrsangebot zur Verfügung steht.

Vor allem in touristischer Hinsicht soll in den kommenden Jahren mit Unterstützung von SPNV-Nord und Verkehrsverbund Rhein-Mosel die Integration des SPNV/ÖPNV in diesem Teil des Rhein-Hunsrück-Kreises in die Fremdenverkehrsstrukturen des Weltkulturerbes Mittelrhein verstärkt erfolgen.

Einen ganz besonderen Reiz übt die Strecke zwischen Boppard und Emmelshausen vor allem auf Wanderer und Fahrradfahrer aus. Nach dem Genuss der landschaftlich einmaligen Bergfahrt aus dem Mittelrheintal auf die Höhen des Vorderhunsrücks können auf dem gut ausgebauten Radwegenetz die Hochflächen des Hunsrücks erkundet werden. Besonders der „Schinderhannes-

Radweg“ auf der Trasse der 1983 stillgelegten Fortsetzung der Hunsrückbahn von Emmelshausen nach Simmern bietet mit geringsten Höhenunterschieden eine ideale Möglichkeit, das Bahnreiseerlebnis vergangener Tage neu zu entdecken.

Wanderern hingegen stehen mit der Ehrbachklamm und dem Baybachtal landschaftlich eindrucksvollste, tief eingeschnittene Wege Richtung Moseltal zur Verfügung, die im Rahmen von interessanten Tages- oder auch Mehrtageswanderungen stets bergab verlaufend auch mit Kindern gut erkundet werden können.

Neben dem umfangreichen Leistungsangebot steht dabei auch das attraktive Fahrausweissortiment des VRM allen Kunden zur Umsetzung der persönlichen Reisewünsche zur Verfügung. Hierzu gehört u. a. die Minigruppenkarte, bei der fünf Personen zu einem günstigen Preis nicht nur auf der Hunsrückstrecke, sondern im gesamten VRM-Gebiet den individuellen Mobilitätswünschen nachgehen können.

Den Fahrgästen und den auf der Strecke zum Einsatz kommenden Eisenbahnern wünschen Zweckverband und Verkehrsverbund alle Zeit freie und gute Fahrt.

Stephan Pauly M.A.
Geschäftsführer VRM GmbH

VRM Verkehrsverbund Rhein-Mosel

Dr. Thomas Geyer
Verbandsdirektor SPNV-Nord

SPNV-Nord
Wir bewegen die Region

Die Eisenbahn

Definition des Deutschen Reichsgerichts Leipzig aus dem Jahr 1879

Definition „Eisenbahn“

„Eine Eisenbahn ist ein Unternehmen, gerichtet auf wiederholte Fortbewegung von Personen oder Sachen über nicht ganz unbedeutende Raumstrecken auf metallener Grundlage, welche durch ihre Konsistenz, Konstruktion und Glätte den Transport großer Gewichtsmassen bzw. die Erzielung einer verhältnismäßig bedeutenden Schnelligkeit der Transportbewegung zu ermöglichen bestimmt ist, und durch diese Eigenart in Verbindung mit den außerdem zur Erzeugung der Transportbewegung benutzten Naturkräften Dampf, Elektrizität, tierischer oder menschlicher Muskeltätigkeit, bei geneigter Ebene der Bahn auch schon durch die eigene Schwere der Transportgefäße und deren Ladung usf. bei dem Betriebe des Unternehmens auf derselben eine verhältnismäßig gewaltige, je nach den Umständen nur bezweckter Weise oder auch Menschenleben vernichtende und menschliche Gesundheit verletzende Wirkung zu erzeugen fähig ist.“

(Deutsches Reichsgericht Leipzig, Urteil vom 17. März 1879;
Fundstelle: RGZ 1, 247, 252)

Ein Traum, der schnell ausgeträumt war

Das Eisenbahnprojekt Oberwesel - Kastellaun

von Armin Henn

Nachdem zum auslaufenden 19. Jahrhundert der Ruf nach einer Bahnanbindung des Hunsrück an das von dem im Jahre 1859 fertig gestellten linksrheinischen Eisenbahnnetz Köln - Mainz mächtig profitierende Mittelrheintal stetig lauter erschallte, erkannten neben Boppard auch die Rheinstädte Koblenz, St. Goar, Oberwesel und Bacharach mannigfache Entfaltungsmöglichkeiten und rührten für ihre Ortschaften kräftig die Werbetrommel.

Beispielhaft wird nachfolgend das beurkundete Ergebnis der Bemühungen von Oberwesel dokumentiert. Quelle: LHA Koblenz; Bestand 631 - Nr. 856.

Ende 1893 wünschte die Stadt Kastellaun eine Eisenbahnverbindung zum Rhein. Der Plan sah vor, dass die Schmalspureisenbahn von Oberwesel durch das Niederbachtal über Birkheim, Pfalzfeld, Lingerhahn, Braunshorn nach Kastellaun verlaufen sollte.

Amtsbürgermeister Liesenfeld aus Pfalzfeld hatte auch Interesse am Bau der Bahn durch das Niederbachtal gezeigt. Bürgermeister Doll aus Oberwesel setzte sich ebenfalls für eine Streckenführung durch das Niederbachtal, und nicht durch das Engehöllertal, ein.

„Neutralität wahren" war oberstes Gebot von Landrat Max Wallraf (Amtsperiode 1894 - 1898), der wiederholt Vertreter aller vier kreisangehörigen Bewerbergemeinden zu Strategiegesprächen ins St. Goarer Kreishaus einlud.

Nicolaus Henzel, „Civil-Ingeneur" aus Wiesbaden, bot am 28. August 1895 Bürgermeister Doll seine Dienste für die Projektierung der Bahn an. Er habe bereits einige Hundert Kilometer Vorarbeiten für Kleinbahnen ausgeführt. Zuletzt habe er die Bahnlinie Bingen - Gensingen ausgearbeitet.

Gleich vier gewichtige Städte, die allesamt im einstigen Wappen des Altkreises St. Goar verewigt waren, bewarben sich zum auslaufenden 19. Jahrhundert mit Nachdruck um die Talstation der Hunsrückbahn. Das Kreiswappen wurde duch den katzenelnbogischen Löwen (St. Goar), den Pfälzer Löwen (Bacharach) und den Reichsadler mit dem Trierer Kreuz auf dem Wappenschild (Boppard und Oberwesel) symbolisiert.

Der vereidigte Landmesser H. Pein aus Köln bewarb sich bei der Stadt Oberwesel für die Vermessung.

Bürgermeister Doll fordert von der Koblenzer Katasterverwaltung Landkarten über den Streckenverlauf der geplanten Bahn im Maßstab 1:5.000 an. Die Katasterämter waren angewiesen, für Bahninteressenten Karten auf Pausleinen kostenlos abzugeben.

Landrat Wallraf lud die Bürgermeister der beteiligten Gemeinden wegen des Bahnprojekts zu einer dienstlichen, vertraulichen Besprechung ins Kreishaus nach St. Goar ein.

Ende 1895 setzte sich Bürgermeister Doll wegen des Eisenbahnprojekts mit dem Forstamt St. Goar in Verbindung. Da für die Vorarbeiten eine größere Anzahl Pfähle erforderlich seien, schlug er vor, dass diese aus den betreffenden Gemeindewaldungen entnommen werden sollten.

Schließlich kam der Regierungsbaumeister aus Kreuznach in seinem „Gutachten über den Entwurf einer Eisenbahnverbindung von Oberwesel nach Castellaun“ vom 4. April 1896 zu folgendem Ergebnis: *„Da der Erfolg derselben ein sehr zweifelhafter, meines Erachtens ein negativer sein wird, so rate ich den Bürgermeisterämtern auch von dieser Ausgabe und somit von der weiteren Verfolgung des Projekts Abstand zu nehmen.“*

Die Bemühungen der Stadt Oberwesel waren vergebens. Die gewünschte Hunsrückanbindung des Mittelrheintales wurde nicht umgesetzt.

Julius Redlich, Königlicher Eisenbahn-Direktionspräsident a.D.

Der „heimliche Vater“ der Talstation Boppard

Natürlich hat traditionell jeder Erfolg viele Väter und so ließen sich auch bei der Regierungsentscheidung zugunsten der Stadt Boppard viele Honoratioren feiern, denen „dieser Verdienst“ als Lorbeer zuerkannt wurde. Betreibt man jedoch heute ein Aktenstudium, so steht stets ein Name im Raum, dem die Rheinstadt Boppard es in der Tat wohl zu verdanken hat, dass deren langjährige Bemühungen zur Ansiedlung des Endpunktes der Hunsrückbahn letztlich doch von Erfolg gekrönt waren. Und dies, obwohl die Ausgangslage aufgrund topographischer Problematiken wohl alles andere als günstig gewesen sein dürfte.

In der zweiten Hälfte des 19. Jahrhunderts entwickelte sich das aufstrebende Boppard zu einer neuen Heimat von Rentnern und Pensionären. Die schmucken Villen der Mainzer Straße belegen dies noch heute. Und so siedelte auch der aus dem aktiven Dienst ausgeschiedene Julius Redlich nach Boppard.

Der junge Julius Redlich, Jahrgang 1829, fand im Jahre 1854 eine Anstellung als Baumeister bei der Direktion der Ostbahn. Die seinerzeitige „Preußische Ostbahn“ bezeichnete die in staatlicher Regie betriebenen Eisenbahnstrecken in den östlichen preußischen Provinzen Brandenburg, Pommern, Posen, West- und Ostpreußen sowie deren Anschlüsse zur Reichshauptstadt Berlin. Als Hauptstrecke galt die rund 740 km lange Verbindung von Berlin über Königsberg bis Eydtkuhnen an der russischen Grenze zu Ostpreußen. Mit später hinzugekommenen Zweig- und Parallelstrecken umfasste das als sog. „Ostbahn“ in die Eisenbahngeschichte eingegangene Streckenetz eine Länge von über 2.200 km und war somit zweifelsohne eines der wichtigsten Bestandteile der Preußischen Staatseisenbahnen.

Auf Redlichs Karriereleiter stand zunächst die im Jahre 1863 erfolgte Ernennung zum Königlich-Preußischen Eisenbahnbauinspektor, der sich im Jahre 1867 die Beförderung zum Regierungs- und Baurat anschloss. Nach weiteren beruflichen Zwischenstationen als Vorsitzender der Direktion der Frankfurt - Bebra - Friedländer Eisenbahn und der Eisenbahndirektionen Kassel und Frankfurt (1873 - 1875) folgte im Jahre 1874 die Titelverleihung als „Geheimer Regierungsrat“. Solche nichtakademischen Titel wurden im Übrigen im deutschen Kaiserreich bis 1918 vom Staat als Ehrenbezeichnungen regelmäßig verliehen und hatten ihre Vorbilder wohl in der „Habsburger Monarchie“.

Etwas länger als ein Jahr erfüllte Julius Redlich sodann ab dem Jahre 1880 auf dem Höhepunkt seiner beruflichen Karriere das nicht ungewichtige Aufgabenfeld als Eisenbahn-Direktionspräsident der 1879 gegründeten Königlichen Eisenbahn-Direktion Magdeburg, bevor er im Jahre 1881 in den Ruhestand entlassen wurde. Noch im gleichen Jahr verschlug es den gerade einmal 52-jährigen agilen Pensionär mit Gattin Fanny in das Rheinstädtchen Boppard, wo er sich schnell als geschätzter „Eisenbahn-Direktionspräsident a.D.“, wohnhaft in seiner neu erbauten Villa in der Joseph-Syrée-Straße 32 (heute: Mainzer Straße) in das gesellschaftliche und politische Leben seiner neuen Wahlheimat einreihte.

Bereits kurze Zeit nach seinem Umzug an den Rhein, ließ er sich im Jahre 1881 in den Vorstand des recht agilen örtlichen „Vereins gegen Verarmung und Bettelei“ wählen. Die zahlreichen Obdachlosen und Bettler im Stadtgebiet, die sich verständlicherweise von den finanziell gut gestellten Neubürgern großzügige Almosen versprachen, passten so gar nicht in die Weltanschauung des einstigen preußischen Vorzeigebeamten.

Im November 1883 rückte Redlich ins Stadtverordnetenparlament nach, dem er sodann bis ins Jahr 1896 angehörte. Er hatte ab 1883 bis zu seinem Tode auch verschiedene Ehrenämter im Verschönerungsverein Boppard inne. Überwiegend war er dort als Revisor tätig.

In den Jahren 1890 bis 1892 zählte er zum Vorstand der ortsansässigen „Spar- und Hülfskasse“, dem Vorläufer der heutigen Kreissparkasse. Im Jahre 1891 besetzte Redlich das Amt des Kreisdeputierten im Altkreis St. Goar.

Natürlich wussten auch die Stadtverordneten von den guten Beziehungen ihres Wahlbürgers zu den Bahnoberen und beauftagten ihn, namens der Stadt Boppard eine Denkschrift für den Bahnbau Kastellaun - Boppard zu verfassen. Redlich nahm sich dieser Aufgabenübertragung gewissenhaft und mit ganzem Elan an und fertigte Übersichtskarten mit alternativen Streckenführungen und -beschreibungen. Die beteiligten Fachbehörden nutzten gerne den weithin geschätzten Sachverstand Redlichs und beteiligten ihn - übrigens im Gegensatz zu sonstigen örtlichen Persönlichkeiten - wiederholt an Ortsterminen oder luden ihn zu Fachgesprächen nach Koblenz, Saarbrücken oder Berlin ein.

Er war es auch, der an der letztlich entscheidenden Terrainbesichtigung durch eine Kommission des Ministeriums am 21. Juli 1898 als einziger örtlicher Vertreter von Beginn an hinzugezogen wurde. Zu dieser „hohen Runde" waren zudem neben dem Koblenzer Regierungspräsidenten mit technischem Mitarbeiterstab nur die Landräte der Landkreise Simmern, St. Goar und Cochem und der Vorsitzende der Handwerkskammer Koblenz geladen. Da zudem auch die endgültige Ministeriumsentscheidung ausdrücklich auf die von Redlich verfasste Bopparder Eingabe und die vorgenannte „Vor-Ort-Inspektion" Bezug nahm, dürfte die Bedeutung des Votums von Redlich hinreichend genug belegt sein.

Julius Redlich verstarb am 17. Mai 1907 während eines Kuraufenthalts in Wildungen, im 78. Lebensjahr stehend. Es war ihm also nicht mehr vergönnt, die von ihm so maßgeblich betriebene Streckeneröffnung zu erleben. In dem Kurort fand er auch seine letzte Ruhestätte.

Heute abend entschlief zu Wildungen mein lieber Mann, unser guter Vater, Schwiegervater, Grossvater und Schwager

Julius Redlich

Kgl. Eisenbahn-Direktions-Präsident a. D.

im 78. Lebensjahre.

Boppard, Trier, Ulm, Grünenberg b. Gingen, **Buenos-Ayres,** den 17. Mai 1907.

Fanny Redlich geb. Berthold,
Max Redlich, Amtsgerichtsrat,
Else Siegeneger geb. Redlich,
Walther Redlich, Gutsbesitzer,
Herm. Siegeneger, Regierungsrat,
Marg. Redlich geb. Hagmeier
und fünf Enkelkinder.

Die Beerdigung fand in Wildungen am Montag vormittag statt.

Todesanzeige in der „Bopparder Zeitung" vom 17. Mai 1907.

Gruppenfoto am Brückenbauwerk der Buchholzer Straße anlässlich einer Waldwanderung einer Bopparder katholischen Mädchengruppe unter Leitung von Anna Hilger in den 1930-er Jahren.

Erster Haltepunkt: Forsthaus Buchenau

Angedachte Trassenführung verlief nach vorheriger Untertunnelung des Eisenbolz vorbei am Forsthaus Buchenau

Dass es bei der einstmaligen Festlegung der Streckenführung der 1908 eröffneten Hunsrückbahn ebenso wie einige Jahre zuvor bei der Standortbestimmung des Bopparder Bahnhofs unterschiedliche Auffassungen gab, ist hinreichend bekannt.

Dass aber über lange Zeit ernstlich ein eigener Haltepunkt am Forsthaus Buchenau - nach vorheriger Tunneldurchbohrung des Eisenbolz - angedacht für die Bewohner von Buchenau, Weiler und Fleckertshöhe (!) - favorisiert wurde, dies weiß heute wohl nur noch ein kleiner Kreis Bahninteressierter.

In der Tat lohnt es sich auch nach über einhundert Jahren, sich einmal den Gedankengängen der seinerzeit verantwortlichen Streckenplaner näher zu widmen, denen die schwierige Aufgabe übertragen wurde, das bislang vom Hunsrück weitestgehend abgeschnittene Rheintal mit den dortigen Höhengemeinden zu verbinden.

In diesem Zusammenhang bietet es sich auch an, den Ausführungen einige allgemeine Ausführungen zur Schienenerschließung des Hunsrücks voranzustellen.

Eisenbahnerschließung des Hunsrücks

Als kleines Meisterstück des ausgehenden 19. und des beginnenden 20. Jahrhunderts kann sicherlich die infrastrukturelle Erschließung unserer Heimat mittels des noch in den Kinderschuhen steckenden Eisenbahnlinienbaues bezeichnet werden.

Zweifelsohne kann heute die Eisenbahn als die wichtigste technische Erfindung des 19. Jahrhunderts genannt werden, die die Lebensbedingungen der Bevölkerung am stärksten revolutionierte. Auch die Anrainer am Mittelrhein profitierten in der zweiten Hälfte des 19. Jahrhunderts gewaltig von der Fertigstellung der Fernverbindung zwischen Köln und Mainz. Es sollten aber noch einige lange Jahre vergehen, bis auch die in vier Teiletappen geplante Erschließung des Hunsrücks begann.

Im Gegensatz zu den fertig gestellten zweigleisigen Hauptlinien sind diese Abschnitte jedoch grundsätzlich nur eingleisig geplant und umgesetzt worden. Dies hing wohl damit zusammen, dass es sich in Zeiten der Industrialisierung nicht um die Umsetzung von zwingend bestehenden Verkehrsbedürfnissen handelte. Vielmehr wollten die verantwortlichen Bahnplaner erst ein Bedürfnis der Bewohner des Hunsrücks zur Nutzung des künftigen Bahnnetzes wecken. Dabei war allen Beteiligten von Anfang an bewusst, dass auf diesem Streckennetz wohl zu keiner Zeit eine auch nur halbwegs erträgliche Rentabilität erreichbar sei.

In einer ersten Phase der Hunsrückerschließung wurde eine erste Stichbahn von Trier nach Hermeskeil (1889) gebaut.

1897 wurden im nächsten Abschnitt diese Bahnen verlängert, und zwar zunächst von Hermeskeil nach Türkismühle (1897), was zugleich den Anschluss an die Naheverbindung von Saarbrücken nach Bingen bedeutete. Vier Jahre später folgten die Verlängerungen, beginnend ab Simmern bis zu den Ortschaften Kirchberg und Kastellaun.

In einer dritten Phase wurden dann diese beiden Nord-Süd- und Süd-Nord-Achsen durch eine Streckenführung von Hermeskeil über Morbach nach Kirchberg (1902/03) miteinander verbunden.

Als alle diese Eisenbahnlinien abgeschlossen waren, kam auch in der vierten und letzten Phase der Hunsrückerschließung der Anschluss an die bestehende Rheinlinie durch die Bahntrasse Kastellaun-Boppard (1906/08) zur Realisierung.

Bahnlinie Kastellaun - Boppard

Spätestens als 1891 das Teilstück zwischen Simmern und Kastellaun bahnmäßig erschlossen war, begannen die interessierten Rheinanliegergemeinden mit einer Flut von Eingaben an die für die ausschließlichen Staatsbahnen zuständige preußische Regierung. Diese hatte sich bei ihren Entscheidungen über den weiteren Ausbau des Schienennetzes mit den Eisenbahndirektionen ins Benehmen zu setzen.

Es folgten heftige Debatten, an denen sich auch die St. Goarer Landräte Dr. Adam Wieland und Max Wallraf sowie die Bürgermeister der Rheinstädte beteiligten. Durch die steigenden Transporte per Schiene - die Güter des Hunsrücks wurden nur noch selten per Schiff verfrachtet - sanken am Mittelrhein die Umsätze der heimischen Binnenhäfen. Nicht unbedeutende wirtschaftliche Einbußen waren die zwangsläufigen Folgen. Mit einer Standortbestimmung als Endstation der von Kastellaun aus zu verlängernden Hunsrückbahn wären also für jede Rheintalgemeinde deutliche Einnahmen im Gemeindehaushalt zu erwarten gewesen.

Die ständigen Petitionen aus dem Rheintal führten dazu, dass letztlich nicht weniger als sieben Streckenführungen ernsthaft diskutiert wurden. Natürlich meldeten sich in diesen Monaten auch die alten Kontrahenten, die eine Trassenführung zur Mosel für zwingend erforderlich sahen, zu Wort.

Nach einer Vorauswahl standen immerhin noch vier Möglichkeiten für einen Anschluss des Hunsrücks an die Rheinschiene zur Auswahl, wobei in allen Fällen die Strecken zunächst parallel zum Hunsrückkamm verliefen und sich im Wesentlichen nur durch die Wahl des Abstieges ins Rheintal unterschieden.

Ein erstes Projekt positionierte das Ende der Strecke in Boppard, wobei der Abstieg ins Rheintal südlich von Boppard mit einer Tunnelbohrung des Eisenbolzes kurz vor Bad Salzig vorgesehen war. Hierbei waren zuvor die Haltepunkte Fleckertshöhe, Buchholz, Kreuzberg und Forsthaus Buchenau eingeplant.

Mit fast der gleichen Streckenführung konnte man von der Fleckertshöhe auch südöstlich zur Rheinschiene gelangen, um dann in St. Goar zu enden.

Als dritte und vierte Varianten waren die weiter rheinaufwärts liegenden Endstationen Oberwesel und Bacharach in der Diskussion.

Interessanterweise stand eine Linienführung Simmern - Koblenz niemals zur Disposition, was wohl mit dem für sehr schwierig erachteten Hunsrückaufstieg aus Koblenz kommend und den damit verbundenen Mehrkosten in Verbindung zu bringen ist.

Nachdem anfänglich tatsächlich der Anschluss an die Mosellinie über Treis/Karden von den maßgeblichen Entscheidungsträgern favorisiert wurde, beauftragte das preußische Ministerium für öffentliche Arbeiten zum Entsetzen der Bopparder „Konkurrenten" mit Schriftsatz vom 18. September 1898 die Eisenbahndirektion Mainz mit den Vorarbeiten zum Streckenbau von Kastellaun nach Boppard.

Um diese Umkehr von den langjährigen Überlegungen zum Anschluss in Richtung Mosel zu bewirken, bedurfte es zuvor zahlreicher Eingaben und Vorsprachen der Stadt Boppard durch die Kreisabgeordneten im Preußischen Landtag.

Auch wenn sich die der Stadt Boppard wohlgesonnenen Politiker auf höherer Ebene für die neue Streckenführung aussprachen, letztlich dürfte das positive Ergebnis des „Umdenkungsprozesses" wohl dem in Boppard seinen wohlverdienten Ruhestand genießenden Eisenbahn-Direktionspräsidenten a. D. Julius Redlich zu verdanken sein. Er hatte beinahe alle Bopparder Eingaben verfasst, und er war es auch, der bei der entscheidenden Terrainbesichtigung durch eine Kommission des Ministeriums am 21. Juli 1898 als einziger örtlicher Vertreter von Beginn an hinzugezogen wurde.

Die endgültige Entscheidung zur Standortfrage der „Endstation" der Hunsrückbahn fiel zugunsten der alten Reichsstadt Boppard. Das „Ob" war entschieden - nun ging es den Bahnverantwortlichen nur noch um die Frage des „Wie".

Trassenführung

Tatsächlich gab es noch einige mehr und einige weniger bedeutende Änderungen der angedachten Trassenführungen zum Bopparder Bahnhof.

Die wichtigste dieser Änderungen war, dass der Abstieg ins Rheintal nun nördlich von Boppard über die Kalmut-Höhe und durch das Mühltal genommen wurde, nachdem anfangs vorgebrachte militärische Bedenken gegen diese damals nur mit Zahnradlokomotiven befahrbare Strecke zurückgestellt worden waren.

Mit dieser Streckenänderung wurde der ursprüngliche Verlauf entlang des Buchenauer Forsthauses endgültig vom Tisch gefegt. Und dennoch ist es gerade für das heutige Buchenau sicherlich interessant, sich nochmals diese ursprünglichen Gedankengänge in Erinnerung zu rufen.

Details der seinerzeitigen Gedankengänge lassen sich recht konkret einem Artikel der „Bopparder Zeitung“ vom 3. April 1900 entnehmen. Natürlich war auch die führende Heimatpresse daran interessiert, ihren Lesern frühzeitig nähere Information zum angekündigten Bau der Hunsrückbahn, einem Jahrhundertereignis, präsentieren zu können. Hier hieß es:

Hunsrückbahn

In der Frage wegen der Hunsrückbahn sind wir jetzt endlich einen großen Schritt weitergekommen.

Nachdem schon seit längerer Zeit auf den Grundstücken vor und hinter dem Schützenhause, dessen Schießstand leider etwas verkürzt wird, die Pfähle eingeschlagen worden waren, welche die Trasse der neuen Bahn kennzeichnen, ist jetzt in die Felsen der Altlay hinter den Thonetschen Anlagen ein gro-

Dort, wo sich zu Beginn des 20. Jahrhunderts noch eine städtische Rodelbahn befand, sollte nach anfänglichen Überlegungen der verantwortlichen Planer des Mammutprojektes „Hunsrückbahn“ die künftige Streckenführung verlaufen. Die Aufnahme der zur Umfunktionierung erwogenen Waldschneise - sie entstand um die Jahrhundertwende - zeigt diesen im Forstrevier Boppard II, Distrikt Hunsgalgen, gelegenen Teilbereich.

ßes Loch geschlagen worden, um die Schwierigkeiten und den Kostenpunkt des unter dem Eisenbolz durchzuführenden Tunnels besser berechnen zu können. Die ausgehauenen Steinmassen zeigen übrigens hoch interessante Versteinerungen.

Der projektierte Tunnel mündet hinter dem Eisenbolz in der Senkung vor dem Forsthause Buchenau (erste Station für Buchenau, Weiler und Fleckertshöhe), alsdann wendet sich die Bahn sanft aufsteigend in großem Bogen westwärts, überschreitet mittelst Viaduktes das obere Mittelbachtal und gewinnt das Kasslinger Plateau in der Gegend der „runden Buche".

Durch eine Dammaufschüttung im Bruder Michelsthale bei der „Konsulsruhe" wird alsdann die Bahn auf das Kreuzbergplateau hinübergeführt (zweite Station für den Kreuzberg und Hunsgalgen).

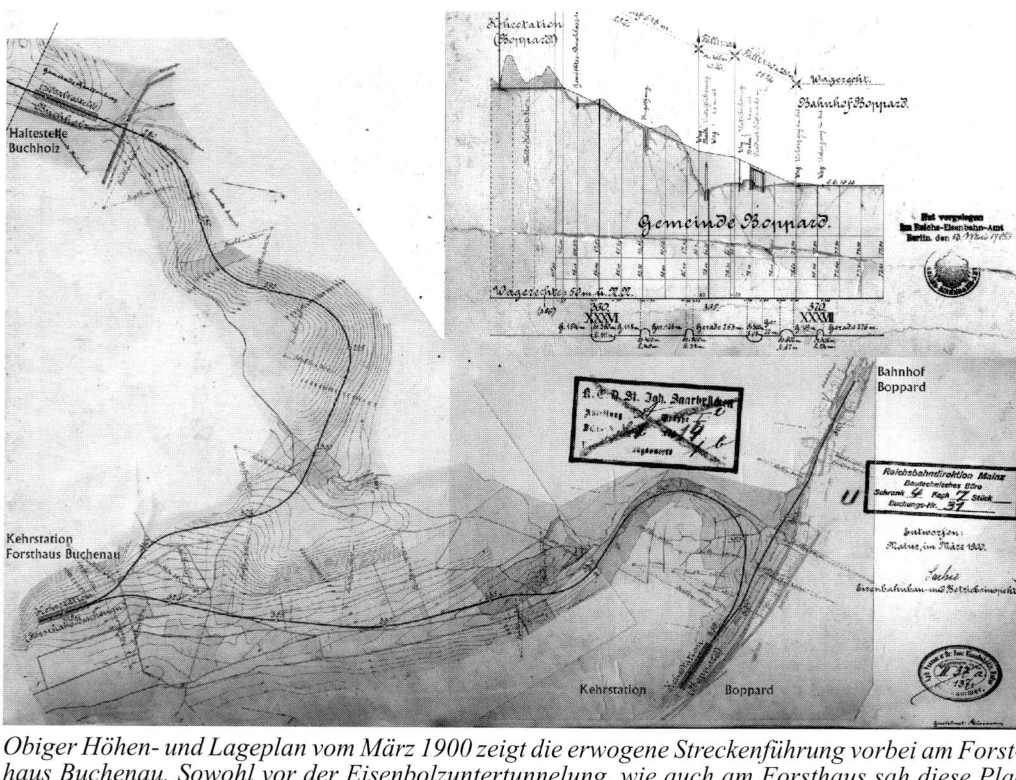

Obiger Höhen- und Lageplan vom März 1900 zeigt die erwogene Streckenführung vorbei am Forsthaus Buchenau. Sowohl vor der Eisenbolzuntertunnelung, wie auch am Forsthaus sah diese Planung je eine Kehrstation vor. Die sich anschließende Zahnradstrecke betrug 3.517 Meter. Der Vorteil lag sicher darin, dass bei dieser Streckenführung nur ein Viadukt und nur ein Tunnel zu bauen waren und auch der schwierige Zahnstangenbereich deutlich kürzer als durchs Mühltal war. Allerdings hätte jeder Zug zweimal die Fahrtrichtung wechseln müssen, womit nicht nur erhebliche Zeitverzögerungen bedingt gewesen wären.

Bahnlinie Boppard - Kastellaun

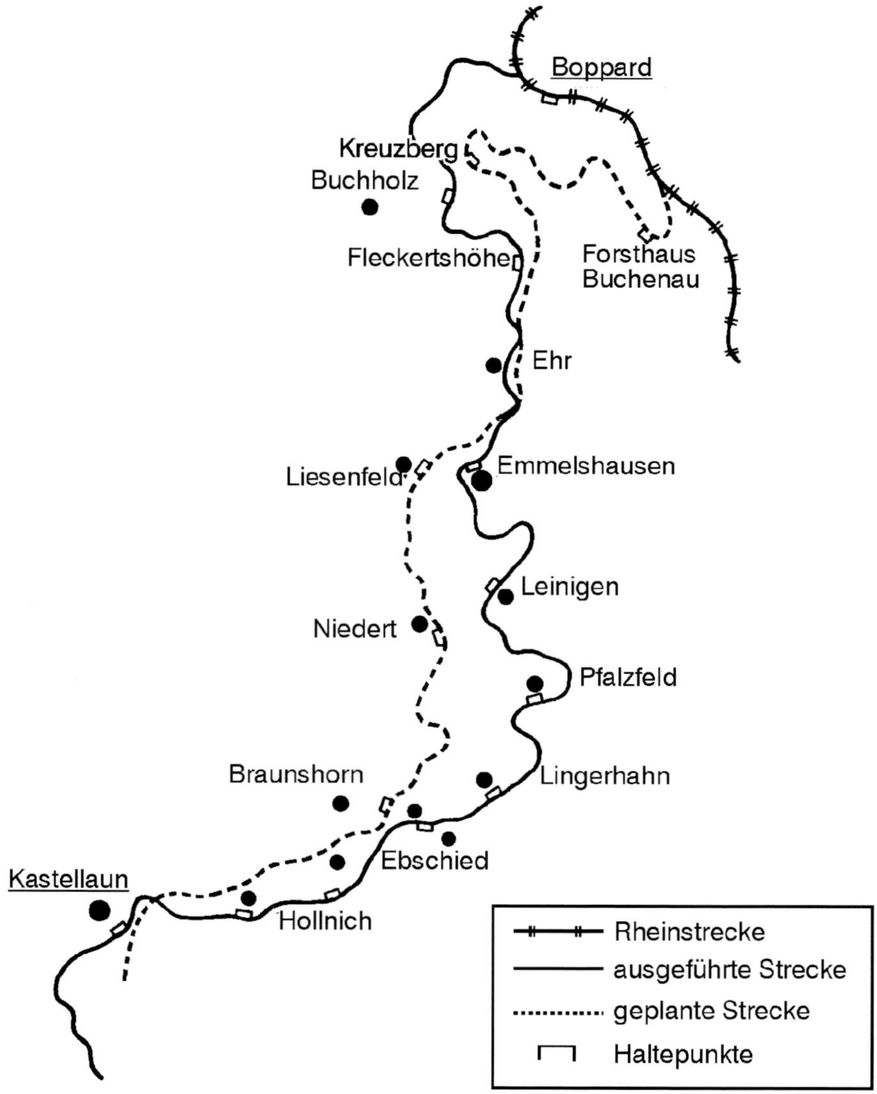

Aus obiger Graphik sind die Abweichungen des zunächst geplanten Streckenverlaufs mit der dann tatsächlich ausgeführten Trassenführung der Bahnlinie Boppard - Kastellaun ersichtlich.

Bekanntmachung.

Die Reststrecke **Boppard — Pfalzfeld** der Nebenbahn **Boppard — Castellaun — Simmern** wird am **Montag, den 3. August. d. Js.** in Betrieb genommen werden.

Von diesem Tage ab wird auf der Strecke **Boppard—Simmern** folgender Fahrplan eingeführt:

I. Richtung Simmern—Boppard.

		Zug Nr. 629 II.-IV Kl.		Zug Nr. 631 II.-IV. Kl.		Zug Nr. 633 II.-IV. Kl.		Zug Nr. 635 II.-IV. Kl.		Zug Nr. 637 II.-IV. Kl.		Zug Nr. 639 II.-IV. Kl.	
		U	M	U	M	U	M	U	M	U	M	U	M
Simmern	Abf.	4	50	8	50	12	00	3	15	5	30	9	56
Keidelheim	„	4	58	8	58	12	08	3	23	5	38	10	04
Külz	„	5	03	9	03	12	13	3	28	5	43	10	09
Alterkülz	„	5	12	9	12	12	22	3	37	5	53	10	18
Bell	„	5	20	9	20	12	30	3	45	6	01	10	26
Castellaun	Ank.	5	25	9	25	12	35	3	50	6	05	10	31
„	Abf.	5	29	9	32	12	39			6	15		
Hollnich	„	5	37	9	40	12	47			6	23		
Ebschied	„	5	43	9	46	12	53			6	29		
Dudenroth	„	5	50	9	53	1	00			6	36		
Lingerhahn	„	5	55	9	58	1	05			6	41		
Pfalzfeld	Ank.	6	01	10	04	1	11			6	47		
„	Abf.	6	05	10	08	1	15			6	52		
Leiningen	„	6	15	10	18	1	25			7	02		
Halsenbach	„	6	24	10	27	1	34			7	11		
Ehr	„	6	30	10	33	1	40			7	17		
Fleckertshöhe	„	6	36	10	39	1	46			7	23		
Buchholz	„	6	44	10	47	1	54			7	31		
Boppard	Ank.	7	20	11	23	2	30			8	07		

II. Richtung Boppard—Simmern.

		Zug Nr. 630 II.-IV. Kl.		Zug Nr. 632 II.-IV. Kl.		Zug Nr. 634 II.-IV. Kl.		Zug Nr. 636 II.-IV. Kl.		Zug Nr. 638 II.-IV. Kl.		Zug Nr. 640 II.-IV. Kl.	
		U	M	U	M	U	M	U	M	U	M	U	M
Boppard	Abf.			7	43	12	00	4	13			9	10
Buchholz	„			8	21	12	38	4	51			9	48
Fleckertshöhe	„			8	27	12	44	4	57			9	54
Ehr	„			8	33	12	50	5	03			10	00
Halsenbach	„			8	39	12	56	5	09			10	06
Leiningen	„			8	49	1	06	5	19			10	16
Pfalzfeld	Ank.			8	56	1	13	5	26			10	23
„	Abf.			9	01	1	19	5	31			10	28
Lingerhahn	„			9	08	1	26	5	38			10	35
Dudenroth	„			9	13	1	31	5	43			10	40
Ebschied	„			9	19	1	37	5	50			10	46
Hollnich	„			9	25	1	43	5	56			10	52
Castellaun	Ank.			9	31	1	49	6	03			10	58
„	Abf.	6	29	9	37	1	54	6	12	7	59	11	02
Bell	„	6	35	9	43	2	00	6	18	8	05	11	08
Alterkülz	„	6	43	9	52	2	09	6	26	8	13	11	17
Külz	„	6	52	10	01	2	18	6	35	8	22	11	26
Keidelheim	„	6	57	10	06	2	23	6	40	8	27	11	31
Simmern	Ank.	7	04	10	14	2	31	6	47	8	34	11	39

Anmerkungen: 1. Sämtliche Züge führen die 2. 3. und 4. Wagenklasse.
2. Die Zeiten von 6 00 Abends bis 5 59 Morgens sind durch Unterstreichung der Minutenzahlen gekennzeichnet.

Mainz, den 1. Juli 1908
Königlich Preußische und Großherzoglich Hessische Eisenbahndirektion.

St. Johann-Saarbrücken, den 1. Juli 1908.
Königliche Eisenbahndirektion.

Der erste Fahrplan der Hunsrückbahn aus dem Jahre 1908.

1905: Säuerlingsturm erhält neuen Standort

Hunsrückbahn erfordert Verlegung

Nördlich der Bahn stand ein mächtiger Rundturm am südwestlichen Eckpunkt der Niederstadt. Mit der erweiterten Stadtmauer nach „oben und unten" - also zur Ober- und Niederstadt - folgte Kaiser Otto der Große noch vor dem Eintritt ins erste Jahrtausend den Ausdehnungswünschen der Bopparder Stadtbevölkerung, die eingepfercht innerhalb der Grenzen der einstigen Römerstadt längst keine ausreichenden Entfaltungsmöglichkeiten mehr besaß. Die von ihm begonnene Ausdehnung der Stadtmauer wurde von seinen herrschaftlichen Nachfolgern, die sich ebenfalls gerne und oft in Boppard aufhielten, fortgeführt.

Durch die Erweiterung der Befestigung entstand eine zweite Ringmauer, welche die blühende freie Reichstadt nunmehr auch Richtung Norden, Osten und Westen einschloss. Im Süden lief die unter den sächsischen Kaisern angelegte Mauer bis zu besagtem Eckturm rechtsseitig des Fraubaches.

Einige Jahrhunderte prägte ein hohes Schwertdach den Säuerlingsturm, wie er etwa ab der Mitte des 19. Jahrhunderts genannt wurde. Vier schmale Dacherker in kreuzweiser Anordnung gewährten einen Ausblick in alle Himmelsrichtungen. In mittelalterlicher Zeit besaß der Befestigungsturm wohl gar noch eine vollständige Zinnenkrone, die sich über einen umlaufenden Rundbogenfries erhob.

Obwohl die gewichtigen Vorteile des anvisierten Baus der Hunsrückbahn im heimischen Boppard des frühen 20. Jahrhunderts weithin bekannt und geschätzt waren, konnten sich zumindest „eine Hand voll protestierender Historiker" nicht an den Gedanken gewöhnen, dass aufgrund der erforderlichen Gleisverlegungen auch ein alter Eckturm der mittelalterlichen Stadtmauer dem Fortschritt zum Opfer fallen sollte.

Deren wiederholte Einsprüche wurden jedoch letztlich alle zurückgewiesen und am 5. Dezember 1905 vermeldete die „Bopparder Zeitung":

Der Säuerlingsturm fällt! *Also doch! Der alte Turm muss dem Schienengleis Platz machen. Herrn Maurermeister Burgard hier, sind die Arbeiten zur Niederlegung des Turmes übertragen worden und wird schon morgen damit begonnen werden.*

Eine Verlegung des jetzigen Bahnhofsgebäudes ist nicht beabsichtigt.

Die Arbeiten für den Umbau der Gleisanlage am Bahnhof sind eingestellt, weil ein neues Projekt betr. des Bahnhofgebäudes der Hunsrückbahn in Arbeit ist.

Einstiger Standort des Säuerlingturmes aus Richtung Flogt (ca. 1903).

Die überlieferten Protokolle lassen nicht erkennen, ob diese Proteste örtlicher Denkmalschützer letztlich den ausschlaggebenden Grund für den Wiederaufbau des Turmes an einem nahegelegenen Standort bewirkten oder ob die anschließend vollzogene kostenträchtige und wohl reichsweit einmalige Umsetzung aus sog. „freien Stücken" der maßgeblichen Entscheidungsträger erfolgte.

Einstiger Standort des Säuerlingturmes aus Richtung Heerstraße (ca. 1899).

In der Tat nahmen die erstaunte Bevölkerung ebenso wie die seinerzeitigen Stadtverordneten natürlich die Nachricht gerne zur Kenntnis, dass der Turm baugleich in nördlicher Richtung eine schnelle Wiedergeburt erfahre. Da der Neubau nicht militärischen Verteidigungszwecken zu dienen gedacht war, akzeptierte man auch die gegenüber dem Original deutlich verringerten Wandstärken und Bauhöhe. Wurden beim Abriss des alten Turmes noch 1.630 cbm Mauerwerk ausgeschrieben, so belief sich der Auftrag zur Neuerrichtung auf insgesamt nur noch 950 cbm Mauerwerk, wobei ausschließlich die abgerissenen Bruchsteine verwendet werden durften. Als Baubeginn wurde der 6. Januar 1906 festgesetzt.

Genau ein Jahr nach Baubeginn vermeldete die „Bopparder Zeitung" am 7. Januar 1907:

Von der Bahn. *Der Umbau des Säuerlingturmes in der Heerstraße ist heute morgen 11 ½ Uhr fertiggestellt worden. Die Arbeiten wurden ausgeführt durch das hiesige Baugeschäft Kraus & Genius. Seit heute Mittag weht die Fahne auf der Zinne des Turmes.*

Am neuen Standort diente der Säuerlingsturm noch einige Jahrzehnte als Wasserreservoir für die Dampflokomotiven der Reichsbahn.

Mutige örtliche Eisenbahnliebhaber erwarben anfangs der 1990er Jahre den zusehends dem Verfall preisgegebenen 25 m hohen Turm mitsamt umliegenden Gelände von der Bahn, nachdem dieser einige Jahre zuvor dem drohenden Abriss im Zuge der B 9 - Stadtumgehung entgehen konnte.

In ungezählten Arbeitsstunden gelang es einem örtlichen Investorenpaar - weitestgehend in Eigenleistung - an zentraler Stelle ein Bopparder Kleinod mit einmaliger Aussicht zu schaffen. Auch hat in den vergangenen Jahren die St. Antonius-Nachbarschaft hier ein neues Festgelände zur Abhaltung ihrer Kirmes gefunden. Im Jahre 2007 erwarb eine Bopparder Unternehmerin den längst historischen Turm als neue Betriebsstätte.

Mit Bescheid vom 13. Mai 1991 stellte die Kreisverwaltung des Rhein-Hunsrück-Kreises als Untere Denkmalschutzbehörde den Säuerlingsturm unter Denkmalschutz.

Der Säuerlingsturm prägte die Bopparder Flogt.

Der renovierte Säuerlingsturm im modernen Umfeld (2008).

IM FOTOALBUM GEBLÄTTERT

„Hochbetrieb" am Bahnhof Buchholz im Oktober 1977.

Geschafft: Der Vertrag steht!

Gegenzeichnung des Bauvertrages am 9. Oktober 1905

Es waren mannigfache Hürden zu überwinden, aber am 9. Oktober 1905 war es dann endlich soweit: Los IV der Bahnlinie, welche das zwischen Buchholz und Boppard gelegene letzte Teilstück der Neubahnlinie Kastellaun - Boppard - und damit auch die Steilstrecke - zum Inhalt hatte, wurde gegengezeichnet. Der zwischen der Königlichen Eisenbahn-Direktion St. Johann-Saarbrücken und dem bauausführenden Unternehmen Grün & Bilfinger aus Mannheim geschlossene Vertrag umfasste eine Gesamtsumme von 1.487.355,90 Mark. Für die nicht termingerechte Fertigstellung des mit Tunnel- und Brückenbauten behafteten Auftrages war eine Konventionalstrafe von 250,-- Mark für jeden Tag der Fristüberschreitung vereinbart. Dank der damals schon beeindruckenden Fachkompetenz des auf den Bahnbau spezialisierten Unternehmens musste diese im Übrigen nicht in Anspruch genommen werden.

Dankenswerterweise hat das noch heute existierende Nachfolgeunternehmen, die nach wie vor in Mannheim ansässige Bilfinger Berger AG, neben weiterem historischem Fotomaterial auch eine Ablichtung des seinerzeitigen Originalvertrages zur Aufnahme in diese Festschrift überlassen.

Die Hubertusbrücke - unbestritten eine Meisterleistung im deutschen Eisenbahnbau des jungen 20. Jahrhunderts schmückte die gelungene und reich bebilderte Firmenchronik „100 Jahre Bauen für die Bahn" der Bilfinger + Berger Aktiengesellschaft aus dem Jahre 1985.

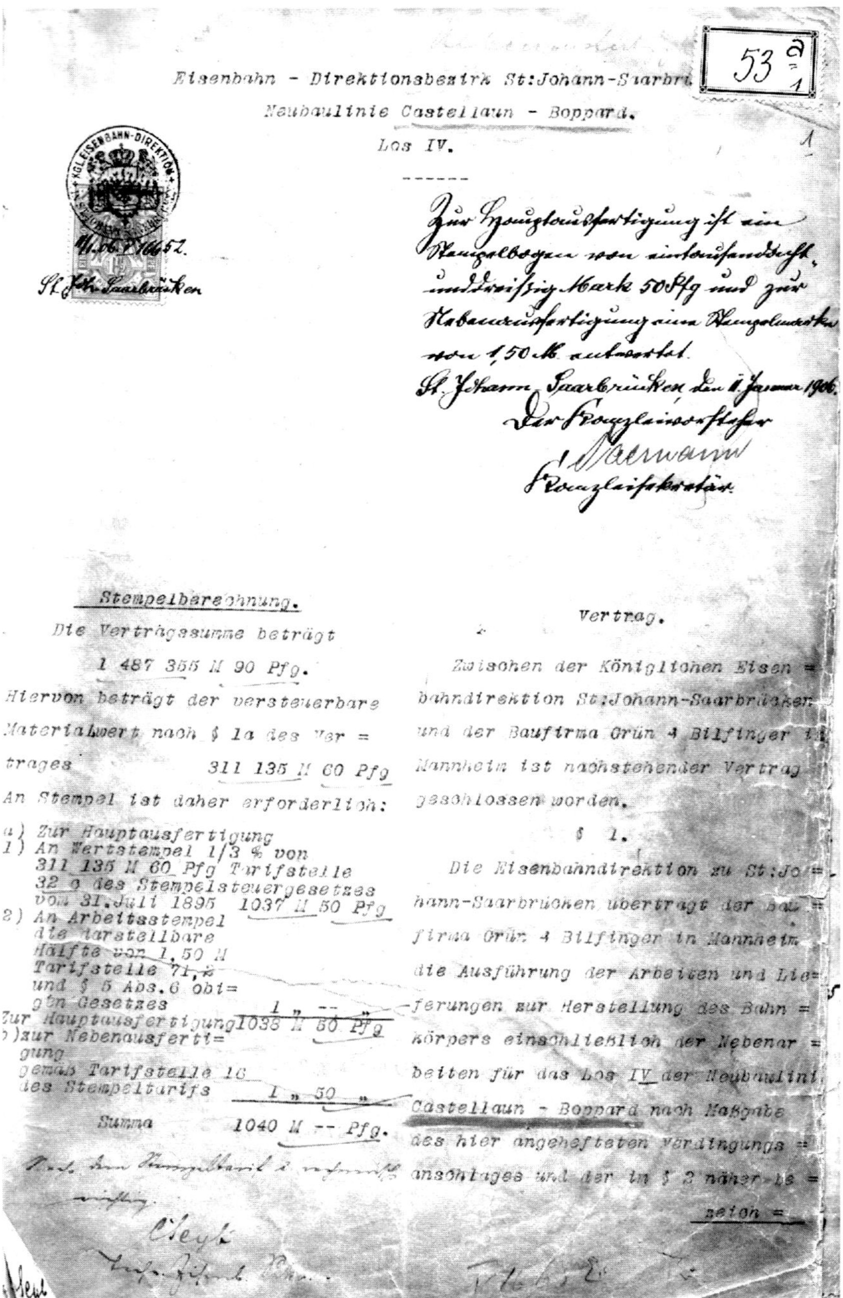

53 a/1

Eisenbahn - Direktionsbezirk St:Johann-Saarbrü[cken]

Neubaulinie Castellaun - Boppard.

Los IV.

1

Zur Hauptausfertigung ist ein Stempelbogen von eintausendacht- unddreißig Mark 50 Pfg und zur Nebenausfertigung eine Stempelmarke von 1,50 M. verwendet.

St. Johann-Saarbrücken, den 11. Januar 1906.

Der Kanzleivorsteher

Kanzleisekretär.

St. Joh.-Saarbrücken

Stempelberechnung.

Die Vertragssumme beträgt

1 487 355 M 90 Pfg.

Hiervon beträgt der versteuerbare Materialwert nach § 1a des Ver = trages 311 135 M 60 Pfg

An Stempel ist daher erforderlich:

a) Zur Hauptausfertigung
1) An Wertstempel 1/3 % von 311 135 M 60 Pfg Tarifstelle 32 a des Stempelsteuergesetzes vom 31.Juli 1895 1037 M 50 Pfg
2) An Arbeitsstempel die darstellbare Hälfte von 1,50 M Tarifstelle 71,2 und § 5 Abs.6 obi= gen Gesetzes 1 „ -- „
Zur Hauptausfertigung 1038 M 50 Pfg
b) zur Nebenausferti= gung gemäß Tarifstelle 16 des Stempeltarifs 1 „ 50 „

Summa 1040 M -- Pfg.

Vertrag.

Zwischen der Königlichen Eisen = bahndirektion St:Johann-Saarbrücken und der Baufirma Grün & Bilfinger in Mannheim ist nachstehender Vertrag geschlossen worden.

§ 1.

Die Eisenbahndirektion zu St:Jo= hann-Saarbrücken überträgt der Bau = firma Grün & Bilfinger in Mannheim die Ausführung der Arbeiten und Lie= ferungen zur Herstellung des Bahn = körpers einschließlich der Nebenar = beiten für das Los IV der Neubaulini[e] Castellaun - Boppard nach Maßgabe des hier angehefteten Verdingungs = anschlages und der in § 2 näher be = zeich =

zeichneten Bedingungen sowie der in besonders aner = kannten Heften vereinigten, hier zugehörigen Bauwerks= zeichnungen, Lageplänen und Querprofilen.

Für die bedingungsgemäßen und innerhalb der im § 4 der besonderen Vertragsbedingungen festgesetzten Vollendungsfrist rechtzeitig ausgeführten Arbeiten und Lieferungen erhält die Firma den in dem Ver = dingungsanschlag (Teil I-III) berechneten Gesamtbe = trag von 1 487 355 M 90 Pfg, wörtlich : „ Eine Million vierhundertsiebenundachtzigtausenddreihundert= fünfundfünfzig Mark neunzig Pfennig " vorbehaltlich des bei der endgültigen Abnahme sich etwa ergebenden Mehr oder Weniger gegenüber den in dem Verdingungs = anschlag in Ansatz gebrachten Einheiten.

§ 1a.

Von dem Gesamtbetrag von 1 487 355 M 90 Pfg ent= fallen auf :

a) den Wert der Materialien in dem Zustande, in wel = chem dieselben mit dem Grund und Boden in dauernde Verbindung gebracht werden 311 135 M 60 Pfg

b) den Wert der Arbeitsleistung 1 176 220 „ 30 „

Summe wie oben 1 487 355 M 90 Pfg.

§ 2.

Die hier beigehefteten Zubehörstücke als : 1) Angebotschreiben mit Vorbemerkungen zu dem Verdingungs anschlag (Anl.1) 2) Verdingungsanschlag Teil I-IV (Anl.2), 3) Allgemeine Vertragsbedingungen für die Ausführung von Erd =, Fels =, Rodungs =, Böschungs = und Maurerarbeiten (Anl.3), 4) Besondere Vertragsbe =

dingungen

dingungen für die Ausführung des Bahnkörpers ein =
schließlich der Nebenarbeiten (Anl.4), 5) Vorschrif =
ten für die Ausführung von Erd =,Fels =, Rodungs =
und Böschungsarbeiten zur Herstellung des Bahnkörpers
mit seinen Nebenanlagen (Anl.5), 6) Vorschriften für
die Ausführung der Erd - und Maurerarbeiten zu Staats=
bauten insbesondere zu Bauwerken des Bahnkörpers
(Anl.6),

7) Vorschriften für die Ausführung von Tunnel bau
Arbeiten (Anl.7),

8) Vorschriften für die Ausführung von Wegebefesti =
gungen (Anl.8)

9) Vorschriften für die Lieferung von Werksteinen
(Anl.9)

10) Vorschriften für die Lieferung von Bruchsteinen
(Anl.10)

11) Vorschriften für die Lieferung von Ziegelsteinen
(Anl.11)

12) Vorschriften für die Lieferung von Kalk (Anl.12)

13) Vorschriften für die Lieferung von Sand (Anl.13)
bilden Bestandteile des gegenwärtigen Vertrages der =
gestalt, daß alle darin enthaltenen Bestimmungen,
soweit sie nicht durch diesen Vertrag abgeändert sind,
dieselbe Gültigkeit haben, als ob sie nochmals wört =
lich in denselben niedergeschrieben wären.

§ 3.

Die zur Sicherstellung der eingegangenen Ver =
bindlichkeiten nach § 2 der besonderen Vertragsbe =
dingungen für die Ausführung des Bahnkörpers ein =
schließlich der Nebenarbeiten von den Unternehmern
zu bestellende Kaution wird auf 74 400 M, buchstäb =
lich

lich: „Vierundsiebenzigtausendvierhundert Mark" festgesetzt.

§ 4.

Die in § 3 der besonderen Vertragsbedingungen für die Ausführung des Bahnkörpers einschließlich der Nebenarbeiten für den Fall nicht rechtzeitiger Erfüllung dieses Vertrages vorgesehene Verzugsstrafe wird auf 250 M, buchstäblich: „Zweihundertundfünfzig Mark" für jeden Tag der Fristüberschreitung festgesetzt.

§ 5.

Die nach § 5 der besonderen Vertragsbedingungen für die Ausführung des Bahnkörpers einschließlich der Nebenarbeiten den Unternehmern obliegende Gewährleistung endet ein Jahr nach der vorläufigen Abnahme des ganzen Unternehmens.

§ 6.

Alle Zahlungen erfolgen durch die Königliche Eisenbahn - Hauptkasse in St:Johann-Saarbrücken.

Dieser Vertrag ist zweimal ausgefertigt und zum Zeichen der Genehmigung von beiden Teilen unterzeichnet worden. Die Hauptausfertigung verbleibt der unterzeichneten Behörde, die Nebenausfertigung erhalten die Unternehmer.

St:Johann - Saarbrücken, den 9 [illegible] 1906 — Mannheim, den 9 October 1905

Königliche Eisenbahndirektion — Die Unternehmer

Sachse — Grün & Bilfinger

No. 8. V. 13505.

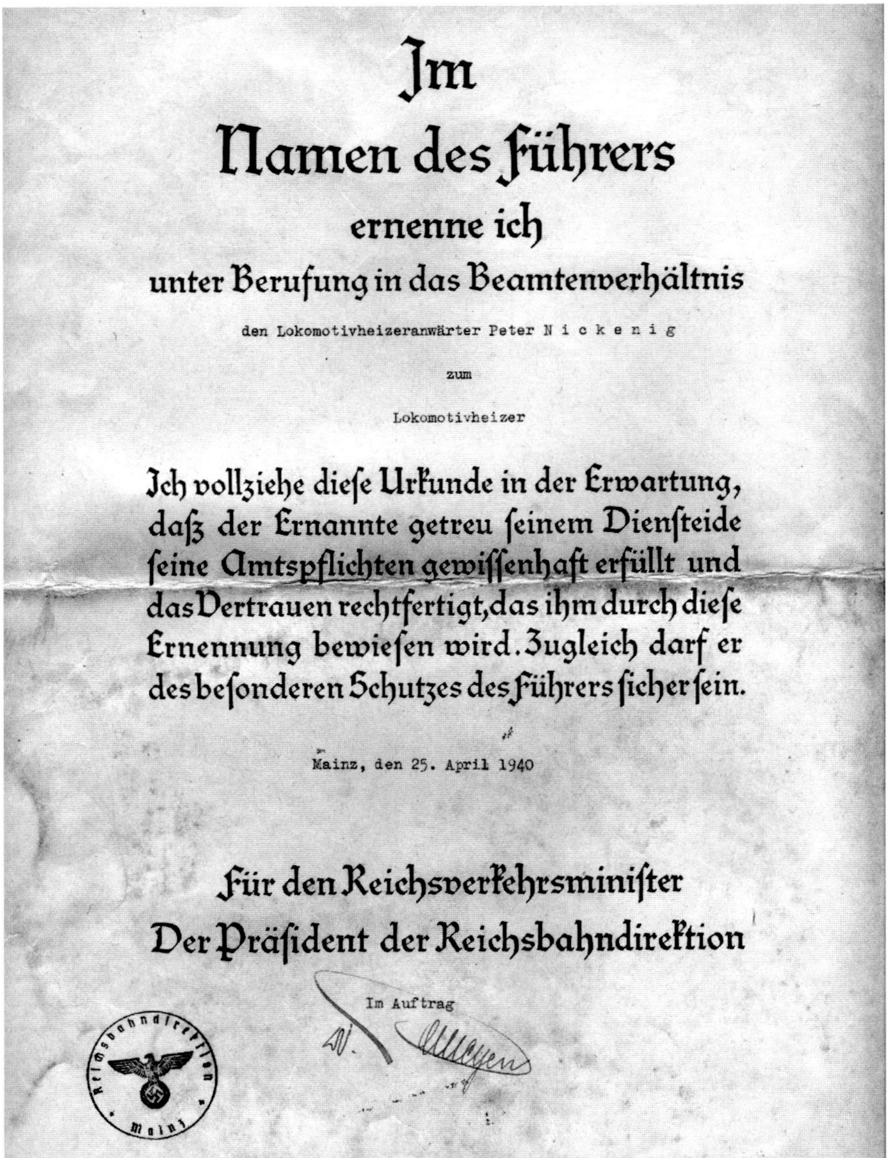

Im

Namen des Führers

ernenne ich

unter Berufung in das Beamtenverhältnis

den Lokomotivheizeranwärter Peter N i c k e n i g

zum

Lokomotivheizer

Ich vollziehe diese Urkunde in der Erwartung, daß der Ernannte getreu seinem Diensteide seine Amtspflichten gewissenhaft erfüllt und das Vertrauen rechtfertigt, das ihm durch diese Ernennung bewiesen wird. Zugleich darf er des besonderen Schutzes des Führers sicher sein.

Mainz, den 25. April 1940

Für den Reichsverkehrsminister
Der Präsident der Reichsbahndirektion

Im Auftrag

Reichsbahndirektion Mainz

Ernennungsurkunde des Bopparder Lokomotivheizers Peter Nickenig, der lange Jahre die Strecke der Hunsrückbahn befuhr, aus dem Jahre 1940.

Gastwirt erschoss italienischen Bahnbauarbeiter

1906: Dramatische Ereignisse im Bopparder Gasthaus „Zur Niedersburg“

Während der Bauarbeiten der Hunsrückbahn veränderte sich auch das „Innenleben“ der mittelrheinischen Kleinstadt Boppard. Einige Hundert italienische Bauarbeiter belebten das Stadtbild und deren geselliges Treiben wurde dann doch von einigen Zeitgenossen sorgenvoll beobachtet. Die temperamentvollen Südeuropäer verstanden es, auch nach noch so anstrengenden und mühseligen Arbeitstagen an der Bahnstrecke in den Abendstunden in gemeinschaftlichen, lautstarken Runden zu feiern, wobei natürlich auch der allabendliche Alkoholkonsum eine nicht ungewichtige Rolle gespielt haben mag.

Bereits im Jahre 1895 erwarb Wilhelm Rüdel von Josef Wagner ein zwischen Koblenzer Straße und Leiergasse gelegenes Anwesen, das er zu einem bescheidenen Hotelbetrieb mit Schank- und Speisewirtschaft umbaute und fortan unter dem Namen „Zur Niedersburg“ mit seiner zehnköpfigen Familie betrieb.

Im Sommer 1906 kam es in dieser Lokalität zu einer Streitigkeit zwischen Gastwirt und italienischen Bauarbeitern, die im Tod eines 21-jährigen Gastes gipfelte. Von Anfang an stand fest, dass Rüdel den Italiener erschossen hatte. Lediglich die genaueren Tatumstände blieben recht lange ungeklärt. Das Tatgeschehen und der sich anschließende Mordprozess vor dem Koblenzer Schwurgericht wurde natürlich auch von der Bevölkerung und der Presse verfolgt und es ist auch nach über einhundert Jahren noch recht interessant, die seinerzeitigen einschlägigen Artikel der „Bopparder Zeitung“ und der „Coblenzer Zeitung“ wortgetreu zur Kenntnis zu nehmen.

Soviel vorab: Das kleine Hotel „Zur Niedersburg“ wurde unverzüglich behördlicherseits geschlossen. Rüdels Nachfolger Martin Pütz führte den Betrieb unter gleichem Namen als Restaurant weiter. Wilhelm Rüdel wurde im Prozess freigesprochen. Die Betriebsstätte kam mit Pütz jedoch nicht mehr so richtig in Schwung und dieser gab seine Bemühungen zur lukrativen Betriebsführung nach gut einem Jahr auf.

Wilhelm Rüdel ergriff zu Silvester 1908/09 die Gelegenheit, seinen einstigen Betrieb nach vorheriger Restaurierung - fortan allerdings unter neuem Namen - als „Restaurant Reichsadler“ erneut in eigener Verantwortung zu betreiben.

„Coblenzer Zeitung“ vom 25. Juni 1906

Drahtnachrichten
(4 Uhr 5 Minuten nachmittags)

Der Gastwirt Rittel, bei dem ausschließlich Italiener verkehren, hat heute Mittag gegen drei Uhr einen Italiener erschossen, dem von der Tochter des Wirtes ein Glas Bier verweigert worden war, als der Italiener sich selbst ein Glas einzapfen wollte. Der Getroffene stürzte noch vor die Tür und brach dann zusammen. Sämtliche hiesigen Italiener revoltieren. Als der Bürgermeister die Leiche holen lassen wollte, gaben die Italiener diese nicht eher frei, bis Rittel geschlossen an ihr vorüber geführt worden war. Augenblicklich wird Rittel vernommen. Die Italiener halten den Platz vor dem Gericht besetzt. Sie warten, bis Rittel wieder herausgeführt wird, und äußern, sie wollten ihn dann erschlagen.

„Coblenzer Zeitung“ vom 26. Juni 1906

Das unglückselige Ereignis in Boppard

Zu dem in der gestrigen Abendausgabe telegraphisch gemeldeten Drama in der Wirtschaft Rüdel (nicht Rittel) ist ergänzend zu bemerken, dass die befürchteten Unruhen nicht eingetreten sind. Der Täter Wilhelm Rüdel wurde nach dem Verhör in Haft behalten. Der erschossene Italiener ist vorgestern aus Neuwied hier eingetroffen und wollte wieder abreisen. Ob seitens des Täters Notwehr vorgelegen, wird die eingeleitete Untersuchung ergeben. Die Freiwillige Feuerwehr bewacht das Haus. Die Wirtschaft wurde auf polizeiliche Anordnung geschlossen. Polizeiliche

Hilfe von auswärts war zugegangen. Die Übergabe der Kleidungsstücke der einquartierten Italiener vollzog sich ruhig und in guter Ordnung. Unser Städtchen ist über die Tat in Aufregung.

Der verhaftete Gastwirt Rüdel leugnete bei seiner gestrigen Vernehmung, dass er überhaupt einen Schuss abgegeben habe. Seine Tochter sagte aus, dass ihr Vater in Notwehr gehandelt hat.

„Coblenzer Zeitung“ vom 27. Juni 1906

Provinzielles

Über die Tötung des 21-jährigen Italieners der von Neuwied aus hier zum Besuch seiner früheren am Bahnbau beschäftigten Kollegen weilte, wird von der „Bopparder Zeitung“ folgendes berichtet: In der Wirtschaft Rüdel, die seit Monaten oft die Stätte wüster Szenen und Tanzlustbarkeiten ist, verkehren zumeist beim Bahnbau beschäftigte Ausländer, Italiener. Diese, meist fleißige, friedliebende Leute, wurden vielfach gereizt, durch Alkoholgenuss und Spiel, so dass es dann zu Tätlichkeiten kommt und der Wirt öfters schon die Behörde um Schutz ersuchen musste. Gestern nun zechten etwa zehn Arbeiter in der Wirtschaft und benutzten die Abwesenheit des Rüdel, um die Tochter des Wirtes, die Bezahlung verlangte, zu necken. Als einer der Arbeiter noch ein Glas Bier verlangte, weigerte sich die Tochter des Wirts, ihm es zu verabreichen, weil er das bereits erhaltene Bier, es konnten wohl 5 - 6 Glas gewesen sein, noch nicht bezahlen wollte. Darüber erregt, beabsichtigte der Arbeiter, sich das Bier selbst zu zapfen, wurde aber von dem soeben heimkehrenden Wirt Rüdel daran gehindert und von ihm hinter den Schanktisch verdrängt. Um seiner Wut freien Lauf zu lassen, warf der Arbeiter mit dem Bierglase nach dem Wirt, traf ihn aber nicht, so dass das Glas an die Wand flog und zerbrach. Rüdel eilte nach seiner eine Treppe höher gelegenen Wohnung, holte einen Revolver und schoss nach dem Arbeiter, der sich im Hausflur befand. Der Schuss ging in den Hals und führte den sofortigen Tod des Arbeiters herbei. Rüdel selbst wäre nun von den anderen Arbeitern gelyncht worden, wenn er sich nicht durch Flucht gerettet hätte. Als die Behörde einschritt, schien die Arbeiterschaft eine drohende Haltung anzunehmen; sie verlangte den Rüdel, oder sie beabsichtigte, die Demolierung des Hauses auszuführen. Es wurde sofort die Feuerwehr alarmiert, die das Haus umstellte. Bald gelang es, die Gemüter zu beruhigen, indem die Arbeiter aufgefordert wurden, der Leiche das Geleit nach dem Krankenhause zu geben. Nur wenn Rüdel geschlossen an der Leiche des von ihm getöteten Arbeiters abgeführt würde, wollte die erregte Arbeiterschaft von ihrem Vorhaben absehen. Als dies geschehen war, fand sofort auf dem Bürgermeisteramt ein ausführliches Verhör statt. Noch bis zum späten Abend umstanden Hunderte Neugierige das Haus des Rüdel sowohl, wie das Rathaus. Rüdel ist in Gewahrsam gebracht und leugnet, überhaupt geschossen zu haben, er gibt an, betrunken gewesen zu sein und von der Sache nichts zu wissen, während seine Kinder selbst bezeugen, dass er den Revolverschuss abgegeben habe. Noch in der Haustür stehend, soll

Restaurant

Zur Niedersburg

Neu eröffnet!

Einem verehrten Publikum von Boppard die ergebene Mitteilung, daß das

Restaurant „Zur Niedersburg“

von heute ab wieder eröffnet ist. Dasselbe ist vollständig neu renoviert. Zum Ausschank kommt das allerwärts beliebte

Apostelbräu Worms.

Für gutgepflegte Weine und vorzügliche Küche ist bestens gesorgt.

Es ladet freundlichst ein

Martin Pütz.

Martin Pütz übernahm im August 1906 die nach den tragischen Ereignissen vom 25. Juni 1906 behördlich geschlossene Restauration „Zur Niedersburg“.

Rüdel in Hemdsärmeln den Revolver in der rechten Hand drohend gerufen haben: „Wehe, wenn mir jemand zu nahe kommt!" Rüdels Wirtschaft ist geschlossen und wird bewacht, er selbst hat vor wenigen Monaten seine Frau verloren; er hat acht unversorgte Kinder. Ob bei dem ganzen unglücklichen Ereignis Rüdel in Notwehr gehandelt hat oder ob durch leichtsinnige Handhabung des Revolvers der Mord verschuldet wurde, wird die Untersuchung ergeben. - Die Leiche wurde heute Vormittag in die Leichenhalle des Friedhofs gebracht, wo die Obduktion stattfindet.

Die Nachforschungen haben ergeben, dass der erschossene Italiener Giuseppe Matta heißt und 21 Jahre alt ist. Mittwochvormittag, 10 Uhr, findet in der Leichenhalle des Friedhofs die gerichtliche Obduktion und am nächsten Tage voraussichtlich die Beerdigung statt. Dadurch wird einer etwa beabsichtigten Kundgebung vorgebeugt. Durch die Inhaftbehaltung des Täters Rüdel sind die Wünsche der hier beschäftigten Italiener vollauf befriedigt. Die Dienstagmorgen erfolgte Abreise einer großen Zahl Italiener ist nicht auf den Vorfall zurückzuführen, sondern geschah wegen unpässlicher Arbeitsverhältnisse.

„Bopparder Zeitung" vom 9. Oktober 1906

Der Mord-Prozess Rüdel vor dem Schwurgericht in Coblenz

Unter äußerst starkem Andrange begann heute morgen die Verhandlung gegen den aus

Auf obigem Foto vom 15. Oktober 1908 ist im rechten Hintergrund auch Wilhelm Rüdels einstige Restauration „Zur Niedersburg" zu erkennen, die zur Unglückszeit verantwortlich von Martin Pütz betrieben wurde. Zum abgebildeten Eisenbahnunglück berichtete die „Bopparder Zeitung": „Heute Nachmittag, 1.20 Uhr, fuhr auf Bahnhof Boppard der Personenzug 258 infolge falscher Signalgebung auf den im Gleis 2 stehenden Güterzug 6512 auf. Personen nicht verletzt. Sachschaden ziemlich erheblich. Betrieb nicht gestört."

Sicherlich bewegten Wilhelm Rüdel nicht zuletzt die unvergessenen tragischen Ereignisse, bei der erneuten Übernahme des Betriebes zur Jahreswende 1908/09 das Gasthaus „Zur Niedersburg" in „Restaurant Reichsadler" umzubenennen.

dem Untersuchungsgefängnis vorgeführten Wirt Wilhelm Rüdel aus Boppard, geboren am 20. April 1863, wegen Beleidigung und Misshandlung mit zwei Monaten vorbestraft.

Rüdel ist beschuldigt, am 25. Juni hierselbst den italienischen Arbeiter Giuseppe Matta mit einem Revolver vorsätzlich, jedoch nicht mit Überlegung getötet sowie ferner vor seinem Hause sich angesammelte Italiener mit Totschlag bedroht zu haben. Der Beschuldigte führt zu seiner Verteidigung an, dass er von den Italienern angegriffen worden sei und nur einen Schreckschuss abgegeben habe, auch habe er niemals die Absicht gehabt, jemand zu verletzen. Als er gegen ein Uhr nach Hause gekommen war, seien ihm seine Kinder weinend entgegengekommen und hätten gesagt, die Italiener haben in der Wirtschaft mit Gläsern geworfen, weil dem Getöteten von der Tochter des Angeklagten, Elisabeth, ein Glas Bier verweigert worden sei.

Der Angeklagte gibt hierauf, nachdem ihn der Vorsitzende ausdrücklich ermahnte, nur die Wahrheit zu sagen, eine Darstellung des Vorfalles, was ziemlich lange Zeit in Anspruch nahm.

Zu der Verhandlung sind 24 Zeugen und ein Dolmetscher geladen, weil verschiedene Italiener der deutschen Sprache nicht mächtig sind. Als erster Zeuge wird die Tochter Elisabeth vernommen, welche in großem Umfange fast sämtliche Angaben ihres Vaters bestätigte. Sodann wurde zur Vernehmung der Italiener geschritten, die durch das Verdolmetschen ziemlich lange Zeit in Anspruch nahm.

Der Vorsitzende, Herr Landgerichtsrat Bayer, führt die Verhandlung, Herr Justizrat Müller die Verteidigung des Herrn Rüdel. Gegen ½ 1 Uhr sind die Zeugenvernehmungen beendet. Danach hält Herr Staatsanwalt Gödicke sein Plädoyer.

„Bopparder Zeitung" vom 10. Oktober 1906

Der Prozess Rüdel vor dem Schwurgericht in Coblenz

Hierauf wird die Barbara Christmann vernommen, welche bekundet, dass die Italiener mit Gläsern geworfen haben und dass sie durch die umherfliegenden Splitter eine Verletzung an der Hand davongetragen hat, an der sie sieben Wochen lang im Hospital behandelt worden ist. Ein Finger ist steif geworden. Der Italiener Firino erklärt, der Getötete Matta habe mit der Elisabeth nur Spaß gemacht. Dann ist Rüdel gekommen, hätte geschimpft und den Matta zu Boden gedrückt. Hierauf sei er die Treppe hinaufgegangen und als er wieder herunter gekommen sei, hätte er einen Revolver in der Hand gehabt und gleich darauf geschossen. Die übrigen Italiener, welche bei dem Vorfall zugegen waren, erklärten übereinstimmend, dass Matta nur Spaß gemacht und auch nur zwei Gläser geworfen habe. Matta hat einen Schuss in die rechte Halsseite erhalten, welcher die Schlagader durchschlug. Er lief aus der Wirtschaft, brach aber auf der Straße zusammen und gab bald darauf seinen Geist auf. Noch an demselben Tage wurde Rüdel durch den Gendarm Grützmacher verhaftet und als er in das Gefängnis abgeliefert wurde, hat er zu dem Aufseher Kohlbecher geäußert, dass er einen Italiener erschossen habe, er hätte jedoch nicht die Absicht gehabt, ihn zu töten.

Der Gendarm Grützmacher bezeichnet den Getöteten als ein aufgeregter Mensch. Er bekundet u.a., dass er, als er einmal in der Wirtschaft des Beschuldigten Feierabend bot, die Italiener auf ihn eingedrungen und ihn umringt hätten und er deshalb einen Schuss abgegeben habe.

Der Bürgermeister Hay, welcher über den Leumund des Angeklagten vernommen wurde, bekundete, dass Wesentliches nichts gegen ihn einzuwenden sei. Er sei aber nach seiner Ansicht nicht der Mann, um einer solchen Wirtschaft vorzustehen.

Es wird hierauf die Beweisaufnahme abgebrochen und auf einige Zeugen verzichtet. Den Geschworenen wurden folgende Fragen vorgelegt:

1. Ist der Angeklagte schuldig, vorsätzlich den Arbeiter Matta, jedoch nicht mit Überlegung, getötet zu haben?
2. Ist er schuldig, den Matta vorsätzlich mittels einer Waffe verletzt zu haben und zwar mit der Folge, dass durch die Körperverletzung der Tod des Verletzten eingetreten ist?
3. Ist Angeklagter schuldig, den M. aus Fahrlässigkeit getötet zu haben?
4. Ist er schuldig, die Italiener mit einem Revolver bedroht zu haben?

Auch wurden die Fragen nach mildernden Umständen gestellt.

Nunmehr ergriff der Staatsanwalt Gödicke das Wort. Er führte aus, dass man es im vorliegenden Falle wieder einmal mit einem solchen Vorfall zu tun habe, welcher mit Scherz anfängt und schließlich in einer blutigen Tragödie ihren Abschluss findet. Dem Beschuldigten müsse zugute gehalten werden, dass die Italiener sich nicht ordentlich benommen hätten, doch sei die Darstellung des Angeklagten durch die Beweisaufnahme vollständig widerlegt. Er beantragte, die Frage nach vorsätzlicher Tötung zu verneinen, dagegen eine der anderen zu bejahen.

Der Verteidiger Justizrat Müller beantragte die sämtlichen Schuldfragen zu verneinen. Er führte in längerer Rede ungefähr folgendes aus: Man habe es mit einer Empörung und Auflehnung der Italiener gegen den Wirt zu tun. Das Vorgehen der Italiener sei ein äußerst wüstes gewesen und der Angeklagte habe alle Veranlassung gehabt, ganz energische und entschiedene Maßnahmen zu ergreifen, um sein und das Leben seiner Kinder zu schützen. Er sei auch durchaus berechtigt gewesen, diese Leute zu Paaren zu treiben, selbst auf die Gefahr hin, dass jemanden hierbei das Lebenslicht ausgeblasen würde. Der Angeklagte habe doch auch nichts anderes getan, als vor einiger Zeit der Gendarm Grützmacher, der doch als sehr ruhiger Beamter bekannt sei, nur mit dem Unterschiede, dass jetzt jemand getroffen worden sei.

Nach kurzer Beratung verneinten die Geschworenen die sämtlichen an sie gerichteten Schuldfragen, worauf der Gerichtshof den Beschuldigten von Strafe und Kosten freisprach, den gegen ihn erlassenen Haftbefehl aufhob und seine Freilassung aus der Haft anordnete.

Mit einem großen Freikonzert am 2. Weihnachtsfeiertag 1909 warb Wilhelm Rüdel um Gäste.

31. Mai 1906: Tödlicher Unfall beim dritten Tunneldurchschlag

Tragisches Unglück am Mörderbach

Gemessen an der immens gewichtigen Logistik, die dem Bau der letzten Teilstrecke der Hunsrückbahn zwischen Boppard und Buchholz zugrunde lag, ist es dem bauausführenden Unternehmen als Meisterleistung zu bescheinigen, dass die Arbeiten während der gesamten Bauphase weitestgehend von Rückschlägen oder Unfällen verschont blieben. Während die beiden ersten Tunneldurchschläge planmäßig verliefen, rutschte der Vorderhunsrücker Schieferboden beim Durchbrechen des dritten Tunnels immer mal wieder nach und führte zu allerdings geringfügigen Verzögerungen im Baufortschritt. Glücklicherweise ereigneten sich die meisten dieser Hangrutsche in Abwesenheit der Arbeiterschaft und so waren stets lediglich tagelange Aufräumarbeiten angesagt. Die zunächst avisierte Abfuhrmenge des entbehrlichen Erdreichs vergrößerte sich um einige Tausend Tonnen.

Der 31. Mai 1906 sollte jedoch als Unglückstag in die Baugeschichte eingehen, verlor doch ein 20-jähriger Bauarbeiter infolge eines Hangrutsches sein Leben. Laut Eintrag im Bopparder Standesamtsregister handelte es sich um Josef Vrol, unverheiratet, Beruf: Mineur (Minenarbeiter). Ein ebenfalls verschütteter Kamerad überlebte mit schweren Verletzungen.

Nachfolgend die örtlichen Presseberichte der „Bopparder Zeitung" von den tragischen Geschehnissen.

„Bopparder Zeitung" vom 31. Mai 1906

Verschüttet

Ein großes Unglück ist in der letzten Nacht auf der neuen Bahnbaustrecke Boppard - Castellaun vorgekommen. Der auf dieser Strecke vorgefundene Schieferboden eignet sich zum Durchschlagen von Tunnels durchaus nicht und gibt stets nach. Es hat sich dies vor einigen Monaten schon gezeigt, als eine große und hohe Mauer plötzlich zusammenstürzte. Nun ist etwas Ähnliches in der letzten Nacht wieder passiert, nur mit dem Unterschied, dass diesmal auch ein Menschenleben zum Opfer gefallen ist. An dem dritten Tunnel, in der Nähe vom sogen. Mörderborn, wo die Arbeiten zur Zeit im Gange waren, ist

Tödlicher Unfall vor der Einfahrt in den Rauherberg-Tunnel aus Richtung Buchholz.

heute morgen gegen 5 Uhr ein Stück des Tunnels eingestürzt, dabei einen Arbeiter, den 20 Jahre alte Josef Vrol, vollständig begrabend. Der Arbeiter, ein unter seinen Kollegen sehr beliebter Mensch, ist sicher sofort tot geblieben.

Die Aufräumungsarbeiten sind im Gange, werden aber durch das ständig nachrutschende Geröll sehr erschwert. Infolgedessen konnte die Leiche auch noch nicht geborgen werden.

„Bopparder Zeitung" vom 1. Juni 1906

Verschüttet

Gestern Nachmittag war eine Gerichtskommission an dem Orte des gestrigen Unglücks am dritten Tunnel zwischen Boppard und Castellaun, um eine Ortsbesichtigung vorzunehmen. Wie später festgestellt worden ist, wurden zwei Arbeiter verschüttet, von denen einer tot, der andere verletzt ist. Die Verletzungen bestehen aus Quetschungen und sind derart, dass der Verunglückte ins Hospital gebracht werden musste. Das Geröll ist jetzt soweit abgeräumt, dass man den Kopf der Leiche sieht. Die Bergungsarbeiten dürften noch Schwierigkeiten ergeben.

„Bopparder Zeitung" vom 5. Juni 1906

Beerdigung

Gestern Morgen wurde die Leiche des vorige Woche verunglückten Arbeiters Vrol beerdigt. Unter Vorantritt einer Musikkapelle bewegte sich der Zug vom Hospital, wohin der Verunglückte gebracht war, nach der katholischen Pfarrkirche, woselbst ein Traueramt gehalten wurde, und von dort zum Friedhof.

Überaus zahlreich war die Beteiligung seitens der Beamten der hiesigen Bauabteilung, sowie der Arbeiterschaft. Viele und zum Teil sehr prachtvolle Kranzspenden zeugten von der Hochachtung, der sich der auf so schreckliche Weise ums Leben gekommene Arbeiter bei seinen Vorgesetzten und Mitarbeitern erfreute.

IM FOTOALBUM GEBLÄTTERT

Zeitweise war der Eingang des Kalmut-Tunnels mit Zeichnungen heimischer Wildtiere geschmückt.

9. Oktober 1906: Zwei Tote bei Schwaller Pulverkatastrophe

Tödlicher Leichtsinn eines Schachtmeisters beim Bahnbau

Da die Bahntrasse des letzten Teilstücks der Hunsrückbahn auf einer Strecke von rund 540 m auch durch die Gemarkung der Gemeinde Schwall verlief, stimmte die dortige Gemeindevertretung unter Vorsitz des Gemeindevorstehers Jakob Reuter bereits am 6. März 1906 dem Bahnbau zu und stellte auch das benötigte gemeindeeigene Gelände kostenfrei zur Verfügung.

Die Bahnbauarbeiten wurden der Bopparder Bauunternehmung Eberhard, Schreiner und Siepmann übertragen. Wie auch an zahlreichen weiteren Stellen im Streckenverlauf waren auch in der Schwaller Gemarkung immer wieder Sprengungen erforderlich, um behindernde Felspartien zu beseitigen. Nun ging der Schachtmeister namens Flick leichtsinnigerweise hin, und bunkerte mit Zustimmung des Hauseigentümers Schmitt regelmäßig größere Mengen Sprengpulver im Keller von dessen etwas außerhalb der Ortschaft in Trassennähe stehenden Hauses - damals im Ort aufgrund der Flurlage nur „Flursch" genannt -, um sich den lästigen Weg zum entfernter liegenden Pulvermagazin zu sparen. Die Anstellungsfirma wurde hierüber nicht informiert.

Als nun einmal wieder Pulver an der Strecke benötigt wurde, machte sich der 26-jährige Bahnarbeiter Joseph Braun aus Thörlingen am späten Nachmittag des 9. Oktober 1906 auf den Weg, dieses Sprengpulver im Hause Schmitt abzuholen. Elisabetha Schmitt, 15-jährige Tochter des Hauses, öffnete ihm die Kellertür, um ihm den Weg zu weisen. Zur Ausleuchtung des finsteren Kellerraumes zündete Braun ein Streichholz, von dem wohl ein Funke auf den 40 bis 50 Pfund schweren Sack flog, und sofort die heftige Explosion auslöste. Das Haus wurde vollkommen zerstört, Stallungen und Scheune stark beschädigt. Die schweren Brandverletzungen führten nach Einlieferung ins Bopparder Krankenhaus zum baldigen Tod der beiden jungen Menschen.

Es sollte im Übrigen nicht das einzige Unglück bleiben, bei welchem ein Mitarbeiter der Bahnbaufirma Eberhard, Schreiner und Siepmann auf tragische Weise ums Leben kam. Die Chronik der Bürgermeisterei Pfalzfeld bezeichnete nicht von Ungefähr das Kalenderjahr 1907 als „Unglücksjahr". Hier heißt es: „Weiter musste der 24-jährige Bremser Bach aus Basselscheid, welcher bei der Eisenbahnbaufirma Eberhard, Schreiner und Siepmann beschäftigt war, am 26. April 1907 sein Leben dadurch einbüßen, dass er von seinem Bremsbock fiel, unter die Räder mehrerer beladener Kippwagen geriet und erdrückt wurde. Das Unglück geschah im Gemeindebanne Norath in der Nähe der Straße Pfalzfeld - Norath."

Der nachfolgende Pressespiegel erinnert an die tragischen Geschehnisse im Zusammenhang mit dem Bau der Hunsrückbahn.

„Bopparder Zeitung" vom 10. Oktober 1906:

In dem benachbarten Schwall bei Halsenbach fand gestern Nachmittag 4 Uhr eine Pulverexplosion statt, deren Entstehen wie uns von Augenzeugen berichtet wird, folgendermaßen vor sich ging. Der Schachtmeister Flick in Schwall hatte, um sich den jedesmaligen großen Weg zum Pulvermagazin zu ersparen, einen Sack Sprengpulver mit Erlaubnis des Hausbesitzers Philipp Schmitt in Schwall in den Keller des Wohnhauses untergebracht. Als Flick nun gestern wieder Pulver brauchte, schickte er einen 26-jährigen jungen Mann zu Schmitt, um dasselbe zu holen. Die 15-jährige Tochter des Hauses öffnete dem jungen Mann die Kellertür. Als der Sack mit dem Pulver nicht gleich gefunden wurde, steckte der Arbeiter ein Streichholz an. Der Phosphor sprang davon ab und fiel auf den Pulversack. In demselben Augenblicke explodierte das Pulver mit lautem Knall.

Die Tochter des Schmitt, sowie auch der junge Mann erhielten furchtbare Brandwunden am ganzen Körper. Der Verletzungen der beiden Verunglückten, die im hiesigen Hospital untergebracht sind, sind derart, dass zu befürchten ist, dass dieselben wohl nicht mehr am Leben erhalten werden können. Die Tochter ist noch nicht zum Bewusstsein gekommen. Das Haus ist vollständig zerstört und gleicht einem Trümmerhaufen. Stall und Scheune sind ebenfalls sehr stark beschädigt, das Vieh wurde, um es dem erstickendem Qualm zu entziehen, aus dem Stalle geführt.

Der Schachtmeister stellte sich gestern Abend noch der Behörde, die denselben aber auf freien Fuß ließ. Die Mutter des Mädchens befindet sich in Berlin und wird erst heute zu den Ihrigen zurückkehren. - Wie wir soeben erfahren, ist das Mädchen um 11 Uhr seinen qualvollen Leiden erlegen.

„Hunsrücker Zeitung" vom 11. Oktober 1906:

Ein schwerer Unglücksfall ereignete sich in Schwall bei Sauerbrunnen (Bürgermeisterei Pfalzfeld). Gegen 5 Uhr nachmittags erdröhnte hier, aus der Richtung des etwas außerhalb des Ortes gelegenen Schmitt'schen Hauses ein dumpfer, weithin vernehmbarer Knall, und als die erschreckten Dorfbewohner daraufhin herbeieilten, fanden sie den untersten Stock genannten Hauses auseinandergerissen und teilweise auf die Straße geschleudert, während das obere Stockwerk und das Dach vornüberneigten und jeden Au-

Mit großer Unterstützung der Schwaller Bürgerschaft und des Bopparder Bauunternehmers Siepmann wurde bereits wenige Tage nach dem furchtbaren Unglück mit dem Wiederaufbau des Schmitt'schen Anwesens einschließlich Scheune und Stallungen begonnen und schon kurze Zeit später vollendet. Obiges Foto zeigt das in der Nähe der Bahnstrecke gelegene Areal recht kurze Zeit nach erfolgter Fertigstellung.

genblick einzustürzen drohten. Der Besitzer des Hauses, er war zufällig in nächster Nähe beschäftigt, der augenscheinlichen Gefahr nicht achtend, drang sofort durch die Trümmer und den erstickend hervorquellenden Pulverdampf ins Innere und rettete aus dem Keller sein Kind, ein etwa 14 Jahre altes Mädchen und einen zufällig anwesenden Bahnarbeiter. Die beiden bedauernswerten Opfer waren bewusstlos und über und über mit grässlichen Brandwunden bedeckt. Der Arbeiter, ein kräftiger junger Mann, erholte sich nach kurzer Zeit, das Mädchen aber hatte nach Verlauf von 6 Stunden die Besinnung noch nicht wieder erlangt. Nach Anlegung eines Notverbandes verbrachte man beide noch in der Nacht nach dem Krankenhaus Boppard.

Über die Ursache der Katastrophe erzählt man, dass ein Schachtmeister der Eisenbahnbaufirma Eberhard, Schreiner und Siepmann, dessen Arbeitsstelle ganz in der Nähe lag, im Keller des Schmitt'schen Hauses eine größere Quantität Pulver aufbewahrt habe, und dass der verunglückte Arbeiter von diesem Vorrat habe entnehmen wollen, während das Kind leuchtete. Jedenfalls scheint von Seiten des Schachtmeisters mit sträflichem Leichtsinn gehandelt worden zu sein und mochte er dies wohl selbst empfinden, da er sich, nachdem das Unglück geschehen, sofort der Polizei stellte. Die Reue, so aufrichtig sie auch sein mag, ändert leider an dem Geschehen nichts mehr.

„Hunsrücker Zeitung" vom 16. Oktober 1906:

Die bedauernswerten Opfer der Schwaller Pulverexplosion sind nunmehr beide durch den Tod von ihrem grässlichen Leiden erlöst, und wird das Mädchen heute in Leiningen beerdigt, während der junge Mann wohl in Boppard zur letzten Ruhe gebettet wird. (Anmerkung: Beisetzung fand am 15. Oktober 1906 in Bickenbach statt). Über die Entstehung des Unglücks wird nunmehr genaueres bekannt, und geht daraus hervor, dass eine ganze Reihe unglücklicher Momente hier zusammengewirkt haben. Der verunglückte Arbeiter war nämlich nur vertretungsweise mit dem Abholen des Pulvers betraut worden, kannte darum weder die Räumlichkeiten in dem Unglückshause, noch auch die mit dem Auftrage verbundene Gefahr, wenigstens sicherlich nicht so, wie der geschulte Mann, der diesen gefährlichen Gang sonst täglich besorgte. Er bedurfte also der Führung in dem Schmitt'schen Keller (daher die Anwesenheit des armen Mädchens) und, um sich zurechtzufinden, der Beleuchtung. Unbegreiflich bleibt allerdings, wie er es wagen konnte, zu diesem Behufe offenes Licht, d.h. ein Streichhölzchen zu verwenden.

Das Unglück ist geschehen und beschäftigt nunmehr den Staatsanwalt; wir möchten aber nicht verfehlen hervorzuheben, dass bei dem traurigen Unglücksfalle auch recht erhebende Züge wahrhaft aufopfernder Nächstenliebe zu Tage getreten sind. Nicht nur, dass die Ortsnachbarn sofort helfend einsprangen und der Vater des Mädchens unter eigener Lebensgefahr die Verunglückten aus dem Keller herausschaffte (der Mann ist übrigens in Folge der furchtbaren Aufregung in einer Gemütsverfassung, dass man für seinen Geist fürchtet), nein, auch ferner Stehende, wie z.B. der zufällig in der Nähe weilende Bauunternehmer, Herr Siepmann aus Boppard, nahmen am Rettungswerk den regsten Anteil. Herr Siepmann hat nicht nur sofort alles getan, was zur Linderung der augenblicklichen Not erforderlich erschien, sondern auch bereits Bauleute beordert, um das zerstörte Haus wieder aufzurichten und sich ferner bereiterklärt, alle Folgen des Unglücks zu beheben, soweit es eben in menschlichen Kräften steht. Alle Achtung vor solchem Edelmute, und dies umsomehr, als dem Unternehmer keine Schuld an dem Unglücke beizumessen ist.

„Wanderungen“ entlang der künftigen Streckenführung

Beobachtungen des Baufortschrittes in den Jahren 1905, 1906 und 1907

Mit großen Erwartungen verfolgte die gesamte Bopparder Bürgerschaft die Entwicklung im Eisenbahnbau des letzten Streckenabschnittes der Hunsrückbahn. Nicht von Ungefähr setzten Tag für Tag kleine Völkerwanderungen in Richtung Mühltal ein, um während der Bauphase die Baufortschritte mit eigenen Augen zu sehen. Dankbar waren die Leser der örtlichen Lokalzeitung, dass deren Redakteure sie regelmäßig über Neuigkeiten auf dem Laufenden hielten. Auch die verantwortliche Baufirma Grün & Bilfinger hatte dieses besondere Interesse erkannt und pflegte ihr Image in regelmäßigen Presseterminen. Wiederholt lud sie örtliche Honoratioren und Pressevertreter zu geführten Streckenbesichtigungen ein und informierte über alle Besonderheiten, Hintergründe und Details des Bahnbaus. Ausführlich berichtete die „Bopparder Zeitung“ über diese „Wanderungen auf der Bahnstrecke“. Die nachfolgend wortgetreu wiedergegeben Berichte dokumentieren alle Besonderheiten und vermitteln einen weitreichenden Einblick in den jeweiligen Stand der Bauarbeiten der Jahre 1905, 1906 und 1907.

Die zeitgenössischen Berichte sind ergänzt mit Fotos, die dankenswerterweise von der „Nachfolgefirma“, der Bauaktiengesellschaft Bilfinger Berger AG, Mannheim, aus Archivbeständen zur Verfügung gestellt wurden.

„Bopparder Zeitung“ vom 25. November 1905

Regen und Nebel, nasskalter Wind und trübe Wolken, das ist seit vielen Wochen die Signatur des diesjährigen Herbstes, ein Wetter, dass man den Hund nicht vor die Türe jagen möchte. Wen aber der Beruf hinaustreibt, der muss, und so kam es, dass eines kalten, regnerischen November-Tages wir der freundlichen Einladung der Herrn Kgl. Regierungs-Baumeisters Martin hier folgend, an einer Baubesichtigung der Bahnlinie Boppard - Hubertusschlucht teilnehmen durften. Festes Schuhwerk war geboten, denn der neuen Bahnlinie fehlt noch der feste Unterbau.

Beginnen wir unseren Weg am „Säuerlingsturm“. Ein Bauwerk aus alter Zeit, steht er noch, der alte feste Turm am Anfang der Hunsrückbahn, aber seine Tage sind gezählt, denn bald muss er dem neuen Schienen-Geleis weichen, soviel auch petitioniert worden ist, dem Verkehr muss das Alte Platz machen, „es stürzt, es ändern sich die Zeiten und neues Leben blüht aus den Ruinen“.

Zunächst gewahrt man einen leichten Barackenbau, die Bureauräume der Firma Grün & Bilfinger, Mannheim. Von hier aus gehen die Fäden für die Bauausführung, von hier aus empfangen Hunderte von Arbeitern ihre Befehle und ihren Lohn, es ist gleichsam das „Stellwerk“ für die umfangreichen Bauarbeiten.

Links zieht sich, die Flogtstraße nach der Bahnseite zu fest einsäumend, eine hohe Stützmauer hin. Die Straße selbst ist durch den Wegfall der schrägen Böschung um ca. 1 ½ Meter verbreitert worden und wird, wenn sie einmal fertig ist, die Anwohner dafür entschädigen, dass sie lange durch Dick und Dünn waten mussten. Weiterhin ist das Bahnplanum um ca. fünf Meter erweitert worden, um, wie es in der Eisenbahnsprache heißt, einen kleinen „Schienengarten“, das sind die Rangiergeleise, anzulegen. Hier wird bereits ein neuer Bahnübergang angelegt, denn der Personen-Durchlass am Turm, sowie der alte Straßenübergang wird gesperrt und etwa in der Mitte zwischen Beiden eine neue Überfahrtstraße geschaffen.

Weiter oben wird der Burdenbach überbrückt und auf dem Weitergange kommen wir zum ersten größeren Brückenbauwerk. Hier handelt es sich um eine Eisenbahnüberführung am Kalmuttal und um einen ca. 30 Meter langen Wasserdurchlass, etwa in Manneshöhe, für den Kalmutbach. Die Brücke, ca. vier Meter hoch und ebenso breit, in rotem Sandstein mit blauen Basaltsteinen dazwischen und Ziegelmauerwerk ausgeführt, gewährt ein von dem grünen Hintergrunde des Kalmuttales sich malerisch abhebendes Bild. Von hier ab beginnt die eigentliche Steigung der Gleisanlage.

Das Mühltal, die Perle der Täler unserer rheinischen Heimat, zeigt heute schon ein

Obiges Foto aus dem Jahre 1907 zeigt den fertig vermauerten Eingang des Kalmut-Tunnels nach beendeter Bergdurchbohrung. Eine Feldbahn-Schmalspur-Lok ist im Tunneleingang von rückwärts erkennbar. Die Vermessungstrupps beenden ihre Arbeit an diesem Bauabschnitt der Bahnlinie Boppard - Kastellaun.

ganz verändertes Bild. Ein Chaos von Geröll versperrt seit Monaten unseren herrlichen Kronprinzenpfad und den ehedem so beliebten Elfenlayweg mit seiner entzückenden Aussicht.

Begehen wir weiter die Strecke der neuen Bahnlinie und sind wir an den Warnungstafeln: „Das Betreten des Bahnkörpers ist verboten!“ vermöge unseres liebenswerten Führers und Bauleiters unbehelligt vorbeigekommen, begegnen wir zunächst den kleinen Arbeitslokomotiven, die fortwährend die lange Reihe Kippwagen zu Berg schleppen; denn es sind gewaltige Massen Erdreich zu bewegen, Dämme aufzuschütten, Berglehnen und Felsvorsprünge abzutragen usw. Hier kommen wir zu einer Hauptsehenswürdigkeit dieses Bahnbaues, der großen Böschungsmauer an der Elfenlay, die oberhalb des Bergschlösschens bei einer Länge von 300 Meter eine Höhe von 15 Meter erreicht.

Schon nach einer kurzen, bei dem schlüpfrigen, durchweichten Boden nicht unbeschwerlichen Bergsteigung langen wir bei dem ersten Tunnelbau, dem „Kalmuttunnel", besser „Elfenlaytunnel", an. Schon in einiger Entfernung hallen uns die wuchtigen Schläge der schweren Arbeitshämmer entgegen, denn es müssen metertiefe Sprenglöcher ausgemeißelt werden, um mit Sprengpulver und Dynamit des festen Fels zu lockern. Der Tunnel ist in einem Radius von 300 Meter 1:17 steigend auf 120 Meter Länge projektiert und bereits die Hälfte ist erbohrt. Wir müssen über den Tunnel klettern und kommen zu einer mächtigen Talspalte, die sich schluchtenartig vom rauhen Berg herab nach dem Mühltal zu erstreckt. Dieses Tal wird an der Überfahrtstelle zugeschüttet, so dass hier wiederum ein mächtiger Damm, der höchste auf der Strecke, etwa 35 Meter hoch, gebaut wird. Unter dieser Zuschüttung ist wieder ein großer mehr als meterhoher Wasserdurchlass erbaut. Kaskadenartig fließen in teils ober-, teils unterirdisch angelegten Kanälen die Bergwässer zu Tal. Bergauf, bergab geht es weiter vorwärts, an den langen Einschnitt oberhalb der Henzlerschen Besitzung.

Etwa 100 und mehr Arbeiter, wettergebräunte kräftige Gestalten, meist Italiener, grüßen in angeborener Höflichkeit und lassen uns bei dem Anruf ihres Vorarbeiters vorüberschreiten, denn die ohnehin schmale Passage wird durch die Kippwagen versperrt.

Hier wendet sich die Bahnlinie fast rechtwinklig nach Südwesten zu und in stattlicher Höhe bietet sich uns ein herrlicher Ausblick auf die gegenüberliegenden mit Wald und Wiesen lieblich in herbstlichen Farbentönen prangenden, durch tiefe Täler unterbrochenen Berggelände. Zu Füßen das Steinigbachtal mit der Fischzucht und den Stauweihern, rechts der Blick nach dem Reidelwäldchen, der Fesserhöhe und dem Hirschkopf, links der Blick nach der „Uhulay" und dem hochbewaldeten „Eingehäng".

Im Weitergehen stehen wir wieder vor einem Tunnelbau, dem zweiten, „Rauherbergtunnel" genannt, der anfangs loses Schiefergestein und Lette aufwies, im Weiteren aber die Arbeiten durch hartes Gestein sehr erschwert. Der Tunnel wird etwa 100 Meter lang und ist von beiden Seiten in Angriff genommen. Nachdem wir uns wieder einen Weg über den steilen Bergabhang gebahnt und stellenweise entzückende Landschaftsbilder genossen haben, gelangen wir in einen etwa 5 - 6 Meter tiefen Stollen, der uns jede Aussicht benimmt vor den Eingang des dritten, des „Talbergtunnels", der ebenfalls von beiden Seiten in Angriff genommen ist und wo die Arbeiten fast bis zur Mitte vorgeschritten sind. Hier hat wiederum die Bahn eine Kurve gemacht, denn am Ende des Tunnels, den wir überschreiten, resp. um den wir herumkraxeln mussten, bieten sich dem Auge neue herrliche Blicke.

Das Hinauf und Hinab unserer Wanderschaft fängt an, anstrengender zu werden, denn noch ist an dieser Stelle der hohe Bahndamm nicht fertig gestellt, so dass wir, da auch die provisorische hergestellte Holzbrücke noch im Bau ist, uns hinunter begeben müssen in die Tiefe der „Hirschgrube", früher „Heringsgrübchen" genannt. Aber welche Überraschung, - hier, an diesem dem Verkehr entrückten Erdenwinkel steht eine Restauration vor uns, sie müsste „Zum Mistloch" heißen, wie ehedem die schlammigen Waldpfade hier genannt wurden - und ohne lange zu zaudern, sitzen wir in dieser „Kantine" der Firma Grün & Bilfinger bei einem Glas Bier vom Fass und studieren die reichhaltige Speisekarte.

Hier sind wir am Ende unserer heutigen Wanderung und können nur mit Erstaunen von dem, was in so wenigen Monaten geschaffen wurde, sprechen. Die Bahn verspricht eine der schönsten Gebirgsbahnen Deutschlands zu werden, denn es gilt hier in einer hochromantischen Gegend erstens eine hohe Steigung zu überwinden und bei dem so bergigen Terrain mit tief einschneidenden Tälern manche Hindernisse zu beseitigen, Tunnels zu bohren und verschiedene große und kleine Viadukte zu bauen. Als größter, und als ein glänzendes Werk deutscher Bautechnik ist der zukünftige Viadukt zu bezeichnen, der, in einer Kurve gelegen, die Hubertusschlucht überbrücken wird. Acht große gemauerte Pfeiler (also nicht Eisenkonstruktion), tragen Bogen von je 30 - 40 Meter

Spannweite bei acht Öffnungen in einer Höhe von 50 Meter und verbinden so die gegenüberliegenden etwa 160 Meter entfernten Felsenköpfe.

In wahrhaft musterhafter Weise ist von der Baufirma Grün & Bilfinger für ihre Arbeiter gesorgt, es fehlt an nichts und zu außerordentlich billigen Preisen ist in den verschiedenen Kantinen, die auch Schlafstellen gewähren, alles zu haben, was zu des Leibes Wohlfahrt gehört. Alle 300 - 400 Meter steht eine Feldküche; in langen Reihen sind blank und sauber die Essschüsseln aufgestellt und in einem großen Kessel brodelt und siedet der „Küchenchef" die „Polenta" oder die „Makkaroni" mit Rindfleisch. Das Mittagsmahl wird hier fertig gestellt, denn um die Arbeitsstätte zu verlassen und im Hause das Essen einzunehmen, dazu ist der Weg zu weit und die Zeit zu kurz.

Oben auf der Höhe - wir waren 250 Meter über dem Meeresspiegel - hat schon wieder die Arbeitszeit begonnen, denn die Mittagsruhe muss pünktlich innegehalten werden. Dumpfe Donnerschläge hallen in den Bergen wieder, es wurde gesprengt, und große und kleine Felssteine rollen zu Tal. Auf unserm Heimgang aber begegnen wir noch verschiedenen neuen Eindrücken: Hier sind Leute beschäftigt, das Wasser in Legeln auf dem Rücken, 275 in den Berg gehauene Stufen hinaufzutragen, andere wieder tragen Zement, Kalk und Sand hinauf, um oben Mörtel zum Bau zu bereiten. An einer anderen Stelle, am Eingang des Steinigbachtales, ist ein Aufzug erbaut. Da werden Säcke Zement, Baumaterial, Stangenholz und Stämme zum Abbau der Tunnels usw. auf Schlitten hinaufgezogen und das Wasser in langen Gasröhren aus dem nahen Bach hinaufgepumpt. Wenn man

Bereits im Jahre 1905 wurde die neue Bahnüberführung im Kalmuttal fertiggestellt. Das neu verlegte Gleis stellte den Materialtransport durch einen Bauzug sicher.

alle diese Schwierigkeiten sieht, mit welchen die Arbeiten geschaffen werden müssen und man die Ameisentätigkeit der Arbeiter beobachtet, so kann man sich sagen, dass hier ein Bauwerk geschaffen wird, das, einst fertig gestellt, die allgemeine Bewunderung hervorrufen muss.

Leicht ist es den Baumeistern und Ingenieurtechnik nicht gemacht worden und was die Bauunternehmer an der Hand der fertig gestellten Pläne, Profile und sonstigen Zeichnungen hier zu leisten haben, ist noch ein gutes Stück Arbeit. Hoffentlich gereicht diese herrliche Bergbahn dem Hunsrücken, der dadurch erschlossen wird, und der Stadt Boppard mit ihrer herrlichen Umgebung zu einer gedeihlichen Fortentwicklung des Fremdenverkehrs.

„Bopparder Zeitung“ vom 20. Oktober 1906

Wieder ist es Herbst geworden, in herrlichem Farbenspiel stehen unsere Bergwände, der Sturm weht über die Stoppelfelder und bald rüsten wir uns dem Winter zu begegnen, indem wir im traulichen Stübchen den alten Freund, den Ofen, wieder in sein Amt einsetzen.

Noch sind uns sonnige Tage beschert; ein schöner Herbst scheint das, was heuer das Frühjahr gekündigt hat, wieder gut machen zu wollen. Wer möchte bei diesem schönen Wetter nicht zum Wanderstab greifen und unserm herrlichem Berggelände und seinen prächtigen Waldungen einen Herbstbesuch abstatten? Das Angenehme mit dem Nützlichen verbindend, pilgerten wir dieser Tage, wie vor etwa einem Jahr, wiederum die neue Bahnstrecke entlang unter fachverständiger Führung hinaus ins Mühltal, um uns von den Fortschritten zu überzeugen, die in den zwölf Monaten am Bahnbau Castellaun - Boppard gemacht worden sind.

Der „Säuerlingsturm“ ist nur noch in seinem Unterbau zu sehen, frei ist der Blick nun vom Bahnhof auf die Häuserreihe der Flogtstraße, eine schöne Böschungsmauer begrenzt den Bahnkörper nach der Straße zu, von einem modernen geschmackvollen Eisengeländer gekrönt; ein breiter Bahnübergang ist geschaffen, und bietet die Gleisanlage ein wesentlich anderes Bild als auf unserer vorjährigen Wanderung.

Wir gelangen an der Kalmutbrücke vorüber auf den Bahnkörper und steigen auf der hohen Böschungsmauer weiter. Links ist der Zugang zum Elfenlayweg in Felsen eingesprengt, mit einem Geländer versehen, und bietet dieser neue Pfad, der erst nach der Lese begangen werden darf, einen, wenn auch sonnigen Ersatz des durch die etwa 260 Meter lange und 12 Meter hohe Böschungsmauer leider verloren gegangenen schattigen Zickzackweges (eine Schöpfung des verstorbenen Herrn Oberst Scheppe).

Herrliche Rückblicke auf den Rhein, im Vordergrund die schmucken Häuser am Mühltaleingange, umgeben von Bäumen das Mühlbad, die Königsvilla, der Rhein mit

Es sollte nur noch wenige Wochen dauern, und das Mühltal bekam durch den Bau der Bahnstrecke ein neues „Outfit“, Foto aus dem Jahre 1905.

Original-Pressefoto der „Bopparder Zeitung“ vom 20. Oktober 1906.

dem gegenüberliegenden Filsen und weiter nach rechts im Halbkreis am linken Rheinufer unser freundliches Städtchen Boppard. Ein wahrhaft bezaubernder Blick, wie gebannt stehen wir da und können uns nicht satt sehen an dem herrlichen Bilde. Wir kommen nun an den ersten Tunnel, Kalmutttunnel genannt. Vor uns ist eben ein Arbeitszug mit einer langen Reihe Kippwagen, beladen mit Steinen, Zement, Rheinsand und dergleichen in den Tunnel eingefahren, so dass wir einen Augenblick warten, um den Kohlendunst im Innern des Tunnels nicht einatmen zu müssen. Hierdurch finden wir Gelegenheit, uns

Bereits die Erstellung des Holzgerüstes genügte hohen technischen Ansprüchen.

Recht bald befuhren die ersten Bauzüge das im Bau befindliche Brückenbauwerk.

Arbeiter der Mannheimer Baufirma Grün + Bilfinger präsentieren sich mitsamt eines Arbeitszuges voller Stolz dem Fotografen.

Der Hubertus-Viadukt kurz vor der Fertigstellung.

Geschafft: Das Holzgerüst ist entfernt.

das Tunnelportal zu betrachten. Dasselbe ist aus Grauwacke mit Sandsteinbekrönung, zu beiden Seiten mit burgähnlichen Zinnen, soeben im Bau vollendet, und nimmt sich sehr geschmackvoll, in das bahn- und landschaftliche Bild passend, aus. Der Tunnel selbst ist 123 Meter lang, stark steigend und in einem Halbmesser von 300 Meter gekrümmt. Das obere Portal wird erst von der Straße aus sichtbar, wenn seitlich vorliegende Felsvorsprünge beseitigt sind.

Am Ausgang gelangen wir wiederum über eine schroffe Stützmauer hinweg zu einem Riesendamm von 18 Meter Höhe. Letzterer hat bei dem lockeren Gestein und der lange anhaltenden Feuchtigkeit im Frühjahr nicht standzuhalten vermocht und wird durch fortwährendes Wiederanschütten von Erdmassen wohl bald zum Stillstand kommen.

Einige hundert Meter weiter macht die Bahn hier einen scharfen Bogen nach links, wir stehen vor einem herrlichen Bergpanorama, etwa dem Steinigbachtal gegenüber auf einer 300 Meter langen und etwa 30 Meter hohen Betonstützmauer. Die Fundamente sind in den Berg eingebaut etwa 3 - 4 Meter breit und werden in Lagen von 30 Zentimeter in Zement, Sand und Gestein gestampft. Diese Stützmauer kostet etwa 130.000 Mark. Im Ganzen werden etwa 2.600 Kubikmeter Mauerwerk in Stärken von 4 - 5 Meter ausgeführt. Zu all diesen Mauerarbeiten wird in 4 - 500 Meter langer Wasserleitung zur Bereitung des Mörtels das Wasser mittels eines Benzinmotors gepumpt und das übrige Baumaterial mit vier Arbeitslokomotiven an Ort und Stelle geschafft. Wie bereits in unserem früheren Artikel mitgeteilt, hat die Firma Grün & Bilfinger diese Riesenarbeit in Ausführung und verfügt gegenwärtig über 600 Mitarbeiter.

Setzen wir unsern, nicht immer gerade bequemen Weg fort, so kommen wir an den zweiten Tunnel. Hier herrscht im Innern eine fieberhafte Tätigkeit. Die Stollensohle ist fertig. Das Innen-Mauerwerk ragt an beiden Seiten empor, zwischen engen Gerüststangen arbeiten Maurer und Handlanger. Oberhalb ist man jetzt dabei beschäftigt, den Spitz- und Firststollen auszubrechen und auszumauern oder auszustecken, wie der technische Aus-

Blick von der Zahnradbahnstrecke auf die im oberen Mühltal gelegene Restauration „Pension Waldfrieden".

druck lautet. Wir folgen den interessanten Ausführungen unseres Führers und nehmen selbst Gelegenheit, auf hoher Leiter emporzuklimmen und die Arbeiten im Tunneloberbau (6 Meter) in Augenschein zu nehmen. Kümmerlich beleuchtet, eine Luft, dass man kaum zu atmen vermag. Qualm von den Arbeitslokomotiven, Acetylen- und Ölgase der Grubenlichter, Staub, Pulverdämpfe von Sprengungen, die hier im Innern noch vorgenommen werden, ein Höllenlärm als Zugabe usw. usw., das ist ungefähr alles, was hier der geduldige Arbeiter, in gebückter und kniender Stellung, täglich zehn Stunden zu leisten und auszuhalten hat.

Froh wieder unten angelangt, setzen wir in diesem 125 Meter langen Tunnel, der ebenfalls in einer Kurve von 300 Meter stark ansteigt, unsern Weg fort. Wenige hundert Schritt weiter kommen wir, an einer 200 Meter langen Stützmauer am Eingang des „Weißertales“ vorbei, zum dritten Tunnel. Hier hatte bei den Abteilungsarbeiten kürzlich durch nachfallendes Gestein ein Mann seinen Tod gefunden. Bei den starken Stütz- und Seitenmauern im Innern ist jetzt jede Gefahr ausgeschlossen, die Maurerarbeiten sind fast beendet; auch wieder stark ansteigend, aber geradlinig, hat dieser Tunnel eine Länge von etwa 100 Meter. Hier ist am Ausgang, wo die Unglücksstelle war, der Tunnel nach oben „aufgeschlitzt“ und werden die darüber lagernden Seitenwände abgeschürft und durch eine Öffnung am Firststollen das Gestein direkt in Kippwagen verladen, um außerhalb wieder verwendet zu werden. Wir hören noch, ehe wir zu dieser Einladestelle kommen, den lauten Ruf des Werkmeisters oder Bauaufsichtsbeamten, vermutlich in „deutitalienischer“ Sprache: „Aushalta!“ und sind wir an den gefahrdrohenden Stellen vorüber, dann tönt es wieder laut: „Kumma lassa!“

Die dunklen Tunnelgewölbe liegen für heute hinter uns und ein neuer, imposanter Blick bietet sich unserem Auge. Nachdem wir den Riesendamm mit der Unterführung bei der

Die Tunnel-Unterführung am Buchholzer Weg ist fertiggestellt.

Hirschgrube überschritten haben, stehen wir vor dem Riesenbau, dem großen Viadukt, dessen Baugerüste nahezu fertiggestellt sind. Bevor wir die genauere Besichtigung dieses mächtigen Bauwerkes vornehmen, statten wir der Kantine der Firma Grün & Bilfinger, die auch hier so vorzügliche Fürsorge für ihre Arbeiter getroffen hat, einen Besuch ab, um nach kurzer, wohlverdienter Rast unsere Wanderung fortzusetzen und neue Eindrücke zu sammeln.

Um unsern Lesern von der Größe des Viadukts ein Bild zu geben, hat Herr Photograph Daiber hier eine wohlgelungene Riesenaufnahme (37 x 50 cm) angefertigt, deren Verkleinerung wir hier wiedergeben.

Das Gerüst, aus Holzpfeilern von Grün & Bilfinger erbaut, ist mit einem Kostenaufwand von 45.000 Mark hergestellt. Es besteht aus sieben Pfeilergerüsten mit einem Schienengeleis obenauf. Die Brückenpfeiler sind auf Felsenfundament errichtet, von etwa 11 Meter Beton im Quadrat. 50 Meter hoch und 175 Meter lang wird in 6 Bogen, wiederum im Halbmesser von 300 Meter, stark steigend der Viadukt gebaut. Die Pfeiler bestehen aus sauber gefügten und behauenen rotem Sandstein, der aus dem Neckartal den weiten Weg bis hier in unsere Hubertusschlucht machen muss. Interessant sind die 50 Meter langen Trichter, in denen Sand, Zement usw. zur Verarbeitung von Mörtel, von Boppard hinaufgefahren, oben auf der Brücke wieder hinuntergeführt werden.

Wenden wir nun von der schwindelnden Höhe unsere Blicke hinüber nach Westen, so stehen wir vor einem Hochgebirgspanorama, wie es schöner weit und bereit nicht zu finden ist. Wellenförmig, von zehn bis zwölf Tälern eingeschnitten, erheben sich die gegenüberliegenden Berge. Stufenartig zum Himmel emporsteigend, von der späten Nachmittagssonne beleuchtet, breitet sich höchst malerisch das Bergland vor uns aus. Grüne, braune, gelbe, graue, in der Ferne blauwirkende Bergrücken gruppieren sich in einem drei-

Rund 50 Meter messen die Brückenpfeiler des Hubertus-Viaduktes. Ein Arbeitszug befährt die Brücke.

Bau der Unterführung bei Station 316.

viertel Kreis vor uns. Ein Ort zum längeren Verweilen, zum Nachdenken und Insichgehen. Hier die Schöpfung des allmächtigen Weltenbaumeisters in seinen unvergänglichen Landschaftsbildern, seinem Entstehen und Vergehen in der Natur, seinen paradiesgleichen Naturschönheiten vor uns, hinter uns die schaffende Menschenhand und der schaffende Menschengeist, verkörpert in dem hochinteressanten Riesenbauwerk, was heute, wenn auch noch unfertig, die allseitige Verwunderung erweckt. Der ganze Bahnbau wird einer der interessantesten Deutschlands, der Viadukt der größte Steinbau unserer deutschen Heimat.

Auf der Fortsetzung unseres Weges gelangen wir zunächst zu einem kleinen Viadukt, der bei 25 Meter Höhe und 75 Meter Länge uns zu zwei weiteren Tunnels führt, die in Angriff genommen sind, aber erst in Bau genommen werden können, wenn die Arbeitszüge wegen der Materiallieferung den großen Viadukt passieren können. Unterführungen, Dämme über das „Zeckedellchen", und wie die wildromantischen Seitentäler des Mörderbachtales alle heißen, nehmen hier halt sein Ende.

Endlich ist der Bahnhof Buchholz erreicht! Wir stehen hier 403 Meter über dem Meere. „Wenn erst die Bahn geht!", sagt manch einer, der das Laufen verlernt hat, „dann werde ich all' das Schöne zu sehen nachholen", aber bis dahin wird es noch zweimal Winter; wohl dem, der sich auf „Schusters Rappen" verlassen kann und bei den schönen Herbsttagen den Wanderstab zur Hand nimmt und hinaufgeht, wo er die Freude an den Naturschönheiten Boppards in vollen Zügen einatmet. In 25 Minuten Fahrzeit bis zum Bahnhof Buchholz an der Römerstraße kann man all' die herrlichen Punkte vom Fenster des Eisenbahnwagens nicht genießen.

Für heute schließen wir unsere Wanderung. Auf Wiedersehen im nächsten Herbst!

„Bopparder Zeitung“ vom 20. August 1907

Am 20. Oktober vorigen Jahres, an einem wunderschönen Herbsttage, hatten wir Gelegenheit, die neue Bahnstrecke zu begehen und gaben hiernach unseren Lesern einen Bericht über den Bahnbau und die Naturschönheiten, die sich dem Wanderer auf diesem Wege darbieten. Heute wollen wir unsern Lesern mitteilen, welche Fortschritte auf der Bahnstrecke seit diesen zehn Monaten gemacht worden sind.

Zunächst vermissen wir da an der alten Stelle am Bahnhof den Turm, ihm ist nunmehr in seiner äußeren Gestalt etwa 50 Meter nördlich im Bahnhofspark ein Platz angewiesen und dort ragt er geradeso altehrwürdig und altritterlich stolz zum Himmel, als habe er überhaupt seine Domizil-Verlegung nicht zu bereuen; im Gegenteil, der Turm gereicht dem Park zur Zierde, inmitten der großen Bäume, da, wo er stand, sind die eisernen Verkehrslinien gezogen und eine freie Aussicht bietet sich jetzt auf die schmucken Häuser der Flogtstraße.

Das Ufergelände an der linken Bahnseite ist fertig, soweit Häuser und Straße reichen. Das Grundstück Grube wird abgeschachtet und dem Planum der Staatsbahn gleichgelegt und am Eingang des Mühltales, wo bereits der Bahnkörper eine beträchtliche Höhe resp. Steigung aufweist, ist der Damm über der hohen Stützmauer mit Rasen bewachsen, so dass jedenfalls das landschaftliche Bild erhalten bleiben kann; man sollte Schlingpflanzen, die herabhängend die weißen Stützmauern bedecken, dort anpflanzen.

Wir kommen zum Tunnel 5 (die Strecke heißt Castellaun - Boppard und mithin sind die einzelnen Bauwerke wie Brücken, Tunnels etc. von hier aus in umgekehrter Reihenfolge aufgezählt). Eine Beschreibung der Länge, Höhe, innere Kurve etc. haben wir in früheren Artikeln gegeben, so dass wir hier nur die fertigen Portale erwähnen wollen. Der große Damm über dem Wasserdurchlass

Die große Stützmauer im oberen Mühltal veränderte das Landschaftsbild.

vor Henzler ist „beruhigt", d.h. ist nunmehr fest, die große Betonmauer gegenüber dem Steinigbachtal ist fertig, ein Riesenmauerwerk von 16 Meter Höhe und 200 Meter Länge. Oberhalb dieser Mauer führt ein Fahrweg zur Elfenlay, der ebenfalls fertig gestellt ist. Bei Tunnel 4, der innen vollendet ist, sind die Portale im Bau, ebenso Tunnel 3.

Weiter führt das Geleise der Firma Grün & Bilfinger am Eingang ins Mörderbachtal über den hohen Durchlass des Weges zur Hirschgrube. Wir stehen nun vor dem größten Bauwerk der Strecke, der großen Brücke; schöne Fernsicht bietet sich hier oben in schwindelnder Höhe aus diesem Kolossalbau. Vier mächtige Bogen sind gewölbt, in rotem Sandstein auf Pfeilern von 120 Quadratmeter Durchmesser im Fundament nach oben auf 18 Quadratmeter sich verjüngend. Man wagt kaum, unter sich zu schauen und zagenden Schrittes schreiten wir über den Bretterbelag der Brücke, die bis auf die zwei letzten kleineren Bogen fertig gestellt ist. Die Holzkonstruktion resp. der Gerüstbau dienen bereits längere Zeit für die Materialzüge, die über diese mächtige Bergschlucht, genannt „Hubertusschlucht", täglich fahren. Etwa 100 Mann, zum Teil Italiener, arbeiten dort.

Noch imposanter ist von unten gesehen dieser Riesenbau, wie Puppen so klein erscheinen da die Arbeiter. Wie ein Riesenspielzeug nimmt es sich aus, wenn ein Arbeitszug über die Brücke pustet. Bevor wir die Brücke verlassen, gestatten wir uns hier in der Kantine einen kurzen Aufenthalt und haben um die Mittagszeit gerade Gelegenheit zu sehen, wie hier das Mittagsmahl eingenommen wird. Auch das ist interessant, denn wenn auch hier kein „Menu" mit fünf Gängen gespeist wird, drei sind es doch immer: der erste von der Arbeitsstätte, die zweite die Polenta oder Reis mit Fleisch, der dritte zur Arbeitsstätte. Es schmeckt das selbstgekochte einfache Mahl scheinbar sehr gut, das sieht man an der Größe der Portionen. Die wetterbraunen Gesichter mit den schwarzen Haaren, dem üppigen Schnurrbart, der rote Shawl um die Hüften, markige, sehnige Menschen, kurz ein Bild, das mit dem „Knips-Apparat" festgehalten werden möchte. Die südlichen Einwanderer haben so ihr eigenes Deutsch, wie „aushalta", „komma lassa" und im schriftlichen Verkehr ist uns ein Wort zu Gesicht gekommen, dessen Sinn im ersten Augenblick nicht gleich zu erraten ist „apche lada", d. h. abgeladen.

Wir stärken uns zur weiteren Wanderung. An der Simmerner-Chausee, nahe der Römerstraße, steht ein Wagen, der uns nach dem beschwerlichen Wege dort erwartet und uns wieder nach Boppard führt; der Weg dorthin ist noch lang und steigt ca. 400 Meter.

Wir gelangen jenseits der Brücke zu einem hohen Einschnitt, vor dessen Fertigstellung die Bahngeleise für Materialbeförderung um den Berg herum gelegt werden mussten. Nach kurzer Wanderung kommen wir an die Rauscherlochbrücke, die im Bau bereits weiter vorgeschritten ist als die große Brücke. Eine wohlgelungene Aufnahme dieses interessanten Bauwerks bringen wir in einigen Tagen.

Wer jetzt, nachdem der Sommer sich endlich auf seine kalendermäßige Verpflichtung zur freien Hitzelieferung besonnen hat, auf den Einfall kommt, die Bahnstrecke entlang zu wandern, über Stock und Stein zu klettern, dem geben wir den guten Rat, nie die Mittagszeit zu wählen. Zur rechten winkt zwar unten im Tal der kühle Mörderbach, der in kleinen Kaskaden dahinrauscht, hin und wieder den Weg überflutet, aber oben auf der Höhe ist gutsommerliche Hitze.

Endlich erreichen wir schattige Fichtenbestände, reizende Blicke auf die linke Uferseite des Tales und seitlichen tiefen Taleinschnitte mit alten Buchenbeständen, vor uns liegt das „Zeckedellchen" mit einer großen ausgemauerten Unterführung und weitergehend über eine etwa 300 Meter lange Stützmauer kommen wir zu Tunnel 2. Wieder ein interessantes Bauwerk, denn im Innern sehen wir sein Gerüstwerk, der obere Teil ist fertig gewölbt, während die Seitenwände erst ausgebrochen und unter dem Deckengewölbe eingemauert werden. Wenige Minuten weiter erreichen wir Tunnel 1, der eben im Durchstich fertig ist.

Auf der Weiterwanderung überschreiten wir etwa 1.400 Meter auf schattigem Weg das obere Burdental und die Buchholzerstraßen-Unterführung und gelangen in etwa einer halben Stunde zum Bahnhofsgebäude der Station Buchholz, das in wenigen Wochen im Rohbau fertig wird.

Zunächst geht die Bahnlinie parallel mit der Römerstraße, durchquert dann die obere Burderner-Chaussee, wo wir es uns, am Schluss unserer heutigen Wanderung angelangt, gern in dem hier bereitstehenden Wagen bequem machen, um auf dem Heimwege auszuruhen von unserer sehr schönen, aber weil ungewohnt, anstrengenden Wanderung.

Der Bahnunterbau ist von hier ab fertig, von Halsenbach bis Pfalzfeld liegen bereits die Geleise. Im wirtschaftlichen Interesse Boppards wäre es, wenn die Strecke Pfalzfeld - Halsenbach nicht eher dem Verkehr übergeben würde, bevor nicht der Bahnbau Halsenbach - Boppard vollendet ist, was nicht allzulange mehr dauern wird.

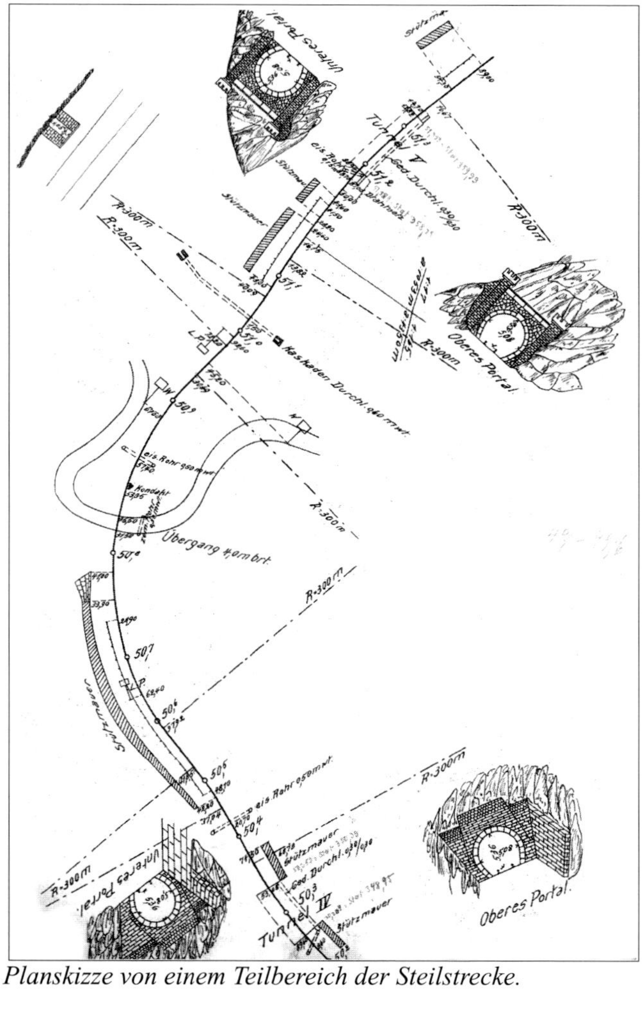

Planskizze von einem Teilbereich der Steilstrecke.

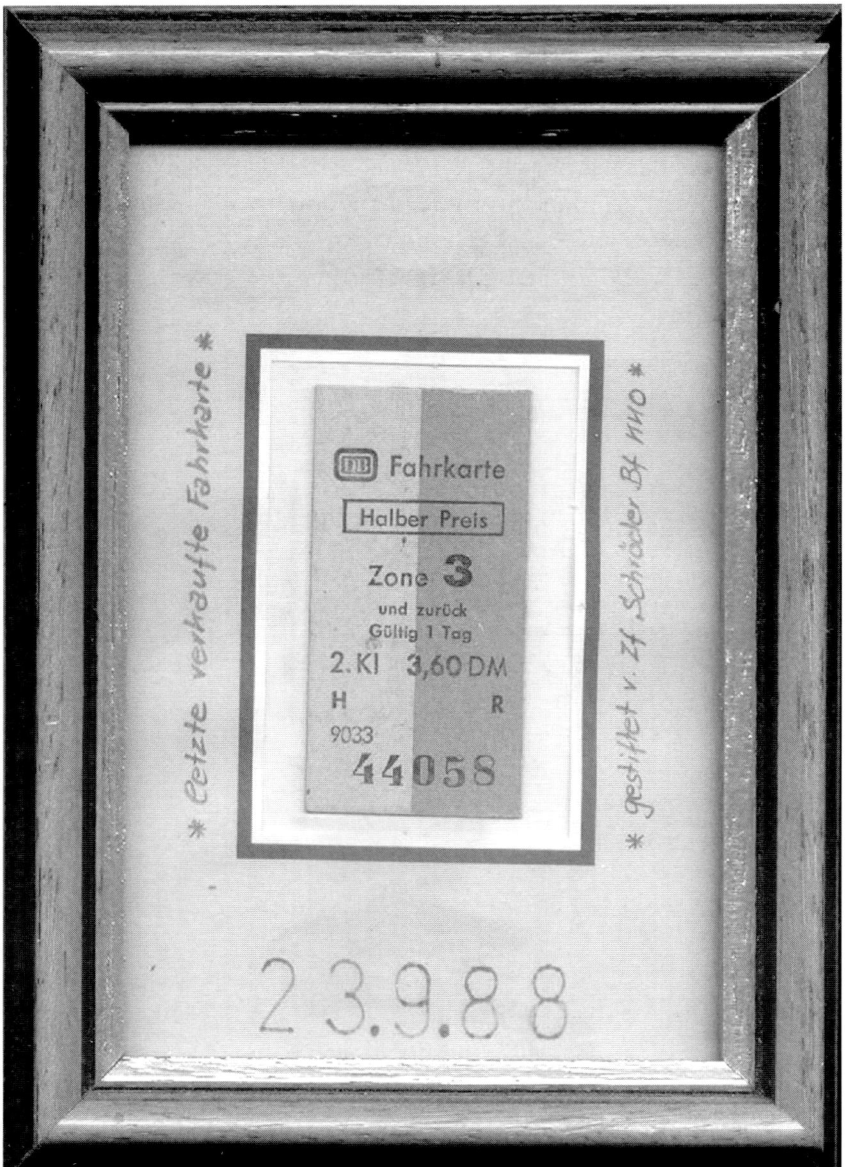

Am 23. September 1988 wurde im Bahnhof Boppard die letzte Fahrkarte „alter Art" verkauft. Sie hat längst im örtlichen Stellwerk einen Ehrenplatz gefunden.

Schachteinsturz fordert 13 Todesopfer

Pressespiegel erinnert an größtes Unglück beim Bahnbau

Das junge Kalenderjahr 1907 begann mit einem Paukenschlag: Ein Schachteinbruch zwischen Lamscheid und Leiningen löschte am 4. Januar 13 Menschenleben, die allesamt noch in der Blüte ihres Lebens standen oder gar selbst diese noch nicht erreicht hatten.

Auch wenn sich das schreckliche Unglück nicht auf der letzten Teilstrecke der Hunsrückbahn ereignete, so war Boppard doch in das tragische Geschehen mit einbezogen. Vier von fünf Notärzten, die sich sofort zur Unfallstätte begaben, kamen aus der Rheinstadt. Die Firma Grün und Bilfinger entsandte ihre im Teilstück Buchholz - Boppard eingesetzten Arbeiter zur Mithilfe beim Beseitigen der Geröllmassen.

Es sollte noch beinahe neun Jahrzehnte dauern, bis am 10. Mai 1991 auf Anregung des aus Leiningen stammenden und nach Koblenz verzogenen Engelbert Karbach - zwei seiner Vorfahren waren unter den seinerzeitigen Unfallopfern - ein von ihm gestifteter Basalt-Gedenkstein durch Landrat Bertram Fleck in einer kleinen Feierstunde eingeweiht wurde und heute zahlreiche Radwanderer an das schlimme Unglück gemahnt.

Nachfolgender Pressespiegel erinnert an das tragische Geschehen:

„Bopparder Zeitung“ vom 5. Januar 1907

Unglücksfall bei Lamscheid. Vor wenigen Monaten kam die Schreckensnachricht über die furchtbare Explosion in Schwall und heute wiederum müssen wir über ein noch größeres Unglück berichten, dass sich auf dem Hunsrücken ereignet hat. Gestern Nachmittag gegen 4 Uhr arbeiteten etwa 3 Mann in einem schachtähnlichen Durchstich auf der Bahnstrecke Lamscheid - Leiningen an der neuen Bahnlinie Castellaun - Boppard, als plötzlich sich Erdmassen lösten und diese 3 Mann verschütteten; es gelang jedoch zweien dieser Leute, sich herauszuarbeiten, während der Dritte, ein Italiener, verschüttet blieb. Um diesen nun zu retten, wurde Hilfe geholt und bei diesem Rettungswerk kamen eine große Zahl Neugieriger zur Unglücksstätte. Es mochte wohl inzwischen 6 Uhr geworden sein, als bereits sich eine Menschenmenge von 50 - 60 Köpfen angesammelt hatte, die, teils um dem Verschütteten zu helfen, mehr aber aus Neugier die verbotene Bahnbaustrecke betreten hatten, als plötzlich sich einige Hundert Kubikmeter Erd- und Felsmassen sich oberhalb loslösten - ein gellender Schrei - und es ward auf einmal totenstill!

Das Unglück war geschehen! Einige konnten sich retten, aber etwa 40 Menschen liegen unter der Erdmasse verschüttet. Herzzerreißende Szenen spielten sich nun vor den Augen der Überlebenden ab.

Der Geschäftsführer Lücke, der anfangs totgesagt wurde, ist leicht verletzt gerettet. Die Schreckensbotschaft verbreitete sich wie ein Lauffeuer auf den umliegenden Ortschaften. Frauen schreien händeringend nach ihren Männern, Kinder jammern über Verlust ihres Ernährers; hoffnungsvolle, blühende Menschenleben sind lebendig begraben, verschüttet, zermalmt von den gewaltigen Erdmassen. Hier steckt ein Oberkörper, da ein

Presseskizze: Die Unfallstelle, 12 Meter tief.

Kopf, ein Arm oder Bein aus den Erdmassen heraus, schmerzverzerrte Gesichter, todesbleich, stieren Blickes, unverständliche Worte sprechend, nach Frau und Kind rufen einige, denen das Bewusstsein noch nicht geschwunden ist. Einem Mann, der bis zum Kopf verschüttet daliegt, wird Nahrung gereicht, vielleicht gelingt es noch, ihn am Leben zu erhalten.

Szenen, unbeschreiblich schrecklich, wurden da aufgerollt. Ein junges Mädchen, die Tochter des Vorstehers Pies von Lamscheid, ist verschüttet. Zwei Kinder desselben konnten sich retten, ein Knabe namens Weingarten, der dort die Schule besuchte, wird vermisst.

Unter den Verunglückten, es sind bis jetzt 13 Leichen geborgen und 12 teils schwer, teils leicht Verletzte, sind Arbeiter und Bewohner von Lamscheid, Leiningen, Neurath, Hungenroth, Dörth u.a.m. Viele Einwohner des Hunsrücken sind durch verwandtschaft-

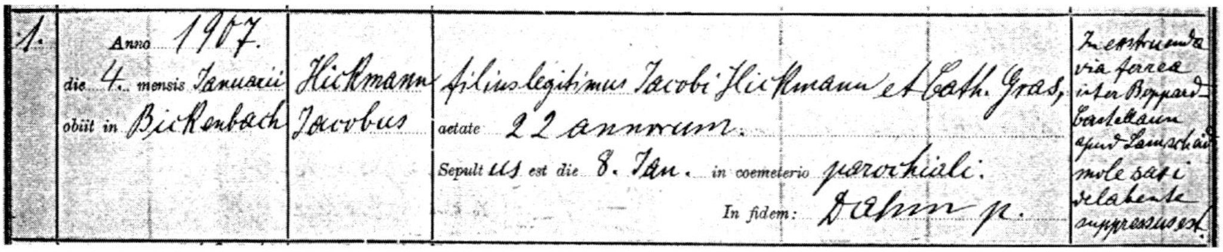

1. Anno 1907. die 4. mensis Januarii obiit in Bickenbach | Hickmann Jacobus | filius legitimus Jacobi Hickmann et Cath. Gras, aetate 22 annorum. Sepultus est die 8. Jan. in coemeterio parochiali. In fidem: Dahm p. | Ineruenda via ferrea inter Boppard-Castellaun apud Lamscheid mole saxi delabente suppressus est.

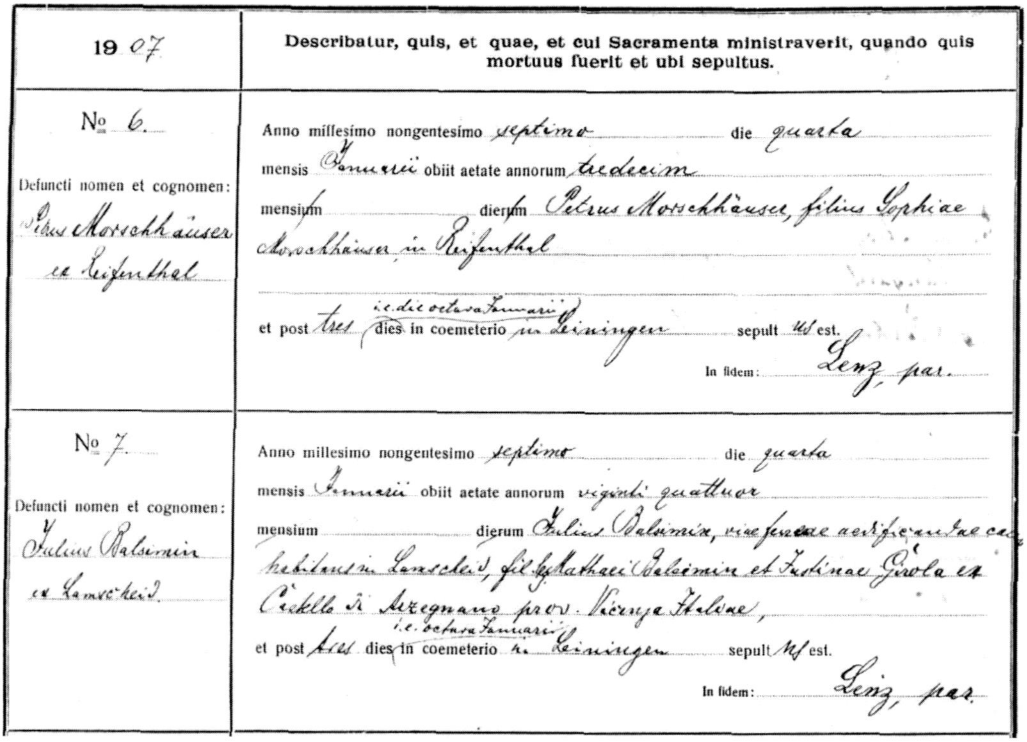

19 07

Describatur, quis, et quae, et cui Sacramenta ministraverit, quando quis mortuus fuerit et ubi sepultus.

No 6.
Defuncti nomen et cognomen: Petrus Morschhäuser ex Reifenthal

Anno millesimo nongentesimo septimo die quarta mensis Januarii obiit aetate annorum tredecim mensium – dierum – Petrus Morschhäuser, filius Sophiae Morschhäuser in Reifenthal

et post tres (i.e. die octava Januarii) dies in coemeterio in Leiningen sepultus est.
In fidem: Lenz, par.

No 7.
Defuncti nomen et cognomen: Julius Balsimin ex Lamscheid

Anno millesimo nongentesimo septimo die quarta mensis Januarii obiit aetate annorum viginti quattuor mensium dierum Julius Balsimin, viae ferreae aedificandae causa habitans in Lamscheid, fil. leg. Mathaei Balsimin et Judinae Girola ex Cicklo di Arzegnano prov. Vicenza Italiae,

et post tres (i.e. octava Januarii) dies in coemeterio in Leiningen sepultus est.
In fidem: Lenz, par.

Einträge in den Sterberegistern der Kirchenbücher von Bickenbach und Lamscheid.

liche Beziehungen zu den Verunglückten in großer Aufregung, einer wahren Völkerwanderung gleich strömen von allen Seiten heute Menschen nach der Unglücksstätte.

Den Rettungsarbeiten brachte die Dunkelheit der Nacht große Schwierigkeiten, auch war an ein Schaufeln oder arbeiten mit der Hacke nicht möglich, weil es vorgekommen ist, dass noch Lebende mit der Spitzhacke verletzt wurden; es blieb also nur die Möglichkeit, mit den Händen die Verunglückten aus den Erdmassen herauszuscharren.

Die Firma Grün und Bilfinger, die an diesem Teile des Bahnbaues nicht beteiligt ist, stellte ihre Arbeiter zur Verfügung. Gegen 10 Uhr abends fuhren mehrere Wagen mit Hilfsmannschaften aus Boppard nach dem Hunsrück. Fünf Ärzte, die Herren Dr. Caesar, Dr. Grothe, Dr. Schmoll und Dr. Schwarz, Boppard sowie Herr Dr. Dietzler aus Castellaun leisteten die erste Hilfe.

Heute Mittag sind Herr Regierungspräsident Frhr. von Hövel, Herr Oberpräsidialrat Wallraf, sowie Herr Landrat von Kruse mittels Automobil zur Unglücksstelle gefahren. Auf dem Hunsrücken sind heute vier Grad Kälte und liegt noch viel Schnee, stellenweise ist Glatteis.

„Bopparder Zeitung“ vom 7. Januar 1907

Von dem Unglück bei Leiningen

Die letzten Leichen wurden in der Nacht zum Sonntag um 2 Uhr geborgen. Bei dem Unglück ist glücklicherweise die Zahl der Opfer doch nicht so bedeutend gewesen. Es sind 11 Arbeiter, 1 Mädchen von 18 Jahren und 1 Schulknabe tot, etwa 10 Personen verletzt. Von den Toten sind drei Familienväter.

Die Unglücksstelle wurde gestern von dem Präsidenten des Eisenbahn-Direktionsbezirks Saarbrücken, zu welcher die Hunsrückbahn gehört, Schwering, und dem Geheimrat Blum aus dem Ministerium der öffentlichen Arbeiten besichtigt. Die hiesige Bauabteilung hat für die Toten je einen Kranz mit Widmung gestiftet. Die Beerdigung der Leichen erfolgt am Dienstag und Mittwoch.

„Bopparder Zeitung“ vom 9. Januar 1907. Die Unglücksstätte bei Boppard an der Hunsrückbahn. Presseskizze ohne Kommentar.

Die Namen der Toten sind:

- Josef Nick, Vater von 7 Kindern, aus Lamscheid, 45 Jahre;
- Margareta Pies aus Lamscheid, 18 Jahre;
- Julius Balsemil (Italiener) aus Lamscheid, 26 Jahre;
- Jakob Halfmann aus Dörth, 24 Jahre;
- Anton Karbach aus Dörth, 17 Jahre;
- Johann Leininger aus Dörth, 22 Jahre;
- Peter Karbach aus Hungenroth, 24 Jahre;
- Anton Liesenfeld, Vater von 4 kleinen Kindern, aus Leiningen, 40 Jahre;
- Anton Kleemann, Vater von 6 kleinen Kindern aus Norath, 45 Jahre;
- Adam Maus aus Norath, 17 Jahre;
- Joseph Malmen aus Norath, 18 Jahre;
- Jakob Hickmann aus Bickenbach, 22 Jahre;
- Peter Morschhäuser aus Reifenthal, 13 Jahre.

„Hunsrücker Heimatkalender", 1934

Der Unglücksschacht bei Leiningen (von W. Rodenbusch)

In der Nähe des Dorfes Leiningen führt die Bahn Simmern - Boppard durch einen tiefen Felseinschnitt. Dieser Einschnitt heißt im Volksmund „Unglücksschacht".

Es war am 4. Januar 1907, als sich während des Bahnbaues in diesem Einschnitt ein schweres Unglück ereignete, das viel Leid und Trauer in die nahen Dörfer brachte. Bereits seit Juli 1905 war man mit den Erdarbeiten beschäftigt. Im Frühjahr 1906 wurden dann die Brücken und Durchlässe begonnen. Die Arbeiten schritten rüstig voran. Der Felsdurchbruch bei Leiningen machte naturgemäß besondere Schwierigkeiten. Mit Sprengungen musste man dem Gestein zu Leibe gehn.

An jenem 4. Januar war der heutige Gemeindevorsteher Kneip aus Leiningen zusammen mit einem Italiener im Einschnitt mit Schlagen von Bohrlöchern beschäftigt. Nach starkem Frost war plötzlich Tauwetter eingetreten. Um vier Uhr nachmittags, kurz bevor gesprengt werden sollte, stürzte, wohl durch das Tauwetter, plötzlich der Felsen ab, beide Leute unter sich begrabend. Kneip konnte nach kurzer Zeit freigemacht werden. Er hatte nur leichtere Verletzungen davongetragen. Mit größtem Eifer schaffte man an der Bergung des anderen Verunglückten.

Die Dunkelheit brach herein. Schneesturm fegte über das Land. So kam es, dass man eine neu aufziehende Gefahr nicht erkennen konnte. Das steilhängende Gestein hatte sich weiter gelöst und drohte abzustürzen. Zu den Leuten, die unermüdlich mit den Bergungsarbeiten beschäftigt waren, hatte sich eine große Zahl Neugieriger gestellt, die auf die Kunde von dem Absturz herbeigeeilt waren.

Plötzlich, gegen sechs Uhr, rutschte mit gewaltigem Getöse die Felsböschung herunter. Die fleißigen Rettungsleute und die Menschen, die in unmittelbarer Nähe auf die Bergung des verschütteten Italieners warten wollten, lagen unter Erde und Steinen begraben. Unter den zahlreichen Verschütteten befanden sich nur sechs Arbeiter. Die übrigen waren Zuschauer. Während einige der Verschütteten sich selbst befreien konnten, musste die Mehrzahl freigemacht werden.

13 Tote hatte das Unglück gefordert, darunter 1 Kind und 1 Mädchen von 17 Jahren. Ein Familienvater war darunter namens Anton Liesenfeld, der 4 kleine Kinder hinterließ. Die Opfer stammten: 1 aus Leiningen, 3 aus Norath, 1 aus Reifenthal, 2 aus Lamscheid, 1 aus Hungenroth, 3 aus Dörth, 1 aus Bickenbach und 1 aus Italien.

Am 8. Januar wurden fünf Verunglückte, darunter der Italiener, in Leiningen feierlich beerdigt. Der gewaltige Umfang der abgestürzten Felsmassen lässt sich daraus ersehen, dass man bis Ostern daran abfuhr.

Wenn Du heute froh und sicher im Zug durch diesen „Unglücksschacht" fährst, führe deine Gedanken eine Weile zurück zu jenem furchtbaren Winterabend, an dem hunderte von Menschen unserer Heimat aus den Dörfern mit Laternen über das Schneefeld zu dieser Stätte eilten, um ihre toten oder geretteten Lieben zu suchen.

„Coblenzer Volkszeitung" vom 5. Januar 1907

30 - 40 Arbeiter verschüttet!

Boppard Bei dem Bahnbau Boppard-Kastellaun in der Nähe von Leiningen wurden vierzig Arbeiter verschüttet. Zuerst waren nur zwei Arbeiter verschüttet worden und als ihnen die übrigen zu Hilfe kamen, stürzte der ganze Schacht über ihnen zusammen. Von Boppard gingen sofort Ärzte und Arbeiter zur Hilfeleistung ab.

Vom Hunsrück Ein furchtbares Unglück ist an dem Bau der Hunsrück-Bahn Boppard - Castellaun heute Nachmittag vorgekommen. Zwischen Lamscheid und Leiningen in der Nähe von Sauerbrunn sind gegen Abend zwei Arbeiter verschüttet worden. Sie sollten womöglich noch gerettet werden und so wurde von der Baufirma eine ganze Anzahl Arbeiter nach der Unglücksstelle beordert. Die Arbeiter versuchten in den im hinteren Teil verschütteten Schacht einzudringen. Dabei stürzten jedoch plötzlich gewaltige Erdmassen, von denen etwa dreißig bis vierzig Arbeiter verschüttet wurden. Die Firma Grün und Bilfinger sandte sofort weitere Hilfszüge nach der Unglücksstelle. Heute spät am Abend wurde noch die Leiche eines Arbeiters geborgen; zwei weitere Leichen wurden zwar aufgefunden, doch konnte man sie bis jetzt noch nicht aus dem Erdmaterial herausbringen. Die verschütteten Leute kommen zum größten Teil aus den benachbarten Orten.

Niederterhaus Gestern Nachmittag gegen Abend stürzte ein Schacht bei Leiningen an der Eisenbahnstrecke Castellaun - Boppard ein. Die Zahl der verschütteten Personen ist noch nicht festzustellen. Vier Leichen sind bereits geborgen; man nimmt an, dass 10 bis 15 Personen verschüttet sind, voraussichtlich sind alle tot. Die Aufräumungsarbeiten werden fortgesetzt.

„Coblenzer Volkszeitung" vom 7. Januar 1907

Staats-Nebenbahn Castellaun-Boppard
Am 4. Januar, nachmittags 4.20 Uhr, lösten sich, wie schon gemeldet, beim Bau der Staatsnebenbahn Castellaun - Boppard in dem Einschnitt bei Kilometer 102 bis 103 im Kreise St. Goar Erdmassen und verschütteten 3 Arbeiter. Es gelang 2 von diesen zu retten, während der Dritte erstickte. Auf die Nachricht von dem Unglücke waren Dorfbewohner und Arbeiter von benachbarten Schichten herbeigeeilt, als sich plötzlich um 6.20 Uhr mehrere bedeutendere Erdmassen in Bewegung setzten und weiter Opfer forderten. Die Rettungsarbeiten wurden sofort in Angriff genommen und waren bald 4 Ärzte an Ort und Stelle. 7 Personen sind bis auf 1 Schachtmeister, der schwerer verletzt ist, leicht verwundet und konnten sich nach Hause begeben. Bis zum 5. ds. Vormittags sind 10 Leichen geborgen, während 7 bis 10 noch verschüttet sein dürften. Der Herr Oberpräsidialrat Wallraf - für den abwesenden Herrn Oberpräsidenten - und der Herr Regierungspräsident von Coblenz sind am 5. an der Unglücksstelle im Automobil eingetroffen.

Boppard Nach den endgültigen Ermittlungen sind bei dem Unglück an der Staatsnebenbahn Castellaun - Boppard 9 Leichen geborgen, während 4 Personen noch unter den Erdmassen liegen. Hoffnung auf Rettung ist nicht mehr. Die mit größter Energie geförderten Bergungsarbeiten werden vor 24 Stunden nicht beendet sein. Unter den 9 Leichen befinden sich die eines Mädchens von 13 Jahren und eines Jungen von 9 Jahren, die zu den herbeigeeilten Zuschauern gehörten. Unter jenen 4 ist ein Italiener. Alle übrigen Verunglückten entstammen benachbarten Dörfern und scheinen zwei Familien besonders hart betroffen. Hierüber sind noch Erhebungen im Gange.

Boppard Über das Unglück erfahren wir noch folgende Einzelheiten: Die älteste Tochter des Vorstehers in Lamscheid mit Namen Margarethe Pies glaubte, dass ihr Bruder auch unter den Trümmern begraben sei, und lief hin zu der Stelle. Sie wurde von dem Schutt überrascht und auch verschüttet. Tot sind: der Familienvater Joseph Nick aus Lamscheid, er hinterlässt Frau und 7 Kinder, ferner drei junge Leute im Alter von 18 bis 27 Jahren mit Namen Halfmann, Leininger und Karbach aus dem Orte Hungenroth, der einzige 25 Jahre alte Sohn einer Witwe mit Namen Peter Karbach, aus Norath ein Familienvater mit 6 Kindern: Schießmeister Anton Kleemann, der 20 Jahre alte Joseph Mallmann und der junge Adam Maus. Verletzt wurde der Geschäftsführer der Firma Sippmann und Co. mit Namen Lücke und der Zahlmeister der Firma mit Namen Joseph Wilmes.

Sauerbrunn Auf ganz tragische Weise kam der Schießmeister Anton Kleemann aus Norath bei dem Unglück ums Leben. Als er nach dem ersten Einsturz mit einer Bahre zur Unglücksstätte eilte, wurde er selbst von den Erdmassen erfasst und begraben. Im Ganzen wurden bis jetzt 10 Tote gefunden. Der 23 Jahre alte Philipp Kreiß blieb am Leben, während ein neben ihm liegender tot geblieben ist. Unter den Toten befindet sich auch der 13 Jahre alte Junge Peter Morschhäuser aus dem Schlosse Reifenthal in der Nähe. Die Aufräumungsarbeiten wurden in der Nacht durch starkes Schneegestöber sehr erschwert und heute den ganzen Tag hindurch wurden die Arbeiten noch ganz außerordentlich durch ständig nachrückendes Geröll gehemmt. Ein Dynamittransporteur wird vermisst. Zwei Verletzte, der Jacob Theisen, 26 Jahre alt, und der Peter Krauter, 30 Jahre alt, beide aus Bickenbach, wurden unter der Erdmasse herausgezogen. Ein Italiener ist tot und ein Mann aus Nieder ist verletzt herausgeholt worden. Die gefundenen Leichen wurden vorläufig in einer Unterführung untergebracht. Das Ganze bildet ein grauenhaftes Bild. Die Angehörigen der Verunglückten, namentlich die Frauen, gebärden sich wie rasend, sie wollen zu den Leichen und mussten mit Gewalt zurückgehalten werden. Unter den Trümmern liegen zurzeit noch der Anton Liesenfeld, 30 Jahre alt, Joseph Mallmann, 25 Jahre alt, der Italiener und der Schießmeister Kleemann. Die Aufräumungsarbeiten werden wohl bis heute Abend dauern.

Eine im Jahre 1991 an der Unfallstelle errichtete Gedenktafel gemahnt heute die Passanten des „Schinderhannes-Radweges" an das tragische Unglück im Jahre 1907.

St. Goar An der Unglücksstelle bei Leiningen wurde ein Erdhügel durchbrochen. Es war ein offener Schacht, der von seinem Anfang bis zum Ende etwa 60 Meter Länge hat und an seiner tiefsten Stelle, wo das große Unglück geschah, eine Tiefe von etwa 5 Meter und einen Durchmesser von etwa 8 - 10 Meter, also fast senkrecht ist. Hierin scheint auch der erste Grund vom Unglück zu suchen zu sein. Der Berg ist meistens felsig. Der Einsturz geschah infolge eingetretenen Tauwetters. Kurz nachdem das Unglück geschehen war, läuteten sämtliche benachbarten Dörfer die Sturmglocken. Leider konnten die zur Rettung herbeigeeilten Leute wenig erreichen, da die Verschütteten sofort erstickt sind. Trotzdem die Unglücksstelle von Boppard und St. Goar zwei Stunden entfernt ist, und auf den Höhen der Schnee noch fußhoch liegt, wandern dort den ganzen Tag Hunderte und Aberhunderte von Personen zur Unglücksstelle, die polizeilich abgesperrt ist.

Boppard Die Bergungsarbeiten an der Unglücksstelle Castellaun - Boppard sind nunmehr beendet. Es sind zu verzeichnen: 13 Tote, ein Schwerverletzter (Beinbruch) und eine Anzahl Leichtverletzter.

„Hunsrücker Zeitung" vom 8. Januar 1907

Ein schreckliches Unglück auf der Hunsrückbahn

Pfalzfeld Noch steht die Schwaller Pulverkatastrophe vom 9. Oktober uns allen in lebendigster Erinnerung, und schon wieder hat die Neubaustrecke Pfalzfeld - Boppard Opfer an Menschenleben gefordert und zwar dieses Mal leider recht zahlreiche.

Es war am verflossenen Freitag, nachmittags kurz nach 4 Uhr, da drang mit Blitzesschnelle die Kunde nach Sauerbrunnen und die Ortschaften der Umgebend, dass hinter Leiningen der große Schacht eingestürzt und Menschen dabei zu Grunde gegangen seien. Hier arbeiten jetzt im Winter fast ausschließlich Leute aus den benachbarten Dörfern, kein Wunder also, dass in verhältnismäßig kurzer Zeit eine große Menge besorgter und neugieriger Menschen sich daselbst zusammen gefunden hatten! Freilich hörte man, dass nur ein Mann verschüttet und tot geblieben sei, ein Italiener, während ein zweiter Arbeiter, ein junger Mann aus Leiningen nur leicht verletzt und gerettet sei, gleichwohl aber ließ die Menge sich nicht abhalten, sowohl die Ränder des etwa 12 Meter tiefen und auf der Sohle 3 Meter breiten Schachtes zu besetzen, wie auch in denselben einzudringen, und mögen so annähernd 100 Menschen bis zur Unglücksstelle etwa Mitte des Schachtes vorgedrungen gewesen sein, als gegen 6 Uhr abends, ein zweiter und dieses Mal gewaltigerer Einsturz genau an der Stelle des ersten Unglückes erfolgte. Wohl hatte eine Stimme, im letzten Augenblick allerdings erst, gewarnt, aber es war zu spät - ein Schrei des Entsetzens, in der nächsten Sekunde lagen über dreißig Menschen sowohl die am ersten Unglücke beteiligten Rettungsmannschaften wie auch müßige Zuschauer, unter Felstrümmern und Schuttmassen (wohl 700 - 800 Kubikmetern) begraben.

Einige leicht Verletzte und was von den Zuschauern den Kopf nicht verloren hatte, griff nun sofort rüstig zu, und ihnen ist es zu verdanken, dass noch etwa ein halb Dutzend der armen Opfer herausgeschafft und gerettet werden konnte, die übrigen aber waren völlig verschüttet und allem Anscheine nach rettungslos verloren. Ohne Zögern machte man sich gleichwohl sofort ans Rettungswerk!

In den umliegenden Ortschaften läutete man Sturm und alles, was nur irgendwie konnte, eilte herbei, um zu helfen. Es war eine mühsame beschwerliche und auch nicht ungefährliche Arbeit, denn immer noch bröckelte es von oben unheimlich nach, aber man erlebte dafür auch die hohe Freude, gegen 9 Uhr abends noch zwei Leute lebend bergen zu können. Dann aber kam traurige Enttäuschung auf Enttäuschung - Leiche auf Leiche! Ununterbrochen, trotz Nacht und Schneesturm wurde gegraben und geschaufelt und diese Arbeit 2 Tage und 2 Nächte fortgesetzt. Geschulte Tunnelarbeiter von Boppard waren angefahren worden, die Beamten der Baufirma wie auch der Königlichen Bauinspektion und nicht zuletzt auch die Einwohner der ganzen Nachbarschaft taten das Menschenmöglichste, und doch wurde es Sonntag, bis man die letzte (so hoffte man wenigstens) Leiche (Nr. 18) zu bergen vermochte. Jugendliche kräftige Burschen neben Männern in gereifterem Alter, Familienväter, dazu ein 20-jähriges Mädchen und sogar ein 11-jähriger Schulknabe, alle im Tode vereint. Opfer ihres Berufes wie, leider auch, zum Teil wenigstens, eigene unverantwortliche Neugierde!

Und die Ursache dieses schrecklichen Unglückes? In erster Linie gewiss die ungünstige Witterung, man spricht aber auch von vorschriftswidrigem Abbau. Das letztere mochten wir eigentlich kaum glauben, da doch staatliche Aufsichtsorgane ständig zur Stelle waren. Doch lassen wir die Klärung dieser Frage Sache der einschlägigen Behörde sein, die sich bereits am 5. persönlich an der Unglücksstelle einfanden. So der Herr Regierungspräsident, der Herr Landrat und am Abend auch die Gerichtskommission. Nicht unerwähnt bleiben soll aber auch das aufopfernde Verhalten der hohen Geistlichkeit, die an der gefährlichen Stelle mit Ruhe und Besonnenheit ihres Amtes waltete und liebevoll Ermahnung und Trost spendete. Auch ärztliche Hilfe von Kastellaun und später auch von Boppard war zur Stelle, fand aber wenig Veranlassung zum Eingreifen, da die Verletzungen sämtlich entweder nur leichter Natur oder direkt tödlich waren.

Die begreifliche Aufregung, in der sich unsere ganze Umgegend befindet, beginnt allmählich sich zu legen, die schmerzlichen Wunden aber, die der Tod so plötzlich einer Reihe von Familien geschlagen, sie werden noch lange bluten und bitter empfunden werden. Jedenfalls aber wird der 4. Januar 1907 uns allen hier ein trauervoller Gedenktag bleiben.

„Coblenzer Volkszeitung" vom 10. Januar 1917

Sauerbrunnen Heute wurden die dreizehn Opfer des Schachtunglücks beerdigt. Die Beteiligung war riesig und zählten die Leidtragenden nach Tausenden. Von allen Gegenden waren sie eingetroffen. Die Särge verschwanden vollständig unter den Kränzen. Die Baufirma und die Bauabteilung hatten für jeden Verunglückten Kränze gestiftet. Um 10 Uhr heute Vormittag begann ein feierlicher Gottesdienst mit Predigt in der Kirche zu Norath, dann fand die Beerdigung statt. Der Kirchenchor trug Choräle vor. Die Trauerfeier machte einen ergreifenden Eindruck; auf Schritt und Tritt hörte man Schluchzen. Drei der Verunglückten wurden auf dem Friedhof zu Norath, fünf wurden auf dem Friedhof zu Leiningen und drei wurden auf dem Friedhofe zu Pfalzfeld beerdigt. Die ersten acht waren katholisch; die drei zu Pfalzfeld Begrabenen gehörten der evangelischen Religion an.

Heute Nachmittag war die Untersuchungskommission an Ort und Stelle und hat eine Vernehmung der Schachtmeister vorgenommen.

„Schulchronik Leiningen"

Am 4. Januar 1907 ereignete sich am Bahnbau Castellaun - Boppard ein schweres Unglück. Um 4 Uhr nachmittags wurde in dem zwischen Leiningen und Lamscheid liegenden 8 m tiefen Schachte ein Italiener durch eine herabrutschende Erdmasse verschütttet. Alle Mitarbeiter waren eifrig beschäftigt, den Verunglückten zu retten. Die Dunkelheit brach herein und ein Sturm fegte über die Felder. So kam es, dass man den vorstehenden Felsen nicht näher besah und die gefährliche Stellung nicht bemerkte. Gegen 6 Uhr fiel wieder eine große Erdmasse hernieder und verschüttete 20 - 25 Arbeiter und Zuschauer. Zwei Tage grub man, bis man die Leichen geborgen hatte. Es waren 13 Tote, darunter ein Schüler der hiesigen Schule, Peter Morschhäuser aus Reifenthal. Unter den Verunglückten war auch ein Familienvater mit 4 kleinen Kindern, namens Anton Liesenfeld. Am 8. Januar wurden 5 der Verunglückten aus Leiningen in feierlicher Weise begraben.

IM FOTOALBUM GEBLÄTTERT

Eine absolute Rarität: Im Sommer 1908 stand man noch in der Experimentierphase und die Versuche mit zwei aneinandergereihten preußischen T 26 als gemeinsame Zuglokomotiven wurden schnell aufgegeben.

Bautechnische Anstrengungen

Höhenunterschied stellte hohe Anforderungen an Bauingenieure

Während beim Trassenbau vom Vorderhunsrück bis Buchholz keine größeren bautechnischen Schwierigkeiten zu überwinden waren, insbesondere konnte in diesem Teilstück der Streckenverlauf ohne nennenswerte „Kunstgriffe" dem Gelände angepasst werden, bedurfte der Anstieg aus dem Rheintal durch das beengte Mühltal dann doch erheblicher bautechnischer Anstrengungen.

Vom 76,3 m über dem Meeresspiegel gelegenen Bopparder Bahnhof galt es, bis hinauf nach Buchholz (404,8 m) auf einer Streckenlänge von 6.270 m einen Höhenunterschied von 328,50 m zu überwinden.

Nach Prüfung zahlreicher Varianten entschieden sich die verantwortlichen Planer zur Bewältigung der unmittelbar am Nordkopf des Bopparder Bahnhofs westlich ins Mühltal abschwenkende und zugleich ansteigender Steilstrecke zum Einbau einer 5.540 m langen Zahnstange in der Mitte der eingleisigen Schienenführung. Hierdurch konnten die extremen Neigungsverhältnisse von bis zu 1:16,5 (60,6 ‰) mittels geeigneter Zahnradlokomotiven überwunden werden.

Zur seinerzeitigen Streckeneröffnung im Jahre 1908 war das Teilstück der Hunsrückbahn erst die zweite Strecke im Netz der Preußischen Staatseisenbahn überhaupt, die den Einsatz von Zahnradlokomotiven erforderte. Seine Bewährungsprobe bestand der „gemischte Reibungs- und Zahnradbetrieb nach dem System Abt" im Thüringer Wald, wo das System erfolgreich im Zuge der 1904 eröffneten Strecke Ilmenau - Schleusingen im Einsatz war.

Bis 1914 erfolgten mit den Streckenabschnitten Dillenburg - Wallau, Suhl - Schleusingen, Linz/Rhein - Flammersfeld und Schwebda - Heiligenstadt noch vier weitere Strecken, die abschnittsweise mit Abt'schen

Ein bautechnisches Glanzstück aus alter Zeit: Der Hubertus-Viadukt. Talseitig stand ein kleines Gebäude, dass während der Bauphase der Bauleitung diente. Während des 1. Weltkrieges war hier eine Brückenwache positioniert. Ende der 1980-er Jahre erfolgte der Abriss des Häuschens.

Erfolgreicher Tunneldurchstich: Das muss gefeiert werden!

Zahnradstangen bestückt wurden. Allen Streckenführungen gemeinsam war der Einsatz der Zahnradlokomotiven der Gattung T 26 mit der Achsfolge C 1. Die T 26 bedienten nur den konkreten Zahnstangenabschnitt, wurden also in Buchholz vor der Weiterfahrt in den Hunsrück ausgetauscht. Zumeist erfolgte hier die Umspannung auf eine Lokomotive der Gattung T 9.

Aber noch weitere technische Kunstgriffe waren zur Bewältigung der neuen „Berg- und Talstrecke“ unvermeidbar. Auf dem relativ kurzen Streckenabschnitt entstanden sieben Brücken und fünf Tunnels, sowie im unteren Abschnitt mehrere Stützmauern als Streckenschutz vor Hang- und Dammrutschungen. Folgende Tunnels prägen nunmehr seit hundert Jahren das jüngste Teilstück der Hunsrückbahn:

- Kalmut-Tunnel (124 m),
- Talberg-Tunnel (144 m),
- Rauher Berg-Tunnel (124 m),
- Hinterburden-Tunnel II (65 m),
- Hinterburden-Tunnel I (64 m).

Das bekannteste Bauwerk dieses Teilstückes und vermutlich sogar der gesamten Hunsrückbahn stellt das mitten im Wald zwischen dem Rauher Berg-Tunnel und dem Hinterburden-Tunnel II gelegene Hubertusviadukt, welches die gleichnamige Schlucht überspannt, dar. Die in einer Streckenkurve liegende 50 m hohe Brücke mit sechs Bögen hat eine Gesamtlänge von 150 m.

Ein kleines Stück oberhalb befindet sich noch der 78 m lange und 30 m hohe Viadukt über das Rauschenloch. Im Gegensatz zu den weiteren eher unscheinbar wirkenden Brücken dominieren diese mit bossierten Rotsandsteinquadern verblendeten beiden Brücken in der Landschaft. Nicht von Ungefähr gilt das Antlitz der Hubertusbrücke als eines der begehrtesten Motive auf ungezählten eisenbahnhistorischen Post- und Ansichtskarten.

Vorbei am Stellwerk „Nord“ und dem Bopparder Lokomotivbahnhof, einem zweiständigem Rechteckschuppen, die sich in der Gabelung zwischen linksrheinischer Rheinstrecke und dem Beginn des Steilstreckenabschnittes der Hunsrückbahn befanden, schnaubt sich die Tenderlokomotive der Baureihe 94 (preußische T 16.1) bei ihrer Sonderfahrt am 23. Juni 1968 auf des Vorderhunsrücks Höhen.

Hunsrück fiebert Fertigstellung entgegen

Rechte Rheinseite fordert Brücke bei Boppard

Mit großer Aufmerksamkeit und Begeisterung verfolgte die heimische Bevölkerung des noch jungen 20. Jahrhunderts die deutsche Eisenbahnpolitik, war hier doch gerade in den letzten zehn Jahren ein noch nie gekannter Fleiß zu erkennen. Nach wie vor waren Preußens Staatskassen infolge der mit dem siegreichen Ausgang des Deutsch-Französischen Krieges fließenden Entschädigungszahlungen prall gefüllt. Daher wurde auch recht schnell die zunächst heftig umkämpfte Streckenführung hinunter ins Rheintal - die Entscheidung zugunsten der im Glanze stehenden alten Reichsstadt Boppard war längst gefallen - von den unterlegenen Mitbewerberstädten Bacharach, Oberwesel und St. Goar akzeptiert, galt doch das letzte zwischen Kastellaun und Boppard liegende Teilstück der Hunsrückbahn als unabdingbar für die aus allen Bevölkerungsschichten geforderte „Erschließung des Hunsrücken". Mit der bereits existierenden linksrheinischen Bahnlinie Koblenz - Mainz war Boppard für diese problemlos erreichbar.

Das erste Panoramafoto der Hunsrückbahn aus dem Jahre 1908.

Mit der Wahl Boppards als End- bzw. Ausgangspunkt der Hunsrückbahn stieg natürlich dessen verkehrstechnische Bedeutung. Aufkommende, unüberhörbare Rufe und Bemühungen zur gleichzeitigen Errichtung eines Rheinhafens scheiterten nur aufgrund einiger ungünstiger Randbedingungen. Allen Anrainerortschaften war recht schnell bewusst, dass sowohl aus Richtung Koblenz, wie auch aus Richtung Oberwesel kommend, die am 2. August 1908 planmäßig fertig gestellte Bahnstrecke Boppard - Pfalzfeld - Kastellaun - Simmern die einzige Gelegenheit zur raschen Durchquerung des Hunsrücks zum Mittelrhein war. Boppard galt fortan als Haupt- und Knotenpunkt.

Mit offizieller Anerkennung, allerdings sicherlich auch nicht gänzlich ohne Neid, wurde der prognostizierte (und auch eingetroffene) wirtschaftliche und touristische Aufschwung von den „abgewiesenen" Ortschaften und Landstrichen der rechten Rheinseite beobachtet. Dortige Interessenvertreter erneuerten wiederholt ihre Forderungen nach der baldigen Errichtung einer Brücke, um sich mit diesem Rheinübergang endlich auch dem geschaffenen verkehrtechnischen Meisterwerk bedienen zu können.

Nur drei Tage nach den Feierlichkeiten zur Streckeneröffnung hieß es ausgangs einer recht umfangreichen Kolumne der „Bopparder Zeitung" vom 5. August 1908 zur „Erschließung des Hunsrücks":

...Schon die allernächste Zeit wird es beweisen, wie vorteilhaft die Lage für Boppard ist. Die Hunsrückbewohner, die jahrzehntelang vom direkten Verkehr mit einer Stadt von der Bedeutung Boppards abgeschlossen waren, werden die Annehmlichkeiten der neuesten Errungenschaften der modernen Technik gerne zu ihrem Vorteile ausnutzen. Auf der anderen Seite geht der Haupttouristenverkehr von Boppard aus in den Hunsrück. Auch dadurch erhält Boppard Vorteile. Die ersten Züge haben bereits eine große Anzahl Personen befördert. Es mögen viele Neugierige unter ihnen gewesen sein. In kurzer Zeit aber wird die Verkehrsströmung eine beständige werden. Schon deshalb, weil mit der neuen Bahn auch der Hauptteil Nassaus, Westerwald und Taunus mit dem Hunsrück verbunden werden. Es fehlt nur noch die Rhein-

brücke. Da zwischen Koblenz und Bingerbrück keine feste Brücke über den Rhein führt, wäre es sogar von strategischer Wichtigkeit, bei Boppard eine einfache, feste Brücke über den Rhein zu bauen. Braubach, Osterspai, Bornhofen, Kamp und die vielen anderen Rheinorte würden die Wohltat einer festen Brücke über den Rhein freudig begrüßen. Gerade jetzt, wo von Boppard aus die Verbindung der Strecke Rhein - Saar hergestellt ist, ist der richtige Zeitpunkt gekommen, um für eine feste Brücke ernsthaft Stimmung zu machen. Die Abgeordneten in den Landtagswahlkreisen des Mittelrheins mögen dafür eintreten. Rechts- und linksrheinisch kann der Nutzen leicht ausgerechnet und nachgewiesen werden!

IM FOTOALBUM GEBLÄTTERT

Zwar genießt der 78 Meter lange, vierbogige Viadukt, welches das Rauschenloch in luftiger Höhe von 30 Metern überspannt, bei weitem nicht den Bekanntheitsgrad der „berühmten Schwester" in der nahegelegenen Hubertusschlucht, dennoch stellt auch dieses Bauwerk eine architektonische Meisterleistung des frühen 20. Jahrhunderts dar. Die gewaltigen Pfeiler sind mit bossierten Rotsandsteinquadern verblendet und dominieren im Tal. Keine Frage, auch dieses Brückenbauwerk galt seit jeher als beliebtes Kartenmotiv.

Der große Tag

Titelseite der „Bopparder Zeitung“ vom Vortage der Streckeneröffnung

Als dann endlich der große Tag der Streckeneröffnung gekommen war, stand für die verantwortlichen Lokalredakteure der „Bopparder Zeitung“ fest, welchem Thema der „Tagesaufmacher“ gewidmet werde. Dass jedoch ausgerechnet ein zehnstrophiges Heimatgedicht die Titelseite zieren würde, damit hatten nur die wenigsten der Leser gerechnet.

Bopparder-Zeitung

Tageblatt

Bezugspreis: Monatlich 50 Pfg., vierteljährlich Mk. 1.50 frei ins Haus. Postbestellgeld extra. Gratisbeilagen: Der Familienfreund und das achtseitige illustrierte Unterhaltungsblatt. Sommer- und Winterfahrplan und Wandkalender.

Insertionspreis: Die einspaltige Petitzeile oder deren Raum kostet 15 Pfg. Bei Wiederholung Rabatt. Reklamezeile 50 Pfg. Für komplizierten Satz 50 % Zuschlag. Extrabeilagen nach Uebereinkunft. Druck und Verlag von Otto Maisel, Boppard.

Organ des Königlichen Amtsgerichts Boppard.

Nebenausgaben der Bopparder Zeitung sind: St. Goarer, Oberweseler, Bacharacher, Stromberger, Simmerner und Castellauner Zeitung, Anzeiger für Stadt und Kreis St. Goarshausen.

Nr. 174 | Samstag, den 1. August 1908. | 42. Jahrgang

Zur Eröffnung der Eisenbahn-Linie Boppard-Castellaun

am 2. August 1908.

Ein Tag der Freude ist gekommen
Für unser altberühmtes Land,
Durch das der Römer einst genommen
Den Weg vom Rhein zum Moselstrand;
Denn heute braust zum ersten Mal
Das Dampfroß hin durch Berg und Tal!

Der Hunsrück, dessen Schönheit kennet
Gar mancher, der auf ihm verweilt,
Den reich an Schätzen jeder nennet,
Die die Natur ihm zugeteilt,
Ist kein verborgen Kleinod mehr,
Nein, frei erschlossen dem Verkehr!

Der Arbeit Tatkraft hat geschaffen
Dem Dampfroß mühevoll die Bahn
Und mit der Klugheit starken Waffen
Drang kühn zum Ziele sie voran,
An dem ihr Wappen, ruhmumkränzt,
Heut' in den hellsten Farben glänzt.

Denn Opfer heischte hier das Wagen
Und brave Männer traf der Tod,
Als in den traurig-ernsten Tagen
Ein Bergrutsch Halt der Arbeit bot;
Gleich wahren Helden starben sie,
Ihr Name wird vergessen nie.

Hin über diese mächt'ge Brücke
Führt uns das Dampfroß in das Land,
In dem zufrieden und im Glücke
Ein wack'res Volk rührt seine Hand,
An dessen trautem Herd als Gast
Weilt Jeder gern in Ruh' und Rast.

Wer immer dieses Werk erschauet,
Wird preisen deutschen Mut und Fleiß,
Der Gott und seiner Kraft vertrauet,
Nicht scheuet Mühe, Sorg' und Schweiß,
Und denen ein Memento weih'n,
Die sich geopfert dem Gedeih'n.

Bewundernd vor dem Meisterwerke
Der deutschen Technik heut' wir stehn
Und in gewalt'ger Riesenstärke
Den größten Viadukt wir seh'n,
Den festgefügt aus Felsgestein
Das deutsche Land jetzt nennet sein.

Vom Rhein hinauf in's Berggelände
Zieht's Manche nun mit Zaubermacht,
Wo, eingerahmt in Felsenwände,
Der Landschaft malerische Pracht
Das Aug' erfreut, das Herz entzückt,
Weil sie das ewig Schöne schmückt.

Die alten Tage sind vergangen
Und eine neue Zeit bricht an;
Des Posthorns Weisen, die erklangen
Und die begrüßt einst Jedermann,
Sie sind verstummt, doch frohe Lust
Erfüllt mit Recht heut' uns're Brust.

Denn Fortschritt heißt ja die Parole,
Die hier geworden ist zur Tat
Und wir erhoffen, daß zum Wohle
Sie Allen wird nach Gottes Rat!
Darum: Glück auf! zu diesem Tag,
Den froh begrüßt des Herzens Schlag!

Eindrücke eines Teilnehmers der Eröffnungsfeierlichkeiten

Freudenfest mit zahlreichen Honoratioren am 2. August 1908

Endlich hatte das Warten ein Ende. Am Sonntag, 2. August 1908, pünktlich um 9.10 Uhr war es soweit: Der erste „Extrazug" - zur Feier des Tages mit bekränzter Lokomotive - am bunt geschmücktem Bopparder Bahnsteig, ausschließlich besetzt mit Ehrengästen, setzte sich in Richtung Kastellaun, wo die offiziellen Eröffnungsfeierlichkeiten ausgerichtet wurden, in Bewegung.

Offensichtlich herrschte zu solch frühmorgendlicher Stunde noch etwas Zurückhaltung und Vorsicht, denn die Bopparder Zeitung schrieb: „Kein frohes Hurra oder freudiges Winken war bemerkbar, als der Zug sich in Bewegung setzte, desto größer aber und geradezu imposant war die Begrüßung am Nachmittag, als der erste Zug im Bahnhof Boppard einlief." Voller Begeisterung beschreibt der Pressevertreter der „Bopparder Zeitung" seine Ein-drücke von der Jungfernfahrt und den Eröffnungsfeierlichkeiten, die nachfolgend auszugsweise wiedergegeben werden.

Goldener Sonnenschein lagerte über dem Rheinstädtchen Boppard und auf dem Bahnhofe hatte sich eine große Anzahl Herren in feierlichem Ernst, im Gehrock und Zylinder versammelt, um der Einweihungsfeier der nunmehr fertig gestellten Bahnlinie beizuwohnen. Pünktlich setzte sich der Zug in Bewegung und mit „Volldampf voraus" wurde die Höhe des Hunsrückens erklommen.

„Großer Bahnhof" am Bopparder Bahnhof: Festbesucher bei den Einweihungsfeierlichkeiten zur Hunsrückbahneröffnung am 2. August 1908. Auch die auf Hochglanz polierten Bopparder Postkutschen mitsamt ihren Postillionen präsentierten sich an der Seite eines preußischen Schutzmannes dem örtlichen Fotografen Stephan, der das historische Ereignis dokumentierte.

Hurra empfängt uns, wir haben die erste Station Buchholz erreicht. Die Zahnradmaschine wird ausgesetzt. Wir haben Zeit, uns den schmucken Bahnhof anzusehen. Heute ist noch absolut „alkoholfrei“ angesagt, aber bereits im Bau befindet sich ein geräumiges Gasthaus, das Herr Josef Wagner (Mühltal) dort erbauen lässt. Herrliche frische Höhenluft empfängt uns und damit das Bild des ersten Zuges festgehalten wird, werden wir schmerzlos „geknipst“ und zwar von einer jungen Dame.

„Einsteigen“ ruft der neue Bahnhofsvorsteher und weiter geht's durch den königlichen Forst an die Haltestelle Fleckertshöhe.

In Ehr, Halsenbach, Leiningen, Pfalzfeld, Lingerhahn, Ebschied und Hollnich wurden kurze Pausen gemacht, um noch einige Festteilnehmer aufzunehmen und weiter ging es dem Ziel Kastellaun entgegen, welches um 11 Uhr erreicht war. Dort angelangt, zogen die zahlreichen Festgäste auf die Burg, wo sich bereits die Festteilnehmer aus dem Kreise Simmern eingefunden hatten. Eine 1 ½ stündige Ruhepause diente zur Stärkung und Erfrischung.

Landrat Dr. Brandt, Simmern, begrüßte die zahlreichen Gäste, besonders den Oberpräsidenten Frh. von Schorlemer, den Ex-Landrat Back, den Regierungspräsidenten Frh. von Hoevel, den Präsidenten der Eisenbahndirektion Schwering und den Kastellauner Bürgermeister Schmidt als „Hausherrn“.

Nach den üblichen Grußworten aller Teilnehmer setzte sich die Gesellschaft in Bewegung, um die Reise zum Rhein, die erste Festfahrt, anzutreten.

2. August 1908: Zahlreiche Festgäste erwarten in morgendlicher Stunde gegen 11.00 Uhr am Bahnhof Kastellaun den aus Boppard kommenden Ehrenzug. Im gemeinsamen Umzug zogen alle Ehrengäste zur Burg, wo sodann die offiziellen Eröffnungsfeierlichkeiten ausgerichtet wurden.

Der Landrat des Altkreises Simmern, Dr. Paul Brandt (Amtsperiode 1905 - 1914), hatte am 2. August 1908 zu den Eröffnungsfeierlichkeiten nach Kastellaun geladen.

In den folgenden Stationen Ebschied, Lingerhahn und Pfalzfeld begrüßten fähnchenschwingende Schulkinder, umrahmt von lautstarken Böllerschüssen, den Festzug. In Halsenbach hatten die Kriegervereine der Umgegend Paradeaufstellung genommen und hießen den Zug mit „Hochrufen" willkommen. Große Menschenmengen standen winkend an der gesamten Fahrstrecke. Besonders im Mühltal, an der Elfenley, entlang der Koblenzer Straße und am Bopparder Bahnhof übertönten die „Hoch-Rufe" aus tausendköpfiger Menschenmenge Böllerschüsse und Musikkapellen. Überall Begrüßung, überall Tücherschwenken und Winken.

So gestaltete sich die erste Festfahrt zu einem Triumphzug, der unvergesslich fortleben wird in der Erinnerung aller Teilnehmer und Zuschauer. Als die Festgäste dem Zug entstiegen, wurde vor dem Bahnhof vom Fotograf Stephan ein Gruppenbild aufgenommen. Dann ging es unter Vorantritt der Pionierkapelle, gefolgt von der letzten Postkutsche in langem Zuge zur Stadt, wo im Hotel Spiegel zum Festessen geladen war.

Am 3. August 1908 wurde in der Chronik der katholischen Schule Kastellaun folgender Eintrag gefertigt:

„Die Einweihungsfeier der Neustrecke Castellaun - Boppard ging gestern hier am 2. August 1908 programmmäßig vor sich. Um 11.20 Uhr kam der Sonderzug von Boppard hier an, ziemlich voll besetzt mit den Ehrengästen und den Festteilnehmern aus dem Kreis St. Goar. Teils zu Wagen, teils zu Fuß, gingen dann die Herren, am Bahnhof von Bürgermeister Schmidt begrüßt, durch unser reich geschmücktes Städtchen nach der Burg, wo den Ehrengästen ein Frühstück serviert wurde.

Um 1 Uhr gingen die Festteilnehmer wieder zur Bahn, wo der vollbesetzte Sonderzug die Herrschaften nach Boppard brachte. 1 ¼ Uhr verließ der Zug den hiesigen Bahnhof und für Castellaun hatte die Feier ihr Ende erreicht. In Boppard fand ein Festessen und Beleuchtung der Rheinufer statt. Der Herr Oberpräsident Freiherr von Schorlemer-Lieser kam per Automobil nach 11 Uhr hier an und fuhr um 1 Uhr wieder nach Lieser bei Bernkastel zurück.

Die neue Bahnstrecke wurde am 3.8. dem öffentlichen Verkehr übergeben, und die Postverbindung mit Boppard aufgehoben. Der letzte Postwagen von Boppard nach hier fuhr am 2.8. und war reich geschmückt. Die Festlichkeit auf der Burg war eine öffentliche und jedermann hatte freien Zutritt. Der hiesige Musikverein spielte und trug so zur Unterhaltung im Schatten der Bäume sein Teil bei. An langen Tischen ließen sich die Festgäste nieder, und es entwickelte sich auf dem Burgberg alsbald ein fröhliches Treiben".

Helene Pagés:
„Ich suche zwei alte Postkutschen“

Auszüge aus dem Heimatbuch „Fernes Läuten“

So sehr sich auch viele Bopparder auf die neue Hunsrückbahn freuten, so sehr verfolgte die Bevölkerung auch etwas Traurigkeit, wenn sie die unweigerlich hiermit verbundene Einstellung des Kaiserlichen Postkostkutschenbetriebs beklagten, gehörte doch seit nunmehr 88 Jahren das „Tra-ri-ra“ der Postillione zum gewohnten Alltagsbild. Längst galt die Postkutsche als „ein Stückchen Boppard“.

Zu den Zeitzeugen der letzten Postkutschenfahrt gehörte auch die am 14. Dezember 1863 im Hunsrückdörfchen Sauerbrunnen geborene Heimatschriftstellerin Helene Pagés, die der Bopparder Postkutsche ein eigenes Kapitel in ihren im Jahre 1939 erschienenen Lebenserinnerungen „Fernes Läuten“ widmete. Neben einer Straßenbezeichnung und dem Namen einer örtlichen Schule erinnert in Boppard noch eine am Karmelitergebäude angebrachte Gedenktafel an die beliebte Lehrerin, die in den Jahren 1885 bis 1913 in der dort untergebrachten Katholischen Volksschule unterrichtete.

Die nachfolgenden Ausführungen sind vorgenanntem „Buch der Begegnung“ entnommen.

Helene Pagés (1863 - 1944).

...Und die alten Postwagen sind wohl auch in den Himmel gerumpelt, denn auf Erden sind sie überflüssig geworden. Die Postwagen gehörten zu Boppard. Tra-ri-ra! wenn sie aus dem Posthof über das hochköpfige Pflaster rumpelten und die Simmerner Straße suchten. Tra-ri-ra! wenn sie über den Angert heranrollten und die scharfe Kurve zum Posthof schwerfällig ungeschickt nahmen.

Immer stand ein Hümplein Bopparder Kinder am Hoftor, die Neugieraugen auf der Herrlichkeit, die in die Welt fuhr oder aus der Welt kam, und das Herz voll Begier, einmal auf den roten Samtpolstern zu sitzen und mitzudürfen, wohin es auch gehe. Tra-ri-ra!

Ich kann mich erinnern, dass ich als Kind einmal mit dem Postwagen gefahren bin. Meine Mutter war nicht für Kinderreisen. Aber später, als ich erwachsen und im Beruf war, habe ich unzählige Mal in der Kaiserlichen Postkutsche gesessen.

Die Polster rochen unerträglich, so unerträglich, dass mir bei geschlossenen Fenstern übel wurde. Waren die Mitreisenden luftscheu und empfindlich, dann duldeten sie das Öffnen der Fenster nicht; ich stand Qualen aus und erlebte Seefahrt und Seekrankheit auf der trockenen Landstraße. Darum nahm ich, wenn es die Witterung halbwegs erlaubte, fast stets den offenen Bocksitz.

Am liebsten saß ich neben dem alten Hanisch auf dem Bock. Manchmal, wenn die Pferde durch einen schönen Sommerabend trabten und die Sonne sich hinter den hohen Buchen des Forstes in rot- und silbergesäumte Kissen niederlegte, hielt Hanisch meinetwegen ein paar Augenblicke und zeigte mit der Peitsche in die schmale Wiese, die aber von der Landstraße her für den, der nicht von ihr wusste, leicht zu übersehen war. Er zeigte mir die Rehe, die dort abends gern ästen.

Ein Schmerzenstag für alle näher Beteiligten war die letzte Fahrt der alten Postkutschen an dem Tage, da die Hunsrückbahn eröffnet wurde. Da fuhren nun die zwei Simmerner und die zwei Bopparder Wagen zum letzten Male die blanke Landstraße, auf der sie so lange Jahre hin- und hergerollt waren. Gewiss sind es nicht mehr dieselben gewesen, die 1820 den Postverkehr zwischen Boppard und Simmern zu Rhein und Mosel hin eröffnet hatten, aber sie waren doch ehrwürdig und alt genug, um in den Ruhestand versetzt zu werden. Die Rösser gingen gehalten ruhig, wie Rösser gehen, wenn ihre Fahrt eine traurige ist, und es fiel ihnen nicht ein, mit den Schellen zu klingeln, die man ihnen so blank wie nie zuvor angeschirrt hatte; auch die riesigen Blumensträuße am Halfter hingen betrübt die Köpfe. Nur die grünen Girlanden schmeichelten zierliche Bogen Um die Kutschen und schmiegten sich gütig um Dach und Fenster, als wollten sie trösten.

Nein, es konnte keiner der Postillione das Posthorn sehr gut blasen, und erst nun, am Abschiedstage, hörte man deutlich: es würgte sie im Halse.

Ich sah sie fahren und hörte sie blasen. Und ich hatte nie zuvor so deutlich gespürt, wie einem das Herz weh tun kann, wenn Ding oder Brauch für immer aus unserem Gesichtskreis verschwinden soll, wenn etwas, das seit unserem ersten Atmen um uns war und uns hundert Mal gut getan, beiseite geschoben wird. Aus diesem wehen Gefühl heraus hätte ich wohl ganz unzeitgemäß der Postkutsche den Vorzug gegeben, wenn ich gefragt worden wäre: Die Postkutsche mit den guten lebendigen Pferden und den braven Postillionen oder das Hunsrückzüglein?

Wehmut kam auf, als Boppards Postillion bei der Abschiedsfahrt der Postkutsche am 2. August 1908 ein letztes Mal sein Posthorn tönen ließ. Noch ein letztes Foto zwischen altem Posthof und Karmelitergebäude - und das war's. Sinnig und tiefgründig wirkte dann auch die hinter dem Schwager angebrachte geschmückte Spruchtafel: „Muss i denn. Muss i denn. Zum Städtelein hinaus!"

Für Bauarbeiten auf der Steilstrecke hielt die Bahnmeisterei Koblenz in Boppard einen steilstreckentauglichen Schwerkleinwagen (SKL) mit der Betriebsnummer 53-0083 vor. Auch ein entsprechender Anhänger gehörte dazu; seine Betriebsnummer lautete 03-0275. Die Bilder zeigen die Einheit im Herbst 2005 während der notdürftigen Instandsetzung der Strecke. Damals gehörten die Fahrzeuge schon der „Eifelbahn-Verkehrs-GmbH".

Nachruf eines alten Getreuen

Gedicht von Lehrer Altmann, Kastellaun, zur letzten Fahrt des Postwagens

So sehr auch die Hunsrückbahn von vielen Hunsrückbewohnern herbeigesehnt wurde, so erfüllte auch große Teile der heimischen Bevölkerung die hiermit verbundene Einstellung des pferdebetriebenen Postverkehrs mit Wehmut.
Kurt „Killy" Seus, Emmelshausen, stöberte in den Archiven und fand im Schularchiv Kastellaun nachfolgendes Gedicht, in dem Hunsrücklehrer Altmann im Jahre 1908 diese Traurigkeit verankerte.

Die Pferde gehen müden Schritt,
Der bied're Lenker trauert mit.
Zum letzten Mal im stillen Wald
Des Posthorns trauter Klang erschallt.

Das Alte sinket, Neues steiget
Durchs Tal hinauf das Dampfross keuchet.
Die letzte Stunde hat geschlagen
Dir, guter, alter, gelber Wagen.

Du hattest zwar den besten Willen,
Dein Plätzchen tüchtig auszufüllen,
Im Sonnenschein, im Wetterbraus,
Du brachtest sicher uns nach Haus.

Doch schädlich schien Dir's Übereilen
Manch Wirtshaus bot auch Grund zum Weilen,
Und auch manch schönes Bergeskind
War Deinem Führer treu gesinnt.

Der Neuzeit wildes Reisen, Jagen,
Das war zuviel für Deinen Wagen;
Nur Viere hatten in dir Platz
Und obendrauf des Schwagers Schatz.

Ruh' aus nun von den vielen Plagen
Und lass dir dies zum Troste sagen:
„Uns tut doch der Abschied leid
Von dir, du Rest der alten Zeit"

Auf langen, graden Schienenzeilen
Die Züge von der Höhe eilen,
o sel'ger Rottmann, stiegst du nieder,
Den Hunsrück kenn'st du nimmer wieder.

Bahnarbeiter am Güterbahnhof Boppard zu Zeiten der französischen Besatzung 1947 und im Jahre 1955.

Hunsrückbahn löste Pferdepost ab

Anton Külzer letzter Postillion der Route Boppard - Niederterhaus

Seit Jahrhunderten gab es im Deutschen Reich neben oder zusätzlich zur Postbeförderung auch Personenverkehr, deren Leistung seit Beginn des 16. Jahrhunderts größtenteils in den Händen der Grafen und späteren Fürsten von Thurn und Taxis lag. Bekanntlich hatte Kaiser Maximilian den Grafen Franz von Taxis im Jahre 1505 zum Generalpostmeister im „Heiligen Römischen Reich Deutscher Nation" bestellt.

Die nicht gerade bescheidene Gewinnspanne dieser neuen Branche erkennend, gründeten nach und nach zumindest die größeren Länder, wie Preußen und später auch Bayern, Württemberg, Baden, Sachsen u.v.m. bald ihre eigenen Postanstalten. Die zahlreichen kleineren deutschen Staaten - gegen Ende des 18. Jahrhunderts waren es rund 360 - beließen die Regelung des Postwesens zumeist der Thurn- und Taxis'schen Verwaltung, um nicht Gefahr zu laufen, dass eine Übernahme in eigener Regie wegen des letztlich doch geringen Umfangs nur ein Minusgeschäft hätte sein können. So wurde es dann auch im rheinländischen Raum praktiziert.

Als die napoleonischen Truppen dann zwischen 1804 und 1812 für den vollständigen Ausbau der gewaltigen Rheinstraße sorgten, entstanden entlang des gesamten mittelrheinischen Raumes zahlreiche Fahrtrouten und sogar auf den Hunsrück führte eine von Boppard aus betriebene Brief- und Personenpost. Die Fahrtroute startete wie folgt: Alter Posthof Boppard, Marienbergstraße (die damals noch Warweg hieß), Marienberger Hohl, über die Kniebrech nach Kasseling und von dort weiter Richtung heutiger Hunsrückhöhenstraße. Dieser „alte Postweg" hatte eine recht gewaltige Steigung, kannte er doch die Serpentinen der heutigen Landesstraße noch nicht.

Als nach 1820 unter finanzieller Beteiligung der Regierung die heutige Simmerner Straße in ihrem unteren Verlauf die jetzige Linienführung erhielt, richtete auch die Post-

Das erste Haus im künftigen Emmelshausen: Heilpraktiker Peter Pies eröffnete neben seiner Praxis im Jahre 1908 das „Gasthaus zum Bahnhof", den späteren „Waldfrieden".

verwaltung eine regelmäßig fahrende Personen- und Briefpost Boppard - Niederterhaus (heute Niedert) - Kastellaun - Simmern ein. In den Jahren 1846/47 erfolgte dann zur besseren Betriebsgestaltung die Anlage der Serpentinen.

Die Posthaltereigeschäfte auf der 17 Kilometer langen Fahrtstrecke von Boppard nach Niederterhaus wurden dem Postamt Boppard übertragen, welches hierzu einen Posthalter „mit sechsmonatiger Kündigung auf unbestimmte Zeit“ verpflichtete. Dieses Amt besetzte beispielsweise im Jahre 1859 die Familie Peiter in Niederterhaus, und der letzte Posthalter, Johann Peiter, versah dieses Aufgabenfeld bis zur Eröffnung der Hunsrückbahn.

Lange Jahrzehnte gehörte das Peitschenknallen und Posthornblasen der Postillione, auch „Schwager“ genannt, zum heimatlichen Tagesgeschehen und entbehrte zumindest aus heutiger Sicht nicht einer gewissen Romantik. Mit der Inbetriebnahme des letzten Teilstücks der Hunsrückbahn hatte dann auch das letzte Stündlein dieser Hunsrücker Pferdepost geschlagen. Das sollte aber nicht sang- und klanglos geschehen. Denn auf ihrer letzten planmäßigen Fahrt am 1. August 1908 erschienen Postillion, Pferde und Wagen im Galaschmuck, das Horn erklang zum letzten Male. Anton Külzer war der letzte Postillion der Posthalterei Boppard.

Sein Berufskollege aus Niederterhaus war Franz Henrich. Dieser erinnerte sich später an das Ende der Postkutschenstrecke zwischen Niederterhaus und Boppard: *„Mein Vater Philipp Henrich schied aufgrund eines schweren Beinleidens nach 24 Dienstjahren als Postillion im Jahre 1907 aus dem aktiven Dienst aus, nachdem er zuvor mit dem Ehrenposthorn und der Ehrenpeitsche ausgezeichnet wurde. Als Postillion a.D. erhielt er ein Ruhegehalt von 30 Mark. Ich selbst hatte nun immer das Verlangen in meiner Seele, auch einmal Postbeamter zu werden. Ich trat nun am 1. April 1907 als Postillion in der Posthalterei in Niederterhaus ein und fuhr die Personenpost nach Boppard. Der Fahrpreis pro Person und Kilometer betrug zehn Pfennig.*

Noch mancher alte Hunsrückbauer wird sich an diese schöne alte Zeit, da er das Post-

Anton Külzer, Boppards letzter Postillion, in aktiven Jahren mit „seiner“ Postkutsche.

horn erschallen hörte, erinnern. So schön und romantisch es im Sommer war, als Postillion durch Wald und Feld zu fahren und dabei sein Liedchen auf seinem Posthorn zu blasen, so unangenehm war es aber auch oft im Winter bei hohem Schnee und großer Kälte. Sehr oft kam es vor, dass im Rheintal kein Schnee mehr lag, auf dem Hunsrücken aber noch meterhoch. Wir mussten dann einen sogenannten Räderschlitten nehmen und fuhren mit ihm von Boppard ab auf Rädern. Auf den Höhen des Hunsrückens wanden wir dann die Räder hoch und fuhren auf dem Schlitten hoch, was natürlich viel mühsamer war. Am 2. August 1908 fanden die Feierlichkeiten zur Hunsrückbahneröffnung statt und ich selbst fuhr an diesem Tage unter großem Jubel der Bevölkerung den letzten Personen-Postwagen Niederterhaus - Boppard. Anschließend kam ich dann zur Posthalterei in Simmern (Hunsrück), wo ich unter denselben Verhältnissen die Personenpost Simmern - Oberwesel fuhr".

Auf der Teilstrecke Boppard - Niederterhaus sind jährlich durchschnittlich rund 30.000 km zurückgelegt worden. Der Postverwalter in Niederterhaus erhielt für Fahrleistung, Nebenkosten, Aushilfspferde usw. eine jährliche Festvergütung, die im letzten Betriebsjahre 9.800 Mark betrug. Dafür musste er ständig zwei Kutschen, zwei Postillione und vier Pferde für die regelmäßigen Fahrten sowie einige Aushilfspferde für die ab und an erforderliche Beiwagenbeförderung betriebsbereit halten. Jahr für Jahr wurden bei der Bopparder Talstation rund

Am „Posthaltersch-Haus" in Niederterhaus, wie die im „Gasthaus zur Post" eingerichtete Posthalterei mit Hausnamen benannt wurde, startete am 2. August 1908 die festlich geschmückte Personen-Postkutsche ihre letzte Dienstfahrt zu den anberaumten Feierlichkeiten aus Anlass der Streckeneröffnung Richtung Boppard. Auf dem Kutschbock sitzt Franz Henrich.

7000 ankommende oder abfahrende Fahrgäste registriert.

Die Eröffnung der neuen Bahnstrecke brachte auch im Postverkehr einige Veränderungen und Neuerungen in den vorderen Hunsrück. Fortan wurde es ermöglicht, an die Begleiter der „Schaffnerpost" ausreichend frankierte Pakete an nachfolgenden Haltestellen mitzugeben: Fleckertshöhe, Leiningen, Ehr, Lingerhahn, Dudenroth, Ebschied, Hollnich, Bell, Külz und Keidelheim. In Dommershausen bestand ab sofort eine Postagentur, welche die „fahrende Post" von Sabershausen nach Dommershausen abwickelte. Der Postagentur Gödenroth wurde einmalig ein Landbriefträger zugeteilt. Die Personenpost nach Zell änderte ihre Fahrzeiten. Die bisherigen Postverkehre nach Boppard und die fahrende Landpost nach Laubach wurden eingestellt. Hollnich erhielt eine eigene Posthilfsstelle unter Verantwortung des Dorfwirtes Dietrich. Die neue Posthilfsstelle in Dorweiler leitete Vorsteher Franz Klein. Die fahrende Landpost zwischen Niederterhaus, Sevenich, Heyweiler und Frankweiler blieb aufrecht erhalten. Das bisherige Amt Niederterhaus wurde in eine Agentur umgewandelt. In Pfalzfeld wurde gar eine Agentur neu errichtet.

Erinnerungsfahrt im Triebwagen: Das 50-jährige Bahnjubiläum am 2. August 1958 nahm die Bundesbahn zum Anlass, ihre Pensionäre zu einer Fahrt mit einem modernen Aussichtstriebwagen einzuladen. Drei der Pioniere, die bereits 1908 ins Geschehen der „Neuen Zeit" eingebunden waren, scharten die Zuhörer um sich, die aufmerksam ihren Erinnerungen lauschten. Von links nach rechts: Anton Külzer (Jahrgang 1880), der letzte Postillion, der jahrzehntelang die Postkutsche zwischen Boppard und Niedert lenkte. Anton Weiland (Jahrgang 1865), steuerte die erste Lok auf der Zahnrad-Steilstrecke bis Buchholz. Peter Spitzley (Jahrgang 1877) meldete als Fahrdienstleiter die ordnungsgemäße Abfahrt des ersten Personenzuges im letzten Teilstück der Hunsrückbahn.

Das Abt'sche Zahnradbahn-System

Schweizer Maschinenbau-Ingenieur entwickelte Lamellenzahnstange

Längst war bei den Bauplanern der Hunsrückbahn bekannt, dass die Stahlräder der Lokomotiven ab gewissen Steigungsgraden ihre Haftung verlieren und ihnen ihre technischen Grenzen in gebirgigen Steilstrecken recht schnell aufgezeigt werden. Allgemein sahen die Bauingenieure diese Maximalsteigung bei 16 %, ein trockenes Streckennetz vorausgesetzt. Befand sich die Schiene in regennassem Zustand, so waren nochmals etwa 2 % abzuziehen. Diesem technisch bedingten Manko im Steilstreckennetz wurde mittels Bau von Zahnradbahnstrecken recht wirkungsvoll entgegengewirkt. Solche Zahnradbahnen ermöglichten regelmäßig die Überwindung von Steigungen bis zu 45 %. Wurden die Bahnen durch Anspannlokomotiven unterstützt, konnten gar noch größere Höhenunterschiede bewältigt werden.

Die seinerzeitige Technik unterschied vier marktbeherrschende Systeme, wovon drei, die Systeme Strub (Zahnkopfstange), Locher (Fischgrätenzahnstange) und Abt (Lamellenzahnstange) bezeichnenderweise in der Schweiz entwickelt wurden. Das System Riggenbach, eine Leiterzahnstange, wurde zwar nicht in der bergreichen Schweiz entwickelt, allerdings stammt Riggenbachs Mutter aus der Eidgenossenschaft. Daneben gab es noch eine Fülle von Unterarten dieser marktführenden Zahnradsysteme.

Für das zwischen Boppard und Buchholz gelegene Teilstück der Hunsrückbahn wurde das von Roman Abt entwickelte System mittels Einsatz von Lamellenzahnstangen favorisiert. Hierbei greift ein Zahnrad von oben in die gegeneinander versetzt liegenden Lamellen ein, wobei sich ständig zumindest ein Zahn im Eingriff befindet. Dies bewirkt im Vergleich zu anderen Systemen eine gleichmäßigere Kraftübertragung. Dabei wird die um einen halben Zahn versetzte zweiteilige Zahnstange in der Gleismitte verlegt.

Kraftvolle Dampflokomotiven prägten rund zwei Jahrzehnte den Steilstrecken-Zahnradbahnbetrieb Boppard-Buchholz.

Zur Bewältigung der Steilstrecke von Boppard bis Buchholz wählten die verantwortlichen Planer das Abt'sche Zahnradbahn-System.

Roman Abt, 16.07.1850 - 1.05.1933.

Mit diesem System und den dazu passenden Lokomotiven (T 26) besaß man schon einige Erfahrung, da im Bereich der Königlichen Eisenbahndirektion Erfurt die Lokomotiven Erfurt 9001 - 9004 seit geraumer Zeit im Betrieb standen und sich durchweg bewährten. Die ersten drei Maschinen wurden von der Maschinenfabrik Esslingen im Jahre 1902 erbaut (Fabrik-Nr. 3195-97), für alle übrigen Maschinen zeichnete die von August Borsig (23. 6. 1804 - 6. 7. 1854) gegründete Maschinenbauanstalt in Berlin verantwortlich.

Berichterstattung in den Anfangsjahren

Baldiger Wandel im Lokaljournalismus

Die extremen Belastungen, denen die technischen Anlagen, allen voran die im Zahnradbahnbetrieb betriebenen Gleisanlagen, aber auch die Zugmaschinen, auf der Steilstrecke ausgesetzt waren, führten insbesondere in den anfänglichen Betriebsjahren regelmäßig zu Betriebsstörungen, Zugverspätungen und -ausfällen.

Viele längst als Bahngegner bekannte örtliche Zeitgenossen nutzten dann diese Schwächen, um mutmaßlich als Beitrag zur „persönlichen Genugtuung" öffentlichkeitswirksam - wohlwissend der Auswirkungen dieser vorsätzlichen Negativwerbung - ihre Vorwürfe und leidlichen Bahnerfahrungen an den Mann zu bringen.

Trotz regelmäßiger Kontrollfahrten kam es gerade auf der Steilstrecke insbesondere in den Pionierjahren immer wieder zu Betriebsstörungen.

Nicht in allen Fällen wahrte hierbei auch die heimische Presse ihre auferlegte Neutralität und ließ sich oftmals von den nörgelnden „Besserwissern“ vor die Karre spannen. Beispielhaft für zahlreiche vergleichbare Publikationen sei an dieser Stelle nachfolgender Artikel wiedergegeben:

„Bopparder Zeitung“ vom 3. Januar 1910

Die Zustände an der Hunsrückbahn sind auf die Dauer derart, dass wohl der ganze Verkehr eingestellt werden muss. Zwei Maschinen sind in der Reparaturwerkstätte und die dritte hier noch befindliche Maschine ist in so mangelhaftem Zustand, dass ein pünktlicher Fahrdienst nicht innegehalten werden kann. Termine werden versäumt, weil kein „Bähnchen“ fährt, - oft klettert das „Zügle“ fast in zwei Stunden von einem Tunnel zum anderen, kurz und gut, wer's eilig hat, geht besser zu Fuß. Wenn es nicht Winter wäre, könnte man das schönste Blumenbouquet auf der Fahrt pflücken oder in den Bergen Waldmeister suchen gehen. Wann wird dieser Zustand beseitigt? Sollte der Betrieb ganz eingestellt werden, muss die Staatsbahn Wagenverkehr für Personen-, Post- und Güterbeförderung stellen.

Der belehrende und besserwissende Lokaljournalismus fand aber dann doch nach rund dreijähriger Praxis ein Ende und fortan hielten neutrale und auch begeisternde Artikel über den Hunsrückbahnbetrieb Einzug in die örtliche Presse. Über die unverändert anhaltenden Betriebsstörungen aus unterschiedlichsten Gründen wurde nunmehr stets in sachlicher Wortwahl berichtet.

Nachfolgende beiden Presseberichte belegen beispielhaft und stellvertretend für zahlreiche weitere Artikel die geänderte Form der örtlichen Berichterstattung.

„Bopparder Zeitung“ vom 9. April 1914:

Auf der Strecke Boppard - Buchholz entstand gestern Abend dadurch eine Betriebsstörung, dass sich auf dem Hubertusviadukt die Befestigungen der Zahnstangen gelöst hatten und diese sich dadurch verschoben hatten. Bei Fackelbeleuchtung konnten die Ausbesserungsarbeiten so gefördert werden, dass nach Mitternacht der sonst um 9.53 Uhr abfahrende Personenzug von hier abgelassen werden konnte.

„Bopparder Zeitung“ vom 21. April 1914:

Eine Beschädigung des Zahnstangengetriebes am Tunnel vor der Hubertusbrücke hat den Verkehr auf der Hunsrückbahn sehr erschwert, bis Samstag Nachmittag sogar ganz gesperrt. Um den Verkehr mit Buchholz betriebsfähig zu erhalten, werden zwei Wagen (nur 3. Klasse) ab Boppard und durch Umsteigen in Buchholz abgelassen. Der Verkehr auf der Strecke ist bei schönem Wetter sehr groß, so dass in dem überfüllten Wagenabteile eine Fahrt bis Buchholz wenig angenehm ist.

Die Beschädigung des Zahngetriebes ist dadurch entstanden, dass die Unterlagen unter der Zahnstange, auf denen die Zahnstangen verschraubt sind, in großer Zahl (man spricht von mehreren Tausend) unbrauchbar geworden sind. Ein schneller Ersatz ist noch nicht möglich, da diese Schraubunterlagen leider nicht in Reserve gehalten sind und so schnell nicht hergestellt werden können. Der eingeschränkte Verkehr dürfte daher noch einige Zeit anhalten.

Ein Objekt der Begierde...

Eisenbahnviadukt über die Hubertusschlucht beliebtes Fotomotiv

Unbestritten steht der Eisenbahnviadukt über die Hubertusschlucht in der Gunst der fotografierenden Eisenbahnfreunde seit nunmehr einem Jahrhundert in erster Reihe. Egal, ob mit oder ohne Dampflokomotive, Bildnisse und Ansichtskarten der sich in das Landschaftsbild einordnenden Brücke füllen ganze Fotoalben. Die Hubertusschlucht hieß vor ihrer zum auslaufenden 19. Jahrhundert erfolgten Umbenennung übrigens weithin nur „Mistloch".

Sammleraussagen zufolge kann heute davon ausgegangen werden, dass im Laufe des letzten Jahrhunderts wohl über 200 verschiedene Kartenmotive auf den Markt gekommen sind, die den Hubertusviadukt aus unterschiedlichsten Perspektiven „verewigen".

Nachfolgende bewusst unkommentierte und bescheidene Auswahl verschiedener Kartenmotive dieses Viaduktes lässt die bautechnische Meisterleistung der Brückenbauer erahnen und Verständnis für die Motivwahl der Fotografen aufbringen.

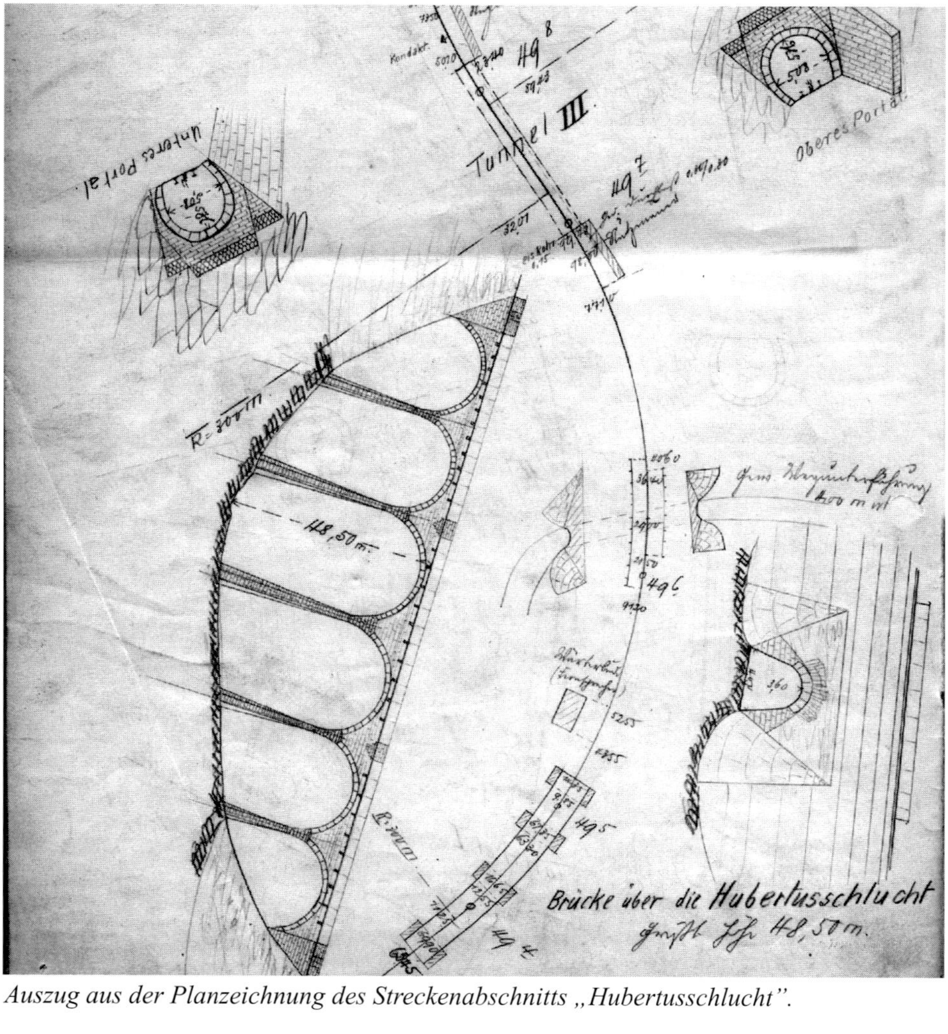

Auszug aus der Planzeichnung des Streckenabschnitts „Hubertusschlucht".

IM FOTOALBUM GEBLÄTTERT

Die Tage des Boppard Bahnhofs waren gezählt, als obige Frontansicht entstand. Am 4. August 1987 musste das Empfangsgebäude dem Neubau der Bundesstraße 9 weichen. Rund 130 Jahre hatte es den Fahrgästen seine Dienste angeboten.
Ein paar Sätze zur Historie des einstigen Bahnhofs: 1857 hatten Vermessungsarbeiten und der Grunderwerb durch Mitarbeiter der Rheinischen-Eisenbahn-Gesellschaft begonnen. Als Standort des Empfangsgebäudes war bereits ein Terrain im Osten der Stadt, nahe dem ehemaligen Kloster St. Martin ausgesteckt, als – insbesondere auf Betreiben der Heimleitung der im Kloster eingerichteten Knaben-Besserungsanstalt der Inneren Mission – die Stadtverordnetenversammlung begann, über die Standortverlegung des Bahnhofgebäudes erneut zu beraten. Mit der knappen Mehrheit von einer einzigen Stimme wurde als neuer Bauplatz ein Bereich im „Säuerling“ auserkoren. 1858 stellte die Bahn die bereits begonnenen Erdarbeiten bei St. Martin gegen Kostenerstattung ein und baute den am 15. Dezember 1859 – „bei neun bis zehn Grad Kälte“, wie Stadthistoriker Wilhelm Schlad berichtete – eröffneten Bahnhof am langjährigen Platze.
Beim Boppard Bahnhof handelte es sich nach Remagen-Stadt und Rolandseck um das drittälteste Empfangsgebäude der gesamten Rheinstrecke.

Die Hunsrückbahn - ein Reisebericht

Aus den Mitteilungen des Rheinischen Vereins im Jahre 1909

Natürlich fand die Anfang August 1908 vollzogene Streckeneröffnung des letzten Teilstücks der Hunsrückbahn eine weit über die heimatlichen Grenzen hinausreichende Beachtung. Zahlreiche Heimat- und Eisenbahnfreunde nutzten die Gelegenheit, in einer Publikation über das gewaltige Bauvorhaben zu berichten.

So widmete sich auch der „Rheinische Verein für Denkmalpflege und Heimatschutz" in seinen Mitteilungen, Heft 3/1909, der Historie der Hunsrückbahn. Nachfolgenden Reisebericht verfasste der Eisenbahnbau- und Betriebsinspektor Lemcke.

Die alte Völkerstraße des Rheines zwischen Mainz und Köln, die zu Wasser und zu Lande eine so gewaltige Beförderung an Personen und Gütern wie kaum ein anderes Flusstal Deutschlands bewältigt, erhält zu dem großen durchgehenden Verkehr von den Höhen und aus den Seitentälern des Stromes manche kleineren Zuflüsse örtlicher Art. Ein solches Flüsslein des Verkehrs ist die seit 1908 von Simmern über Buchholz nach Boppard führende neue Eisenbahnlinie. Sie bildet die dritte der Strecken, die heute den Hunsrück erschließen und in Simmern ihren gemeinsamen Treffpunkt haben. Die längste geht von Trier über Hermeskeil, die zweite beginnt in Bingerbrück bzw. Langenlonsheim an der Nahe und die dritte und jüngste ist die eben genannte, die den vorderen Teil des Hunsrücks durchquert und von Boppard über Buchholz, Pfalzfeld und Kastellaun läuft. Während die Teilstrecke Simmern - Pfalzfeld schon früher fertig wurde, ist die Gesamtlinie Simmern - Boppard, in der wieder der letzte Teil von Buchholz nach Boppard die schwierigste Aufgabe darstellte, erst im August 1908 dem Verkehr übergeben worden.

Ein langgehegter Wunsch der Hunsrücker hatte damit seine endgültige Erfüllung gefunden. Bereits im Jahre 1897 hatte der Kreistag des Kreises St. Goar den Beschluss gefasst, die Staatsregierung um den Bau der Bahn Boppard - Kastellaun anzugehen. Es bedurfte dann vieler und langer Erwägungen,

Blick ins Mühltal, dem Beginn der Steilstrecke.

Aussichtspunkt mit Blick ins Mühltal.

und oft hatte es geschienen, als ob der Bau nie durchgeführt werden würde. Allerdings hat der Kreis St. Goar tief in die Tasche greifen müssen: Zu den Baukosten, die sich auf 6 Millionen Mark (mit Grunderwerb 7 Millionen) beliefen, trug er mit Unterstützung der Stadt Koblenz, die 60.000 Mark gab, und der Stadt Boppard, die 120.000 Mark gab, über 400.000 Mark bei.

Es hat harte, mühselige Arbeit gekostet, die Bahn von Boppard nach Pfalzfeld zu bauen, das begreift auch der Laie, der sie befährt. Die Hauptschwierigkeiten lagen in dem Bau der Strecke von Boppard nach dem nur 6 km entfernt, aber gegen 330 m höher liegenden Buchholz. In diesem Teile ist die neue Staatsnebenbahn sicher die interessanteste des Rheinlands. Es hat mannigfacher Entwürfe der konstruierenden Eisenbahntechniker bedurft, bis man sich für die Ausführung der Arbeiten in der Art entschloss, wie es geschehen ist. Wollte man nicht eine außerordentlich große Entwicklung der Strecke in die Länge nehmen, um auf die Höhe zu kommen, dann musste das Gebirge mit seiner großen Höhe und seinen Schluchten mutig von vornherein erklommen werden. Gleich bei der Ausfahrt aus dem Bahnhof Boppard beginnt die starke Steigung der Strecke, welche die Züge nur mit Benutzung des Zahnrades befahren können. Diese 6 km lange Strecke von Boppard bis Buchholz, die im Ganzen 326 m Steigung hat, ist mit einer 5,6 km langen Zahnradstrecke nach dem zweiteiligen Zahnstangensystem von Abt versehen. Fünf Tunnels und eine Reihe hoher Stützmauern waren notwendig, um den Schienenstrang durch die aus Fels gebildeten Berge und an tiefen Abhängen vorbei zu bringen, und zwei hochragende Brücken führen den Zug über gähnende Schluchten.

Die Brücke über die Hubertusschlucht hat bei 150 m Länge 6 Öffnungen und ist 50 m hoch. Sie liegt dabei in einer Steigung von 1:16,5, und einer Kurve mit einem Radius von 300 m, so dass ihr Bau eine der schwierigsten Arbeiten der Bahn darstellte. Errichtet wurde sie wie auch die Brücke über das Rauschenloch, die vier Öffnungen hat und 78 m lang und 30 m hoch ist, massiv aus Neckarsandstein. Hat der Zug in langsamer Fahrt - durchweg nur etwa 15 km stündlich - die Höhe erklommen und ist in den Bahnhof Buchholz eingelaufen, dann wird er von der an der Spitze des Zuges laufenden gewöhnlichen Adhäsionslokomotive allein weiter gezogen, während die am Schlusse des Zuges drückende Zahnradlokomotive ihr Werk getan hat und nach Boppard zurückkehrt, um einen abwärts fahrenden Zug wieder hinunter zu geleiten oder einen anderen heraufzuholen.

Eine Fahrt auf der neuen Bahn von Boppard nach Buchholz bietet einen ganz besonderen Genuss. Man lernt, wie beim Bau der Alpenbahnen, den Geist und die Tatkraft der Menschen achten, die diese kunstvollen Bauten erdacht und sie dann mit Hilfe der von der Natur gegebenen Arbeitsmittel dem trotzigen Berg, der dräuenden Schlucht auferlegt haben. Aber nicht nur die Leistungen der Techniker erfüllen hier den Reisenden mit Bewunderung. Er wird vielleicht noch mehr durch die Schönheit der Landschaft überrascht, die ihm eine Fahrt mit der Hunsrückbahn durch den Kreis St. Goar erschließt. Am Westende des Bahnhofes Boppard von der Hauptstrecke abzweigend, führt die Bahn über das liebliche Kalmuttal hinweg in das von sonnigen Bergen umrahmte, idyllische Mühltal. Ein prachtvoller Ausblick nach allen Seiten: links das schöne Kalmuttal, geradeaus das wein- und waldreiche Mühltal mit scharfgezacktem, steilem Felsgrate und rechts der würdige Vater Rhein mit zahllosen bewimpelten Schiffen, dahinter das weißschimmernde Dörfchen Filsen.

In seiner ganzen Pracht präsentierte sich der Buchholzer Bahnhof in alter Zeit.

Nach kurzer Fahrt am Bergabhange der Elfenley entlang, hoch über der Mühltalstraße, tritt die Bahn in den 125,5 m langen, kühlen Kalmuttunnel ein. Vor dem Tunneleingang bietet sich noch ein entzückender Rückblick auf das in Parkanlagen und Obsthaine eingebettete Boppard. Beim Austritt aus dem Tunnel an der steilen Kalmutwand eröffnet sich eine prächtige Ausschau auf die waldreichen Mühltalberge und die grünen, zum Vierseenplatz empor führenden Seitentäler. In großen Bogen im Mühltale und dann im Weißertale auf stellenweise 13 - 14 m hohen Betonstützmauern aufsteigend, führt die Bahn durch die beiden Rauher Berg-Tunnel von etwa 144 bzw. 124 m Länge und dann auf hohem Damme über die Hirschgrube zur Hubertusschlucht. Die Größenverhältnisse des Viaduktes, der dieses tiefe Seitental bezwingt, sind schon oben gegeben worden, ebenso die des bald darauf folgenden Viaduktes über das Rauschenloch. Die Bahn, die hier schon nahezu 200 m Höhenunterschied überwunden hat, gewährt in ihrem weiteren Verlaufe über Dämme und Stützmauern, durch Tunnel und Felseinschnitte auch einen wunderbaren Blick auf das waldreiche Mörderbachtal und die nach der Mosel und deren Mündung in den Rhein gelegenen Berge. Dann steigt sie immer noch mit Hilfe des Zahnrades in herrlich bewaldeter Höhenlandschaft den Rest des Aufstieges vom Rheintale bis zu dem an der alten Römerstraße von Koblenz nach Bingen gelegenen Bahnhofe Buchholz.

Die Großartigkeit der Ausblicke macht auf der weiteren Linie bis Simmern kleinen hübschen Bildern Platz, die der Abwechslung jedoch ein weites Feld öffnen. Dasselbe gilt auch für mehr oder minder lange Strecken der älteren Linien, die von Bingerbrück und Trier aus in das Herz der Hochebene führen. Außer ihrer technischen und landschaftlichen Bedeutung ist die neue Strecke nebst den älteren Linien aber auch vom Standpunkte des Heimatschutzes nicht ohne Interesse. Wir finden eine Anzahl von Bahnhofsbauten, deren Ausführung an die bodenständige Bauweise angelehnt ist. Am Beste dürfte das in der Gegend von Büchenbeuren und Sohren geglückt sein, also an der ersten Stationen auf der Strecke von Simmern nach Trier. Sauber und ansprechend erscheinen auch die Bauten, wie sie der kleine Bahnhof zu Buchholz zeigt. Eine zweckmäßige, bescheidene und doch hübsche und heimische Behandlung solcher Verkehrsbauten ist überall von der größten Bedeutung, weil sie in den kleineren Ortschaften als städtische Vorbilder angestaunt werden und auf die Geschmacksentwicklung der ländlichen Bevölkerung mächtig einwirken - gut oder böse, wie eben der betreffende Verkehrsbau

Panoramaansicht des Rheinstädtchens Boppard, welches als Talstation der Hunsrückbahn auserkoren wurde, im anfänglichen 20. Jahrhundert.

Anregungen zur Fahrplangestaltung

Bahnbenutzer halfen bei Optimierung der Fahrzeiten

Die Hunsrückbahn war kaum in Betrieb, als erste Benutzer bereits Schwächen in der Fahrplangestaltung erkannten und Anregungen zur Nachbesserung in unterschiedlichster Art und Weise „an den Mann" brachten. Zum Teil wurden Kommunalpolitiker und Bürgermeister um Unterstützung gebeten, Leserbriefe („Eingesandt") in der örtlichen Presse geschaltet, Flugblätter verteilt, Unterschriftenaktionen gestartet, örtliche Bahnmitarbeiter vorwurfsvoll angegangen oder sich auch schriftlich direkt an die zuständige Eisenbahndirektion Saarbrücken gewandt. Dies geschah in aller Regel auch in „freundlichem zeitgenössischen Amtsdeutsch" und war in der Tat wohl der erfolgsversprechende Weg.

Die Eisenbahndirektion Mainz veranstaltete in Boppard regelmäßig Konferenzen zur Fahrplangestaltung der Hunsrückbahn, zu der neben anderen Fachstellen auch Vertreter der Handelskammer Koblenz geladen war. Aufgrund massiver Proteste wenige Tage nach Eröffnung des Streckenabschnittes luden die Bahnverantwortlichen bereits zum 1. September 1908 in den Sitzungssaal des Alten Rathauses ein, um erste Nachbesserungen am noch jungen Fahrplan abzustimmen.

Beispielhaft und stellvertretend für eine Fülle weiterer Eingaben aus den Pionierjahren der Hunsrückbahn sei nachfolgend der Wortlaut einer am 18. April 1910 verfassten Petition Bopparder Bürger an die Königliche Eisenbahndirektion wieder gegeben.

Die Unterzeichneten gestatten sich, die verehrl. Eisenbahndirektion ganz ergebenst zu bitten, veranlassen zu wollen, dass der abends gegen 9 ¾ Uhr von Bahnhof Buchholz nach Boppard fahrenden Lokomotive der Hunsrückbahn wenigstens ein Personenwagen angehängt und die Beförderung von Fahrgästen hiermit gestattet werde. Der oder die Wagen könnten unserer unmaßgeblichen Meinung nach durch die gegen ½ - ¾ 7 Uhr nachmittags von Boppard nach Buchholz fahrende durchweg leere, jedenfalls nicht voll belastete Lokomotive nach oben geschafft werden; durch die Gestattung der Besetzung dieses oder dieser Wagen bei der Hinauffahrt könnte auch dem namentlich für die Bewohner des Hunsrücks unangenehm empfundenen Fehlen einer Verbindung zwischen 3 ½ und 9 ¼ Uhr abends abgeholfen werden.

Zur Begründung unserer Bitte möchten wir folgendes bemerken:

Der letzte Zug der Hunsrückbahn in der Richtung von Buchholz nach Boppard fährt

Hunsrückbahn Boppard - Simmern

6.10	9.06	13.40	16.03	18.00	21.18	ab	Boppard	an	7.06	10.02	14.37	16.59	20.07	22.53
6.48	9.44	14.18	16.41	18.40	21.56		Buchholz		6.44	9.40	14.15	16.35	19.45	22.31
6.53	9.49	14.23	16.46	18.45	* 22^{01}		Fleckertshöhe		6.38	9.34	14.09	16.30	19.39	22.20
6.58	9.54	14.28	16.51	18.50	22.06		Ehr		6.33	9.29	14.04	16.25	19.34	22.15
7.03	9.59	14.33	16.56	18.55	22.11		Emmelshausen		6.29	9.24	14.00	16.20	19.30	22.10
7.11	10.07	14.41	17.04	19.03	22.19		Leiningen		6.21	9.16	13.52	16.12	19.21	22.00
7.18	10.15	14.49	17.11	19.14	22.27		Pfalzfeld		6.14	9.09	13.44	16.05	19.14	21.53
7.24	10.21	14.55	17.18	19.19	22.32		Lingerhahn		6.08	9.04	13.38	15.59	19.08	21.47
7.27	10.24	14.59	17.21	19.23	22.36		Dudenroth		6.03	9.00	13.34	15.55	19.04	21.43
7.33	10.30	15.05	17.27	19.29	22.42		Ebschied		5.59	8.55	13.29	15.50	18.59	21.38
7.37	10.34	15.09	17.31	19.32	22.45		Hollnich		5.54	8.51	13.25	15.45	18.55	21.33
7.44	10.40	15.17	17.37	19.39	22.52		Castellaun		5.48	8.45	13.19	15.38	18.49	21.28
7.48	10.44	15.21	17.41	19.43	22.56		Bell		5.44	8.41	13.14	15.33	18.43	21.23
7.55	10.51	15.28	17.48	19.49	23.02		Alterkülz		5.37	8.35	13.07	15.27	18.36	21.16
8.03	10.59	15.36	17.56	19.58	23.11		Külz		5.30	8.28	13.00	15.20	18.29	21.09
8.07	11.03	15.40	18.00	20.01	* 23^{14}		Keidelheim		5.26	8.24	12.56	* 15^{16}	18.25	21.05
8.12	11.08	15.45	18.05	20.06	23.19	an	Simmern	ab	5.21	8.19	12.51	15.12	18.20	21.00

Zug ab Boppard 6.10 u. an Boppard 20.07 hat Post. * Zug hält in Fleckertshöhe nur bei Bedarf.

Fahrplan aus dem Jahre 1937.

jetzt an Wochentagen 7.25 Uhr, sonntags ist noch Fahrgelegenheit um 8.20 Uhr. In der Sommerzeit benutzen nun sehr viele Personen, Geschäftsleute wie auch Ausflügler, um der Mittagshitze zu entgehen, den um 3.32 Uhr von hier abgehenden Zug in der Richtung nach Buchholz. Sie können aber, da der letzte Zug bereits kurz nach 7 Uhr wieder zurückfährt, entfernter liegende Ortschaften, wie z.B. Oppenhausen, Herschwiesen, Pfaffenheck, Burg Schöneck u.a. nicht oder kaum besuchen, weil sie den um 7.25 Uhr zurückfahrenden Zug nicht oder nur nach ganz kurzem Aufenthalt erreichen können. Für diese Leute wäre es deshalb von größter Wichtigkeit, wenn die gegen 9 ¾ Uhr doch leer zurückfahrende Lokomotive einen Anhängewagen mitnähme, dessen Benutzung freigegeben wäre. Kosten würden dadurch kaum entstehen.

Auch in Jägerkreisen würde, da die Hunsrückjagden jetzt fast ausschließlich in Händen auswärtiger Jäger sind, diese Einrichtung aufs Freudigste begrüßt, da die Jäger die Jagd, insbesondere zur Sommerszeit den Anstand, bis zur Dunkelheit ausüben und dann noch nach Boppard zurück und von da evtl. weiterfahren könnten.

Bisher hat ja auch die Direktion bei festlichen Gelegenheiten, z. B. Kirmessen, die Rückfahrt gegen 10 Uhr nach Boppard durch das Anhängen eines Wagens an die Lokomotive in entgegenkommendster und liebenswürdigster Weise ermöglicht; zweifellos würde, wenn dies in den Sommermonaten ständig geschähe, der Bahn dadurch eine nicht zu unterschätzende Einnahme, dem gesamten Publikum, insbesondere den Geschäftsleuten aber eine erhebliche persönliche wie geschäftliche Annehmlichkeit bereitet.

Ihn interessierten die Fahrplangestaltungen der Hunsrückbahn nun überhaupt nicht: Ein Ochsengespann am Elligweg, der schnellsten Verbindung nach Udenhausen.

Berufsbezeichnungen zu Preußischen Eisenbahnzeiten

Häufiger Wechsel der Amtsbezeichnungen

Natürlich hatte das Preußische Berufsbeamtentum auch in der Mitte des 19. Jahrhunderts im Bahn- und Schienenverkehr Einzug gefunden. Es wäre nicht die historische Königliche Eisenbahndirektion gewesen, wenn sich die verantwortlichen Bahnoberen nicht ständig mit neuen hoheitlichen Verordnungen und Verfügungen um Aufmerksamkeit bemüht hätten.

Nachfolgendes kleines Beispiel dokumentiert eine das Lokpersonal betreffende Verfügung, die im April 1910 den heimischen Bahnverantwortlichen gegen unterschriftliche Empfangsbestätigung mit der Bitte um sofortige Beachtung zugestellt wurde.

Die „elementare Bedeutung und Wichtigkeit“ solch hoheitlicher Anordnungen lässt sich dem heutigen Betrachter sofort erschließen.

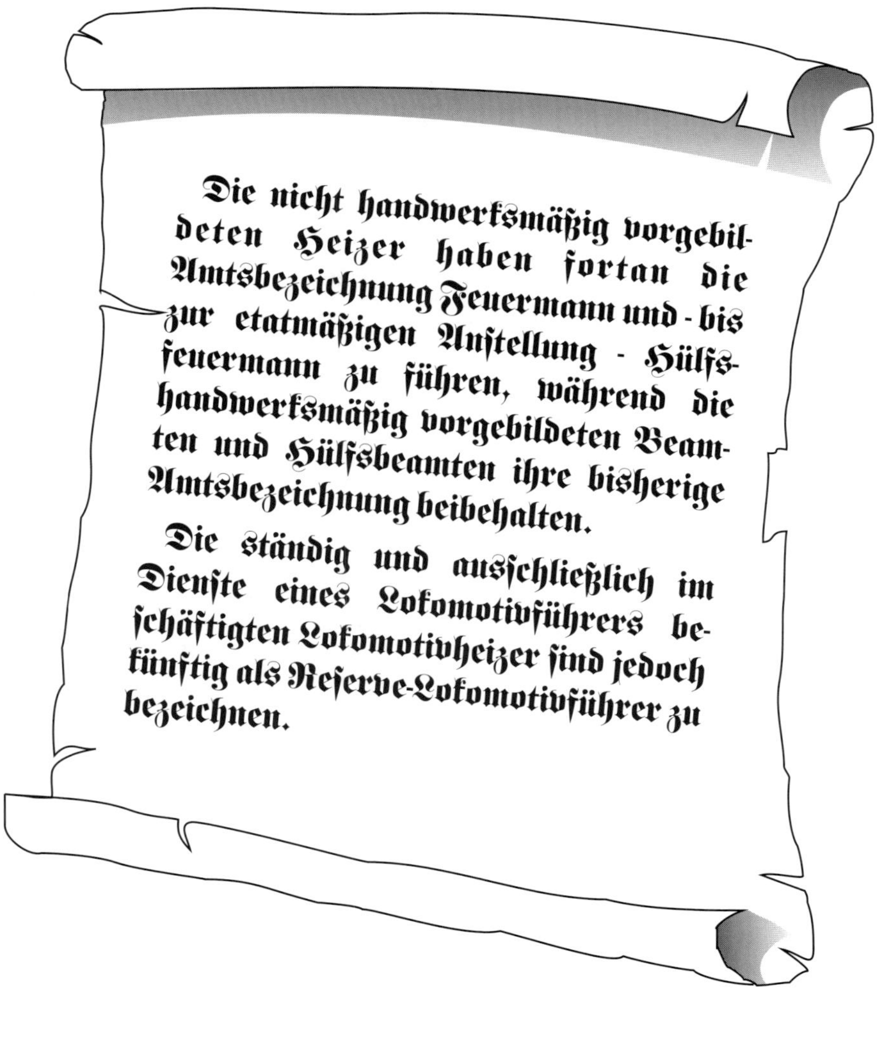

Die nicht handwerksmäßig vorgebildeten Heizer haben fortan die Amtsbezeichnung Feuermann und - bis zur etatmäßigen Anstellung - Hülfsfeuermann zu führen, während die handwerksmäßig vorgebildeten Beamten und Hülfsbeamten ihre bisherige Amtsbezeichnung beibehalten.

Die ständig und ausschließlich im Dienste eines Lokomotivführers beschäftigten Lokomotivheizer sind jedoch künftig als Reserve-Lokomotivführer zu bezeichnen.

Gut gefüllte Bahnsteige mit plaudernden Fahrgästen gehörten lange Jahrzehnte zum Alltagsbild entlang der Hunsrückbahnstrecke.

Reges Treiben auf dem Bahnsteig in Boppard, mutmaßlich in den 1930er Jahren.

Anekdote aus alter Zeit

Erinnerungen an die Anfänge der Hunsrückbahn

von Dr. Walter Bersch

Ein Schmunzeln entlocken auch noch nach Jahrzehnten die zahlreichen Episödchen aus den Pionierjahren der Bahnstrecke, welche die ersten Erfahrungen der vorwiegend ländlich strukturierten heimischen Bevölkerung mit dem „Wunder der Technik" wieder spiegeln.

Ein kleines Beispiel soll dies stellvertretend dokumentieren. Wie allgemein bei Anekdoten üblich, werden sie von einigen älteren Mitbürgern als wahrheitsgetreu bezeichnet, andere hingegen sind der Auffassung, diese Geschichten seien schlichtweg erfunden. Wie dem auch sei, zumindest sind die Überlieferungen amüsant und sie hätten sich sehr wohl in der geschilderten Form abspielen können.

Lier mich Zuch fahre

Es war zu einer Zeit, wo noch keine Busse im Hunsrück im öffentlichen Personenverkehr fuhren und Autos selten waren. Da konnte man, wenn man beispielsweise von Oppenhausen nach Boppard am Rhein wollte, nur auf dem Streckenabschnitt Buchholz - Boppard dem langen Fußmarsch entgehen, wenn man auf die Hunsrückbahn umstieg. Aber nur die wenigsten benutzten in dieser Richtung den Zug, so konnte man die paar Pfennige sparen, denn schließlich war die Strecke von Buchholz nach Boppard talwärts gut zu gehen. Vielleicht ist diesem Sachverhalt der Umstand geschuldet, dass nur wenige Menschen zu dieser Zeit Erfahrung darin hatten, wie man von Buchholz nach Boppard mit dem Zug fährt. Für die Rückfahrt von Boppard nach Buchholz, wo man wegen der beschwerlichen Steigung vor allem nach Einkäufen gerne die Hunsrückbahn benutzt, mag das wohl anderes gegolten haben.

Der Buchholzer Stationsvorsteher (1908) in „seinem" Hoheitsgebiet.

An einem Werktag machten sich der Hannes und der Philipp aus Oppenhausen auf den Weg nach Boppard und hatten die feste Absicht, sich an diesem Tag mal etwas Gutes zu leisten: die Hunsrückbahn von Buchholz nach Boppard. Vielleicht war es die freudige Erwartung auf die Zugfahrt, die sie auf dem Weg von Oppenhausen nach Buchholz munter plaudern ließ, wobei sie hin und wieder so ins Gespräch vertieft stehen blieben. Der Zeitplan kam durcheinander.

Und als sie auf die Bahnhöfer Höhe kamen, sahen sie schon den Qualm der Lokomotive und hörten das Pfeifen der Sirene. Wer kann sich da die erschreckende Überraschung der beiden vorstellen, die plötzlich die Gefahr erkannten, dass sie um die so erwünschte Fahrt mit der Bahn gebracht würden. Es gab kein Halten. Sie liefen so schnell sie konnten.

Hannes stürmte als erster auf die Anhöhe am Buchholzer Bahnhof, Philipp keuchte hinterher. Als der Zugführer zum Abfahrtszeichen ansetzte, hob der Hannes wagemutig zum Sprung auf das Trittbrett des mittleren Wagens an.

„Ich glawe, et es der Falsche", schrie aufgeregt der Philipp noch von draußen. „Lier mich Zuch fahre", antwortete da großmutig der Hannes, als er mit einer kräftigen Armbewegung den Philipp ins Zuginnere zog...

An der Haltestation Fleckertshöhe in Richtung Simmern/Hunsrück sind sie dann ausgestiegen. So endet die Geschichte.

Ungezählte Reisende wurden in annähernd acht Jahrzehnten am Buchholzer Bahnhof abgefertigt , bevor dieser im Jahre 1987 zum Unverständnis zahlreicher Bahn- und Heimatfreunde einem schlichten Zweckbau weichen musste. Heinz Kähne, Vorsitzender des VVV Boppard, fertigte zufällig nur wenige Tage vor dem ohne vorherige öffentliche Ankündigung erfolgten Abriss des im historischen Heimatstil errichteten Bahnhofgebäudes obiges im Privatbesitz befindliches Ölgemälde (60 x 90 cm) auf Leinwand und wahrte so ein kleines Stück Vorderhunsrücker Heimatgeschichte.

„Bahnschutz-Wache“ im 1. Weltkrieg

Verteidigung der Bahnanlagen und -einrichtungen war angesagt

Nur wenige Tage nachdem Boppards Bürgermeister Josef Fetzer, auf der Rathaustreppe stehend, am 31. Juli 1914 in vaterländischer Begeisterung die kaiserliche Botschaft vom Kriegsausbruch und der Mobilmachung verkündete, gründete sich auch in Boppard eine rund 20-köpfige „Bahnschutz-Wache“. Bei deren Mitgliedern, die zunächst in Form eines Freiwilligen-Bataillons organisiert waren, handelte es sich zumeist um altgediente Kriegsveteranen, die vornehmlich dem im Jahre 1900 gegründeten und aus dem einstigen „Deutschen Kriegerbund“ hervorgegangenen „Kyffhäuserbund“ angehörten.

Da die Eisenbahn mit Kriegsausbruch natürlich sehr um die Unversehrtheit ihres umfangreichen Streckennetzes einschließlich Brückenbauwerke und Bahnhöfe besorgt war, unterstützte sie alle Vereinigungen, deren Ziel dem Schutz von Bahneinrichtungen diente, mit ihren Möglichkeiten. Vielerorts gründeten sich auch spezielle Bürgerwehren, regelmäßig besetzt mit Veteranen, die längst für den Fronteinsatz zu alt waren oder wegen körperlichen Gebrechen ausgemustert wurden und deren vornehmliches Aufgabengebiet der Bahnschutz war.

Rund um die Uhr wurden so auch in Boppard während des 1. Weltkrieges sowohl im unmittelbaren Bahnhofsumfeld, wie aber auch in einem kleinen Häuschen talseitig des Hubertus-Viaduktes, das während der Bauphase der Steilstrecke als Besprechungsraum der Bauleitung diente, diese „Bahnschutz-Wachen“ positioniert.

Tödlicher Unfall an der Bahnstrecke

Unglück am 10. September 1917 tötete Bopparder Lok-Heizer

Ein 39-jähriger Lokomotiv-Heizer aus Boppard starb bei einem tragischen Unfall in den Morgenstunden des Dienstag, 10. September 1917, auf dem Teilstück zwischen den Haltepunkten Ehr und Fleckertshöhe. Aus unbekannter Ursache stieß ein aus Richtung Simmern kommender Personenzug mit einer aus Richtung Buchholz kommenden Lokomotive auf der eingleisigen Strecke zusammen.

Die Pressemeldungen der „Bopparder Zeitung" vermitteln einen kleinen Einblick in die Geschehnisse.

„Bopparder Zeitung" vom 10. September 1917

Eisenbahnunglück

Auf der Hunsrückbahn Boppard - Castellaun ereignete sich heute früh gegen 7 Uhr zwischen der Station Ehr - Fleckertshöhe ein Zusammenstoß. Eine Lokomotive, von Buchholz kommend, fuhr auf den dicht besetzten, von Halsenbach kommenden Personenzug auf. Außer dem Packwagen ist ein Personenwagen mit 2. und 3. Klasse zertrümmert. Es sind mehrere Personen schwer verletzt. Der Verkehr wird durch Umsteigen aufrechterhalten.

„Bopparder Zeitung" vom 11. September 1917

Amtlich erhalten wir vom Betriebsamt Bingen über das gestrige Eisenbahnunglück folgende Mitteilung: Heute Vormittag, 7.30 Uhr, stieß der von Simmern kommende Personenzug 4629 zwischen Ehr und Fleckertshöhe mit einer entgegenkommenden Lokomotive zusammen. Zwei Reisende und vier Zugbedienstete wurden schwer, drei Reisende leicht verletzt. Zwei Wagen sind entgleist und stark beschädigt. Der Verkehr wird durch Umsteigen aufrechterhalten.

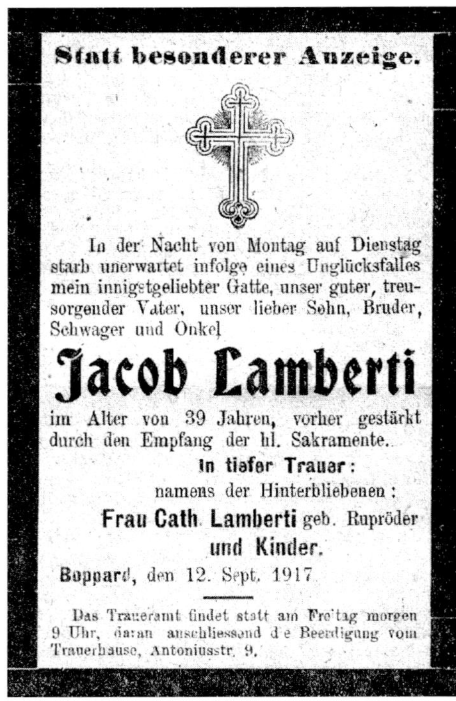

Statt besonderer Anzeige.

In der Nacht von Montag auf Dienstag starb unerwartet infolge eines Unglücksfalles mein innigstgeliebter Gatte, unser guter, treusorgender Vater, unser lieber Sohn, Bruder, Schwager und Onkel

Jacob Lamberti

im Alter von 39 Jahren, vorher gestärkt durch den Empfang der hl. Sakramente.

In tiefer Trauer:

namens der Hinterbliebenen:

Frau Cath. Lamberti geb. Rupröder und Kinder.

Boppard, den 12. Sept. 1917.

Das Traueramt findet statt am Freitag morgen 9 Uhr, daran anschliessend die Beerdigung vom Trauerhause, Antoniusstr. 9.

Todesanzeige in der „Bopparder Zeitung" vom 13. September 1917.

„Bopparder Zeitung" vom 11. September 1917

Jacob Lamberti, der als Lokomotiv-Heizer bei dem Hunsrückzug mit verunglückte, ist vergangene Nacht zwölf Uhr infolge seiner Verletzungen verschieden.

„Bopparder Zeitung" vom 13. September 1917

Unter den Verletzten bei dem Eisenbahnunglück bei Ehr befindet sich auch der Assistenzarzt Dr. Dietz, der hier im Reservelazarett Mühlbad tätig ist. Dr. Dietz war bereits im Felde am rechten Bein verwundet worden, er wurde bei dem Bahnunglück nochmals durch Knochensplitter in der Kniescheibe und Fußgelenkquetschungen schwer verletzt. Er war der erste an der Unglücksstelle tätige Arzt und ließ sich zu den Mitverletzten tragen, um seinen Leidensgenossen den ersten Verband anzulegen. Diese opferwillige Selbstverleugnung verdient allgemeine hochachtende Anerkennung.

Eröffnung der Bahnhofsgaststätte Boppard

Pfingsten 1938: Zahlreiche Prominenz bei Einweihungsfeierlichkeiten

Schon recht schnell nach Eröffnung des letzten Teilstückes der Hunsrückbahn häuften sich Forderungen nach der Umgestaltung und Erweiterung des Bopparder Bahnhofs, erkannten Bahnbenutzer diesen doch nicht mehr als zeitgemäß. Das noch aus der sog. „Gründerzeit" (1859) stammende Empfangsgebäude entsprach längst nicht mehr den gestiegenen Standards und Ansprüchen der Bahnbenutzer.

Unzulängliche Büroräume für Mitarbeiter wurden ebenso bemängelt, wie das Fehlen eines ansprechenden gastronomischen Betriebes regelmäßig beklagt wurde. Auch die Reichsbahn erkannte einen Handlungsbedarf und bereits im Jahre 1912 waren erste Planentwürfe zum Erweiterungsbau des Bahnhofes fertig gestellt. Erster Weltkrieg und Inflation machten jedoch allen zweckgerichteten Überlegungen ein vorzeitiges Ende. So sollte es noch über 25 Jahre dauern, bis dann doch endlich am Pfingstsamstag des Jahres 1938 der umfangreich renovierte Bopparder Bahnhof in einem kleinen Festakt seiner Bestimmung übergeben werden konnte.

Der einstige Wartesaal 3. Klasse wurde aufgelöst. Hier fanden fortan der Fahrdienstraum des Bahnhofsbüros und die Stationskasse eine neue Bleibe. Die Wartehalle erhielt ein helleres und damit freundlicheres Ambiente und auch die Toilettenanlagen wurden vollkommen erneuert. Die Bahnhofsbuchhandlung befand sich nach einer Verlegung nun direkt neben der neuen Fahrkartenausgabe. Die gesamte Restauration einschließlich einer ansprechenden Gartenbewirtschaftung wurde ebenso neu errichtet wie auch die Büro- und Diensträume des Bahnhofspersonals vom Um- und Neubau erfasst waren.

Nachfolgender Pressebericht der „Bopparder Zeitung" vom 8. Juni 1938 vermittelt einen Einblick in die Eröffnungsfeierlichkeiten.

Frontansicht des Bopparder Bahnhofs im jungen 20. Jahrhundert.

Der von Kastanienbäumen umkränzte Bopparder Bahnhof in den 1940-er Jahren.

Wie schon gestern berichtet, wurde am Pfingstsamstag die schöne Bahnhofsgaststätte hier, nach fieberhafter Tätigkeit in den letzten Wochen, dem Verkehr übergeben.

Die Behörden und Beamten der Reichsbahn, ferner Vertreter der Partei, des Kreises und der Stadtverwaltung, sowie die bei dem Umbau beteiligten Unternehmer, Handwerker und Geschäftsleute, Presse, hatten sich zur Eröffnung im großen Speisesaale der neuen Bahnhofsgaststätte eingefunden.

Anwesend waren als Vertreter der Reichsbahndirektion Mainz Reichsbahn-Oberrat Kreck und Hochbau-Dezernent Dr. Landwehr, Mainz, ferner Ober-Baurat Burger (Betriebsamt Bingen), Regierungsrat Joachimi vom Verkehrsamt Wiesbaden, sowie die mit der Leitung und Ausführung betrauten Beamten techn. Reichsbahn-Oberinspektor Lambinus als Architekt und techn. Reichsbahn-Obersekretär Koch als Bauleiter sowie der neue Reichsbahn-Oberinspektor Beissel und der am 1. Juli in den Ruhestand tretende Reichsbahnoberinspektor Zimmer. Weiter waren erschienen der Ortsgruppenleiter der NSDAP, Pg. Fisy, Bürgermeister Pg. Duven und Landrat Dr. Statz, St. Goar. In seiner Begrüßungsansprache dankte Reichsbahn-Oberrat Kreck allen, die zu ihrem Teil an dem Gelingen des Werkes beigetragen haben, vor allem den amtlichen Stellen, sodann den Unternehmen, Handwerkern usw. für ihre mustergültigen Leistungen.

Die Arbeiten der Bopparder Handwerker und Lieferungen hiesiger Geschäftsleute sind zur vollsten Zufriedenheit der Reichs-

Reichsbahngaststätten Boppard am Rhein

Kartengruß der 1938 eröffneten Bahnhofsgaststätte.

Werbeanzeige der Bahnhofsgaststätte in den anfänglichen 1940-er Jahren.

Thekenansicht der Bahnhofsgaststätte im Jahre 1941.

bahn ausgefallen. Im Verlaufe des Abends wurden bei gemütlicher Unterhaltung noch weitere Ansprachen gehalten. Hochbau-Dezernent Dr. Landwehr führte aus, dass die ersten Pläne einer neuen Ausgestaltung des Bahnhofs im Jahre 1912 vorlagen, aber durch den Krieg und Inflation nicht zur Ausführung gelangen konnten. Die Reichsbahn sei sich ihrer Aufgabe allzeit bewusst gewesen, dem stärker werdenden Verkehr gerecht zu werden und den Bau so zu gestalten, dass er sich würdig in das Landschaftsbild eingliedert. Herzliche Dankesworte richteten Bürgermeister Duven und Landrat Dr. Statz an die Reichsbahn für das große Interesse, dass diese durch ausgeführte und noch projektierte Bauvorhaben in Stadt und Kreis zeige. Hieran schloss sich eine Besichtigung der im Untergeschoss befindlichen Küche, modernen Kühlanlagen sowie der Verwaltungsräume an. Unter diesen Neuerungen und der guten Leitung wird die Küche das Beste bieten. In kameradschaftlicher Verbundenheit saß man noch lange gemütlich beisammen.

Boppard kann stolz sein, nach Fertigstellung des Gesamtumbaues ein der „Perle des Rheins“ entsprechend schönes Bahnhofsgebäude mit Gaststätte zu besitzen.

Bahnhofsansicht im Jahre 1905.

Streckenstempel der Hunsrückbahn

Umfangreicher Service in den Bahnpostwagen

Während die einstigen Ortstempel der heimatlichen Gemeinden längst zu begehrten Sammlerobjekten avancierten, sind die Stempel-Abdrücke der Bahnposten der Hunsrückbahn nur wenigen eingefleischten Bahn- und Postfreunden bekannt.

Allen Zügen der gesamten Hunsrückbahn (nur das Streckennetz Simmern - Gemünden bildete eine Ausnahme) war seit jeweiliger Streckeneröffnung ein eigener Postwagen zugeteilt, dessen Funktion heute durchaus mit einer kleinen fahrenden Postagentur vergleichbar ist. Sogar ein weithin erkennbarer Briefkasten war angebracht, so dass an allen Haltepunkten neben der Abgabe von Postbeuteln, Päckchen und Paketen auch Brief- und Kartengrüße auf den Weg gebracht werden konnten.

Zum Entwerten der aufgegebenen Brief- und Kartensendungen dienten eigene Streckenstempel, die nach Entwürfen der Reichspost eine ovale Form aufwiesen und zwingend Angaben zur jeweiligen Strecke, die Zug-Nummer, das Datum und das Wort „Bahnpost" zu enthalten hatten. Da oftmals am jeweiligen Streckenabschnitt nur ein einheitlicher Stempel benutzt wurde, ließ sich an der Zugnummer die Fahrtrichtung des Zuges erkennen.

Nach einigen „Pionierjahren" erfuhr dann auch die Stempelform nach und nach einige Änderungen: Das Daten-Einsteck-System wurde aufgegeben; stattdessen ersetzten deutlich einfacher zu handhabende „Datumrädchen" deren Funktion. Zwar verblieb es auch künftig bei der ovalen Stempelform, allerdings ersetzten die Postverantwortlichen die bislang stumpfe Umrandung zu einem optisch ansprechenderen schlankeren und auch kleinerem Gesamtbild.

Mit dem Ende der Dampflokzeit in den anfänglichen 1950er Jahren ging auch die Ära der Bahnpost zu Ende. Es war technisch nicht möglich - so die seinerzeitige offizielle Version - an die fortan eingesetzten Schienenbusse zusätzlich noch einen eigenen Bahnpostwagen anzuhängen. Zwar wurden noch Postsäcke mit der Hunsrückbahn verfrachtet, doch entfiel die bis dato vollzogene postamtliche Sofortbearbeitung im Zug.

Die letzten Poststempel der Hunsrückbahn datieren aus dem Jahre 1957.

Heute nur noch wenigen Bahn- und Postexperten bekannt: Einstige Streckenstempel der Hunsrückbahn.

Bahnhotels und Restaurationen an der Strecke

Gastronomie wuchs entlang der Hunsrückbahn

Ein ähnliches Bild, wie es sich nach dem Bau der linksrheinischen Bahnstrecke in der zweiten Hälfte des 19. Jahrhunderts verhielt, zeigte sich auch nach Eröffnung der Hunsrückbahnstrecke. Freiflächen in Sichtweite von örtlichen Bahnhöfen und Haltestationen wurden recht schnell als ideale Standorte zur Errichtung von gastronomischen Betrieben erkannt. Schnell erkannten geschäftstüchtige Gastronomen, dass sowohl bei reisenden Geschäftsleuten wie auch bei Natur- und Wanderfreunden, die in großer Zahl mit der Bahn zum Ausgangspunkt ihrer Wanderungen fuhren, ein Wunsch zum Einkehren bei preiswerter Beköstigung bestand. Da zunehmend auch Besucher von weiter entfernt liegenden Örtlichkeiten die Schönheiten unserer mittelrheinischen und Hunsrücker Heimat entdeckten, entstand auch eine verstärkte Nachfrage nach preiswerten und nahe gelegenen Übernachtungsmöglichkeiten.

In nachfolgender Kartendokumentation des frühen 20. Jahrhunderts wird an diese Pioniere des Hotel- und Gaststättengewerbes erinnert, die den „Segen der Bahn" zu ihrem Vorteil zu nutzen wussten. Während sich an den Großteil dieser Betriebe nur noch ältere Generationen zu erinnern vermögen, blieb doch der ein oder andere Betrieb bis in die heutigen Tage erhalten.

Boppards Bahnhof-Hotel war Hauptbestandteil eines zusammenhängenden Häuserblocks zwischen Bahnhofstraße und einstmaliger Hospitalgasse, die zum Krankenhaus führte. Mit einer ansprechenden Gartenwirtschaft, Restauration, Café und Übernachtungsmöglichkeiten warb der stolze Besitzer Peter Gräf um die verehrte Kundschaft. Längst musste der gesamte Häuserkomplex einem modernen Zweckbau weichen.

Das langjährige Buchholzer Bahnhofhotel lockt noch heute als beliebtes „Hotel Tannenheim" viele Gäste in den vorderen Hunsrück.

Besonders die Freiluft-Gastronomie des von Peter Rheinbay in den 1930-er Jahren nahe der Bahnstrecke betriebenen „Gasthauses Fleckertshöhe" lockte zahlreiche Bahnreisende an.

Ein Gasthaus, welches sich noch heute großer Beliebtheit erfreut, ist das Ehrer „Hotel zur Katz", das im frühen 20. Jahrhundert von Johann Boos geführt wurde.

Kartengruß aus den 1960-er Jahren: Bahnhof-Hotel Boppard, Inh. H. Schweitzer.

Knapp an einer Zugkatastrophe vorbei

Bremsversagen bescherte rasante Talfahrt

von Walter Kunz

Mit Beginn des Schuljahres 1944/45 besuchte der Pfalzfelder Schüler Walter Kunz, Jahrgang 1934, das Bopparder Gymnasium. Kaum in der Rheinstadt eingeschult, erlebte der Sextaner, dass die Wirren der beginnenden Endphase des 2. Weltkrieges auch vor den Toren der lange verschonten Vorderhunsrücker Heimat nicht Halt machten.

Bereits seit Jahrzehnten lebt Walter Kunz in Cochem und er erinnert sich gerne seiner vielfältigen Erlebnisse als Fahrschüler mit der Hunsrückbahn in schwerer Zeit. Eine Gänsehaut bescheren ihm allerdings noch heute seine Gedankengänge an eine vorweihnachtliche Hunsrückbahnfahrt des Jahres 1945, als urplötzlich auf der Steilstrecke zwischen Buchholz und Boppard die Zugbremsen ihre Dienste versagten.

„Bis auf weiteres nicht vorhersehbare Schulferien" verkündete der Schulleiter für alle Schüler des Gymnasiums Boppard ab dem 18. September 1944. Ich selbst war gerade erst vor wenigen Wochen von der Volksschule Pfalzfeld als Sextaner und Fahrschüler hierher gewechselt. Der Reichsverteidigungskommissar hatte kriegsbedingt die Schließung des Gymnasiums angeordnet.

Unplanmäßige Schulferien! Aber keinesfalls langweilig. Rund um den Pfalzfelder Bahnhof war immer etwas los. Unsere Wohnung lag nur zwei Häuser von diesem entfernt.

Was gab es hier nicht alles für uns Kinder zu beobachten? Russische Kriegsgefangene zur Unterhaltung der Gleisanlagen unter der Bewachung durch deutsche Soldaten, später auch Italiener, im Arbeitseinsatz. Am Schluss des weiterhin noch verkehrenden Hunsrückzuges ein angehängter Plattform-Waggon mit aufgesetzter Vierlings-Flak und deren Besatzung zur Abwehr von Tieffliegern. Ein Bombenteppich, der die Pfalzfelder Bahnanlage treffen sollte. Glück gehabt - knapp daneben war auch daneben! Bahnhof, Wasserturm und Gleise blieben unversehrt.

Bahnhof Pfalzfeld im Jahre 1935.

Ähnlich glimpflich kam die gesamte Bahnstrecke Simmern - Boppard davon. Nach dem Einmarsch der Amerikaner im März war ab 19. Mai 1945 die Bahn wieder durchgehend betriebsfähig. Die nicht gravierenden Kriegsschäden an Gleisen und Brückenbauten zwischen Simmern, Kastellaun und Boppard waren behoben.

Unser Schulbetrieb in Boppard und damit unser Fahrschüler-Dasein begann dennoch erst wieder am 1. Oktober 1945 nach einer ganzjährigen Pause. Toll, wir konnten uns über die unmittelbare Versetzung in die nächste Klasse freuen! Aber es hatte sich doch vieles in dem einen Jahr verändert, obgleich wir durch die Kriegszeit vieles gewohnt waren und wir Pfalzfelder inmitten der Hunsrücker Landwirtschaft einige verpflegungstechnische Vorteile gegenüber den Städtern hatten.

Lange Zeit gab uns, d. h. meinem Bruder und mir, Mutter als Pausenfrühstück ein mit Schmalz bestrichenes gelbes Maisbrot mit auf den Weg, wenn wir schon kurz nach fünf Uhr in der Frühe zum Bahnhof liefen. Für den Transport der Reisenden standen jetzt nicht mehr die Personenwagen der 3. Klasse - wegen der Sitzbänke aus Holz die „Holzklasse“ genannt - zur Verfügung, sondern alle Fahrgäste mussten sich mit Güterwagen begnügen. „Vieh-Waggons“ wäre eine treffendere Bezeichnung, denn es gab nur Stehplätze darin mit kleinen vergitterten Lüftungsfenstern in den oberen Ecken. Für den Ein- und Ausstieg sorgten auf beiden Seiten je eine große und schwere Schiebetür. In den überfüllten Wagen lernten wir im Stehen zu schlafen, denn in Pfalzfeld war im Gegensatz zu den dann folgenden Haltestellen manchmal noch ein Platz an der Außenwand zum Anlehnen zu ergattern.

Trotz der vorangegangenen langen Zwangsferien freuten wir Schüler uns am 21. Dezember 1945 dann doch auf die ersten regulären Weihnachtsferien in der herbeigesehnten Friedenszeit.

Blick auf Wasserturm und Pfalzfelder Bahnhof im Jahre 1935.

Alles lief am frühen Morgen wie gewohnt. Müsli von Mutter, vorbereitet mit Haferflocken, Milch, Zucker und Kakao. Fünfzehn Minuten nach dem Wachwerden am Bahnhof hinein in den stickigen Güterwagen, während die Dampflok an dem großen Schwenk-Wasserkran noch mit „Treibstoff" versorgt wurde. Eine halbe Stunde später langer Halt am Bahnhof Buchholz, wo unsere Lok gegen die Spezial-Berglok gewechselt wurde. Die Güterwagen hatten sich bis dahin immer mehr mit Menschen gefüllt. Trotz des Gedränges waren wir Schüler weiter frohen Mutes. Schließlich gab es ja heute Weihnachtsferien!

Was durften wir an Heiligabend erwarten? Sicher keine Spielzeugsoldaten aus Elastolin. Mit elf Jahren hatte ich mir fast schon das Wünschen abgewöhnt, erst recht den Glauben, etwas zu bekommen. Ein Buch vielleicht - ja, das wäre toll!

Alle Reisenden dösten eng zusammengepfercht in unserem Waggon gegen 6.30 Uhr vor sich hin, als es die Steilstrecke von Buchholz nach Boppard hinunterging. Wir wussten nicht, wie viele dieser Waggons mit Personen und auch Gütern von der Steilstreckenlok abgebremst werden mussten. Einige Wagen waren auch mit Bremserhäuschen ausgestattet, die wohl kaum mit Bahnpersonal besetzt waren, sondern in denen eher Mitreisende Platz gefunden hatten.

Mitten auf der Strecke machte sich plötzlich zunehmende Unruhe breit. Die Leute an

Fahrschüler der Untersekunda des Bopparder Gymnasiums aus dem vorderen Hunsrück, die sich kurz vor Erwerb der „Mittleren Reife" im Jahre 1950 zu einem Klassenausflug auf die Fleckertshöhe begaben. Der Autor dieser Zeilen, Walter Kunz, ist der von links gesehen erste stehende Schüler.

der Schiebetür beobachteten es zuerst durch den Türspalt, wir anderen bemerkten es am Rauschen, dass wir den ersten Tunnel hinter dem Hubertus-Viadukt viel schneller als gewöhnlich passierten. In den nächsten beiden Tunnels, Hinterburden- und Kalmut-Tunnel, dann nur noch ein schnelles Zischen; in den Kurven ein Schwanken der Wagen. Jetzt war alles klar! Die talseits vorgespannte Lok konnte die angehängte Last nicht mehr abbremsen. Wir rasten zu Tal - alle 16,5 m einen ganzen Meter tiefer. Was konnte helfen? Schreien? Sich still hinkauern und beten? Jeder hatte seine eigene Art und Weise, wie er die bangen Augenblicke überstand - nur keiner wusste es noch hinterher. Alles ging unsagbar schnell. Wir wussten nur, auf der linken Seite im Abgrund standen tief unten im Mühltal die ersten Häuser von Boppard, Vor dem Bahnhof erwartete uns ein Schienengewirr der Rhein-Strecke. Das Rattern über die Gleise und Weichen klang bedrohlich. Unvorstellbar, aber es geschah nichts...

Irgendwann nach einer scheinbaren Ewigkeit quietschende Bremsen, der Zug rollte aus und stand nach heftigem Rütteln. Aber wo? Jenseits des Bahnübergangs der Simmerner Straße in Höhe der evangelischen Christuskirche bzw. dem Fotohaus Daiber der Stopp ! Der Zug war weit durch den Bahnhof gerast. Die Signale standen offenbar sämtlich auf grün. Zufall oder schnelle und richtige Einschätzung der Situation? Wer weiß?

Alle Zugbenutzer kletterten mehr oder weniger verstört und mit weichen und schlotternden Knien aus den Waggons. Wir Schüler

Streckenkreuzung am Buchholzer Bahnhof, wo sich am 3. März 1953, dem Tage der Abiturprüfung des Autors Walter Kunz der Dampfzug aus Boppard und der Schienenbus aus Richtung Simmern trafen.

machten uns gemeinsam auf den nunmehr verkürzten Weg zum Gymnasium. Angst? Ja! Erleichterung? Ebenso! Abgestumpft? Wohl auch! War nicht so viel Schreckliches im Krieg auch passiert?

Die am gleichen Tag ausgehändigten Zeugnisse waren nur noch Nebensache. Es folgten friedliche Weihnachtsferien zu Hause in der Familie, soweit nicht Angehörige Opfer des Krieges geworden waren.

Nach den Ferien hörten wir über die Beinahe-Katastrophe nur noch, dass bei der Unglücksfahrt der neben dem Lokführer tätige Heizer bei der rasenden Talfahrt von der Lok abgesprungen sei und sich als Folge einige Knochenbrüche zuzog.

Die seit August 1945 zugelassene erste regionale Lizenz-Zeitung, der „Mittelrhein-Kurier" (Bad Ems), hat das Ereignis in keinem Beitrag und in keiner Notiz veröffentlicht. Die Besatzungsbehörde wachte über die höchstens dreimal in der Woche erscheinende Zeitung. Vielleicht fiel ja der Vorgang der französischen Zensur zum Opfer. Denn das von der Reichsbahndirektion Mainz im Mittelrhein-Kurier vom 29. September 1945 mitgeteilte ausdrückliche Verbot der Besatzungsbehörde, für die Personenbeförderung Güterzüge zu benutzen, stand doch im krassen Widerspruch zur gehandhabten Realität und Praxis...

IM FOTOALBUM GEBLÄTTERT

Die Chronik der Freiwilligen Feuerwehr Dörth, auf obigem Foto aus dem Jahre 1932 beim Festumzug in Gondershausen, vermeldete wiederholt in den 1930-er Jahren, dass „ständig durch die Dampflok verursachte Brände entlang der Hunsrückbahn gelöscht werden mussten". Auch zählte die Freihaltung der sogenannten „Brandschutzstreifen" entlang der Gleiskörper von jeglichem Pflanzenbewuchs zum freiwilligen Aufgabenfeld örtlicher Feuerwehren.

Im Hunsrück, dem Land der rauschenden Wälder

Kindgerechte Erzählung im Heimatkundebuch „Land am Strom“

Im Jahre 1952 erfreuten die Autoren Dr. Paul L. Kämpchen und Albert Brill die heimische Bevölkerung mit der Herausgabe eines „Heimatkundebuches für junge Menschen“. In zahlreichen Fotos und Beiträgen, untermalt mit einfachen Handskizzen, stellen sie in der Publikation „Land am Strom“ unsere im rheinischen Schiefergebirge liegende Heimat vor. Es bereitet auch nach über einem halben Jahrhundert noch regelmäßig eine große Freude, dieses jugendgerechte Werk Kapitel für Kapitel zu durchforsten und auf diese Weise immer wieder neue Eindrücke von den Schönheiten und Besonderheiten des Rheinlandes und dessen angrenzenden Ländereien zu entdecken. Selbstverständlich gehörten auch die Erlebnisse anlässlich einer Zugfahrt mit der Hunsrückbahn, kombiniert mit einer anschließenden Wanderung, hierzu.

Dr. Paul L. Kämpchen unterrichtete bereits von 1939 bis 1952 am Bopparder Gymnasium, bevor er in den Jahren 1960 bis 1971 dem Staatlichen Neusprachlichen Gymnasium Boppard als Leiter vorstand.

Rektor Albert Brill leitete in den Jahren 1945 bis 1950 die Katholische Volksschule in Boppard.

Im letzten Augenblick steigt Thomas mit seinem Vater zu Boppard in den Hunsrückzug. Er ist so voll von Menschen, dass auch auf den Plattformen kein Platz mehr ist.

Nun fährt er schon. Thomas, der kleine Schlingel, hat sich geschmeidig zwischen ein paar Frauen durchgeschoben und steht nun in der Nähe eines Fensters. Nur mühsam gelingt es dem Vater, ein wenig nachzurücken. Nun sieh doch einer an! Jetzt schaut der Junge schon mit beiden Augen zum Fenster hinaus. Ein junger Mann ist ein wenig zur Seite gerückt, um den Platz vor dem Fenster mit Thomas zu teilen. Die Augen des kleinen Kerls strahlen. Begierig späht er in die lachende Welt hinaus.

Der Zug hat am Ende des Städtchens seine Fahrt verlangsamt. Er ist von der Rheinstrecke abgewichen und schiebt sich den Berg hinauf. Durch das Fenster sieht man noch den Rhein in der Nachmittagssonne leuchten; hier setzt er zu einem großen Bogen an. Drüben auf dem andern Ufer breiten sich die Kirschenhaine und Erdbeerfelder von Filsen aus, diesseits liegt der Hamm, der mit einer Unzahl von Rebzeilen bedeckt ist. Auch in das zum Hunsrück führende Tal, in dem der Zug langsam bergan klimmt - man kann fast neben ihm hergehen - hat sich die Rebe hineingewagt.

Thomas wird ungeduldig. „Wann kommt denn der erste Tunnel?“

„Geduld, mein Junge, so schnell geht's nicht. Was die Eisenbahn hier leisten muss, ist ganz ungewöhnlich. Auf 6 ½ km - soweit ist's bis zur nächsten Station - muss sie 330 m

Heimatkundebuch aus dem Jahre 1952.

höher steigen. Das kommt sogar in den Alpen nicht häufig vor. Früher ging's mit Zahnrädern den Berg hinauf."

Immer tiefer ist das enge Tal hinabgesunken. Die Häuserreihe liegt schon ein Stück unter ihnen. An den Hängen hat der Wald die Reben abgelöst.

Das Züglein schnauft und pustet. Die Lokomotive stößt einen scharfen Pfiff aus. „Der erste Tunnel!" ruft Thomas.

Als es wieder hell geworden, schaut man auf Eichen- und Buchenwälder und hinunter in die Wiesengründe der stillen, engen Täler.

„Wieviel Tunnel kommen denn noch?" fragt Thomas nun schon wieder seinen Vater.

Bei Thomas am Fenster sitzt ein altes Bäuerchen in dunklem Festtagsanzug. Aus dem braunen, verwitterten Gesicht leuchten kleine, helle Augen. Gerade hat er sich eine Zigarre angezündet und hält sie ungeschickt in seinen zerarbeiteten, schweren Händen.

„Noch vier, mein Kerlchen", antwortet er auf Thomas' Fragen. Die beiden scheinen sich gut zu verstehen. Thomas erfährt, dass er zu einer Schar von Wallfahrern gehört. Ihretwegen ist auch der Zug so voll. Um vier Uhr heute morgen sind sie aufgebrochen und zu Fuß unter Gebet und Gesang nach Boppard gezogen. Von dort hat ein Schiff sie nach Bornhofen gebracht.

„Jetzt seid ihr aber sicher müde?"

„Ach was, von Emmelshausen habe ich noch eine Stunde zu Fuß zu gehen; und dann muss ich noch einen Wagen Heu holen."

Unter solchen Gesprächen ist ein Tunnel nach dem anderen durchfahren worden. Auf zwei großen Viadukten, fünfzig und dreißig Meter über dem Talgrund, schwingt sich der Schienenstrang von Berg zu Berg.

Der Zug hält.

„Fährt denn der Zug nicht weiter?" ruft Thomas aus, „die Lokomotive wird ja losgekoppelt!"

„Der Zug fährt mit einer anderen Lokomotive weiter; die uns den Berg hinaufgedrückt hat, ist eine Spezialmaschine. Sie fährt nur

Gleich beginnt der Kalmuttunnel. Blick ins rebenbekränzte Mühltal, früher Mühlbachtal.

einmal herauf und hinunter. Siehst du, da kommt schon der Zug aus dem Hunsrück, der nach Boppard fährt. Hier treffen sich immer zwei Züge, die ihre Lokomotiven tauschen."

Dann macht sich Thomas mit seinem Vater auf den Weg.

Der sanfte Lufthauch wirkt befreiend nach der Schwüle des Tales und der drückenden Wärme des Wagens. Sie wandern zunächst über die alte Römerstraße. Es geht durch hohen Buchenwald; mächtig ragt das Blättergewölbe und bildet große Räume, die von geheimnisvollem Licht wohlig durchdrungen sind. Thomas sucht am Rande des Waldes nach süßen Himbeeren. Dann und wann findet er auch noch zierliche Walderdbeeren.

Nachdem sie noch einen Kranz von Äckern durchschritten haben, steigen sie die letzte Kuppe - die eigentliche Fleckertshöhe - hinauf. Kartoffeln, Roggen und Hafer können auf der steinigen und dünnen Erdkrume nicht mehr gedeihen, nur noch Heidekraut, Ginster, Zwergbirken, Weiden und Heckenrosen. Thomas stößt immer wieder Rufe des Entzückens aus, hockt sich nieder, um von der Menge der noch stehen gebliebenen Waldbeeren zu pflücken. Welch ein Blick dann von der Höhe! Das Wetter ist sichtig. Und Vater zeigt ihm die Hohe Eifel, die Laacher-See-Berge, das Siebengebirge, den Westerwald und den Taunus.

„Wie hoch sind wir denn hier?"

„531 Meter über dem Meeresspiegel. Nirgendwo an den Uferbergen des Mittelrheins kann man so hoch steigen und einen so weiten Überblick gewinnen. Wir sind 460 Meter über dem Rheintal und 100 Meter sind wir höher als der Taunus. Da hinten" - Vater zeigt auf eine dunkle Berglinie im Süden - „da ist der Feldberg."

„Wie schön da unten der Rhein ist!" ruft Thomas aus. Man kann nur ein kleines Stück des Rheines - von Hirzenach bis St. Goarshausen - sehen. Doch hellschimmernd grüßt es zu den Bergen hinauf. Von dieser einsamen Höhe scheint man in eine andere Welt voller Leben zu blicken.

„Und da", fährt Thomas fort, „liegen die 'Feindlichen Brüder' bei Bornhofen, und da hinten ist die Burg Katz."

Haltestelle Fleckertshöhe in alter Zeit auf einem Kartengruß des Jahres 1910.

„Jetzt sieht man erst, wie steil die Berge zum Rhein abfallen."

„Ja, das Rheintal ist wie ein großer, enger Graben."

„Man kann gar nicht den weiteren Lauf des Rheins entdecken", meint Thomas und sucht sich zurechtzufinden.

„Ja, es ist schwer, weil Berge und Tal viel enger und gedrängter aussehen; doch man kann erkennen, wo die Berge zum Rheintal abfallen. Die Linie wird ganz deutlich. Sieh nur! Und da hinten, das ist die große Schleife hinter Boppard, und noch weiter hinten siehst du die Marksburg und die drei Schornsteine des Schmelzwerkes oberhalb von ihr. Aber Thomas, jetzt müssen wir bald an die Heimkehr denken."

Munter steigen sie einen kleinen Pfad hinab, der sich aber bald im Walde verliert. Wann werden sie wieder herausfinden? Endlich treten sie in ein blumenreiches Wiesental und folgen dem muntern Geplauder eines Baches. Er bringt sie sicher in die Nähe von Kirschgärten und Feldern. Schon sehen sie den Kirchturm von Bad Salzig.

„War das schön!" sagt Thomas, als sie im Zuge nach Boppard sind und er sich müde auf eine Bank fallen lässt.

Die Heimatbuchautoren Albert Brill und Dr. Paul Kämpchen.

Morgenfahrt in den Frühling des Hunsrücks

„Heimat, wie schön bist du!"
Erzählung des Heimatschriftstellers Wilhelm Hay aus dem Jahre 1957

Als im Jahre 1922 der „Paulinus-Kalender" erstmals Heimaterinnerungen im Bistum Trier publizierte, war Wilhelm Hay bereits der verantwortliche Schriftleiter. Und dieses schöne Amt besetzte er - mit Unterbrechungen, als die Herausgabe des Kalenders von den braunen Machthabern unterbunden wurde - genau 40 Jahre, bis ihm der Tod im Januar 1962 die Feder entriss. Auf dem Gottesacker seines Heimatdorfes Büchel auf der Cochemer Eifelhöhe fand er seine letzte Ruhe.

Natürlich stellte er nicht nur die beliebte Kalenderserie Jahr für Jahr mit heimatbezogenen Texten und Fotos zusammen, nein, er galt auch als glänzender Erzähler, der dank seiner Begabung zahlreiche Jahrgänge des „Paulinus-Kalender" ebenso wie weitere heimatkundliche Schriften mit eigenen Texten bereicherte.

Im Jahre 1957 schilderte er im „Paulinus-Kalender" seine Eindrücke von einer Fahrt mit

Immer, wenn ich es einrichten kann, vermeide ich, um vom Rhein her auf den Hunsrück zu kommen, die Omnibusse von Koblenz, Boppard oder Oberwesel - so interessant und aufschlussreich deren Strecken auch sind - und wähle die Eisenbahnfahrt von Boppard bis Buchholz im altgewohnten, deftigen Zug, anschließend bis Simmern im modernen Triebwagen.

Es sind gerade 50 Jahre her, dass diese Linie eingerichtet wurde, in den Jahren 1905 bis 1908.

Idyll der Technik

Früher war das Stück zwischen Boppard und Buchholz eine regelrechte Zahnradbahn. Zwar nicht so steil und so beschwingt wie etwa die Drahtseilbahn auf dem Malberg bei Bad Ems an der Lahn oder gar die Drachenfelsbahn im Siebengebirge am Rhein, sondern massiver, schwerfälliger und geräuschvoller, zu dem Hunsrücker Gebirgsland passend. Die Zahnradanlage ist nicht mehr da. Der Fortschritt der Technik hat es vermocht, gewöhnliche Züge, von einer Lokomotive bewegte Personenzügen den Berg hinan zu drücken. Jawohl, zu drücken! Das ist nämlich das Absonderliche auf dieser Strecke, dass der Zug den Berg hinaufgedrückt wird; die Lokomotive ist hinten. Kinder und Landleute, die auf einer Reise noch etwas erleben wollen, und die diese Strecke zumeist auch befahren, nehmen von dieser Absonderlichkeit noch Notiz, staunen darüber und lassen sie sich erklären. Und sie drängen sich gern an die Türe des vordersten Wagens, damit sie, wenn die Schiebetür offen steht, Glanz und Duft der Landschaft in sich einsaugen, besonders im Frühling.

Schau, wie das Mühlental drunten rechts sich absetzt, tiefer bleibt, sobald wir uns nun in einem spitzen, weit und lang ausklaffen-

Heimatschriftsteller Wilhelm Hay (11.10.1898 - 22.01.1962).

den Winkel bewegen. Unser Blick haftet drunten auf der Talsohle und in den Tälern der Seitenbäche, auf den Halden und Hängen ringsum, soweit das Auge sieht. Eine wild zerklüftete, weithin bewaldete, eine schier heroische Landschaft! Hohe Stützmauern, steile Aufschüttungen, Dämme, kühne Brücken und Viadukte über Waldwegen, Schlünden und Abgründen ermöglichen dem einsamen Schienenstrang den Aufstieg. Links drängen zumeist bemooste Bergwände, Felsgeklüft und zerhacktes Schiefergestein dicht heran, rechts steigt der Morgennebel aus dem Grund und durchstreift zuweilen unser Blickfeld.

Der Mann mit der Schelle

Die zwei Jungen hatten groß geguckt, als sie, vorsichtig die Schiebetür öffnend, vor sich auf der offenen Plattform diesen Mann mit der Schelle gewahrten. Schnell schloss er rechts und links die Gitter. „Do geften siehr ebbes bekaant jemaach“, meinte der eine Junge zum andern und zu mir. Tatsächlich sieht es so aus. Eine Schelle wie daheim die Dorfschelle des Gemeindedieners. Aber nein, dieser Mann hier ersetzt die Warnglocke der Lokomotive, die ja hinten ist. Er erzählt uns, dass die Bundesbahn überlege und schon Versuche gemacht habe, auch auf dieser Steilstrecke Boppard - Buchholz, so wie droben weiter nach Simmern, elektrisch betriebene Schienenbusse einzusetzen; aber mit dem Bremsen klappe es noch nicht so recht. Und das ist natürlich hier eine gefährliche Sache! „Aber, es kommt schon“, meint der, „die Welt wird immer gescheiter!“

Ich will nicht näher wiederholen, wie er mir, indes wir zu vieren gemütlich auf der Plattform des fahrenden Zuges beisammenstehen und über das Zeitalter der Technik unterhalten, die zukünftigen Dinge der Bergbahn zu erklären versucht. Offen gestanden, war ich auch nur halb bei der Sache, die Jungen schon gar nicht. „Derfe mer och omol schelle?“ fragte der eine. Und dann, als wieder einmal die Rotte der Arbeiter zur Instandsetzung von Schienen und Schwellen in Sicht kam, schellten beide abwechselnd aus

Kartengruß von der Hunsrückbahn auf dem Rauschenloch-Viadukt.

Leibeskräften. Ich ärgere mich heute, dass ich nicht auch geschellt habe.

Nun sind wir auf der Höhe. Es ist gut; denn gerade schickt ein Aprilschauer, urplötzlich, sozusagen bei strahlender Sonne, sich an, uns eine Schneeladung, von Norden her, ins Gesicht zu pusten. So zogen wir uns rasch, wie die Schnecke in ihr Haus, ins Wagenabteil zurück; nur der Mann mit der Schelle blieb draußen und tat seine Pflicht.

Jetzt läuft eine richtige, breite Straße unter dem Bahndamm her. Weidenkätzchen blühen in Fülle, rechts wie links. Weite, wellige Höhenzüge, tun sich beiderseits auf. Zwischen den Baumstämmen schaut man, wie durch ein Doppelfenster, hindurch in die Landschaft. Die Morgennebel haben sich gelichtet, im Nu ist der leichte Schneewurf geschmolzen. Die Jungen haben ein Abteilfenster heruntergelassen. Dringt da nicht echter Veilchenduft zu uns herein? Der kommt gewiss aus den Gärten der Häuser von Buchholz, wo wir umsteigen. Wie ein Urtier heult plötzlich, statt der idyllischen Schelle, als Warnsignal die Zugsirene auf. Sie kommt drüben am Stationsgebäude von dem roten Schienenbus, der uns in des Hunsrücks Hauptstadt Simmern bringt.

Nun habe ich wahrhaftig erlebt, dass am Samstagabend, dem 2. Juni 1956, 20.09 Uhr, am Tag, bevor der Sommerfahrplan in Kraft trat, ab Buchholz ein Schienenbus statt des Zuges fahrplanmäßig bergab fuhr. Natürlich „nach gelungenen Proben", wie der Schaffner sagte. Ich hatte aber doch den Eindruck, dass er sich dabei ein wenig selbst Mut einredete. Wieso auch nicht? Es ging, nach dem wuchtigen, urlautlichen Aufhup der Sirene, tadellos, so, als sei er von jeher hier gefahren, der doppelwagige Bus. Und es sah ganz feierlich aus. Der vordere Wagen knipste die Lichter an, sooft es in einen Tunnel hineinging. Im hinteren Wagen, dem der Raucher, blieb es dunkel; um so wirksamer glühten unsere Pfeifen, Zigaretten und Zigarren.

Und dann tauchte Boppard auf, im Glanz ferner, feierabendlicher Lichter, den ich von hier oben her noch nie gesehen. Und wir

Kurz nach dem Hubertus-Viadukt folgte der Rauschenloch-Viadukt.

spürten: Die Welt ist wieder ein Stück weiter gekommen - im Hunsrückidyll der Technik. Die Schelle ist nicht mehr nötig. Drückt nun auch der Bus hinauf oder zieht er?

Merkmale des Landes

Immer, wenn ich hier fahre, denke ich daran und wird es mir erneut bewusst, wie der Hunsrücker seit Jahrtausenden es verstand, dem biblischen Herrgottsauftrag gemäß, sich die Erde untertan zu machen, trotz der Kargheit des Bodens und aller Missgunst in Klima und Wetter die Erträge des Ackers zu steigern und zu nutzen. Ist nicht die Hunsrückbahn selber dafür ein Beweis? Hei, wie der leichtmetallene Bus, so, als sei er ein Spielzeug, über den blitzenden Schienenstrang dahingleitet! Genau 27 Minuten brauchte die Lokomotive auf der 6,3 km langen Steilstrecke, um den Zug bis Buchholz zu drücken. In 82 Minuten legt der Schienenbus die 46,6 km lange Strecke zwischen Buchholz und Simmern bei nicht weniger als 15 Haltestellen zurück.

Als die ersten Züge hier schon fuhren, kannten wir noch die Hunsrücker Handwerksmeister und Händler, die, wenn es Frühling wurde, im Wandergewerbe in der Eifel und ebenso im Westerwald und Taunus die Erzeugnisse ihres winterlichen Hausfleißes von Tür zu Tür verkauften: die Wannen-, Scheffel-, Minkel- und Simmermacher, die Löffelschnitzer und Stielmacher, die Hufnagelschmiede und Laubsägenfabrikanten. „Hunsrücker sein wibbelig“, sagte mein Großvater. Das sollte heißen; fleißig, anpassungsfähig, lebendig. Heute sind es die Sägewerke, die Stuhl-, Schemel- und Möbelfabrikanten, die das Holz der Wälder verarbeiten. Daneben dienen Steinbrüche, Basaltwerke und Schiefergruben der Industrialisierung und zusätzlichem Erwerb. Der Haupterwerbszweig aber ist immer noch die Landwirtschaft, von deren Beginn und Besiedlung die Stationsnamen Kunde geben: Emmelshausen, Leiningen, Pfalzfeld, Lingerhahn, Dudenroth, Ebschied und Hollnich.

Der Mensch, der sich die Erde untertan macht, findet und behält den Weg zu sich selber. Soll er nicht auch heute, im Zeitalter der Maschine, der Technik, des elektrischen Stroms, ja der Atomkraft, es fertigbringen, aus der Kraft seines Verstandes und seines Glaubens, aus seiner Ebenbildlichkeit Got-

Hubertus- und Rauschenloch-Viadukt prägen das letzte Teilstück der Hunsrückbahn.

tes, die immer gültige und immer verpflichtende Sendung zu spüren? Und sie zu erfüllen?

Die junge Kornsaat, vom harten Winter zwar angeschlagen, quillt aus den Äckern. Saubere Dörfer und Flecken, mit frisch gestrichenem Fachwerk und den alten, schieferbewehrten Dächlein, durchsetzen und beleben eine erholsame Natur. Neben unserem Gleis, geradeaus, auf kürzestem Weg, schwingt sich als neuzeitliche Lebensader die Hunsrückhöhenstraße über Täler und Berge. Schienenstrang und Straße gliedern und beherrschen, umgrenzt und überschaubar, den Verkehr dieses Landstrichs. Die Einheit der Landschaft hat sich ihre bezeichnenden Merkmale bewahrt: die gegenüber anderer Landschaften unserer trierisch-rheinischen Heimat so ungewohnt großen, hölzernen Kreuze an Häusern, Wegen und auf Feldern; und vielerorts die doppelten Kirchtürme als Wahrzeichen eines zwiefachen christlichen Bekenntnisses.

Fahrkarte in den 1960-er Jahren.

Als Künder und Deuter und Dichter, Weg- wie Himmelsweiser, entstanden diesem Land Männer und Frauen, die in Mundart und Hochdeutsch ihre Heimat besangen: W. Oertel aus Horn, Jakob Rottmann, Nanny Lambrecht, Wanda Icus-Rothe, Martin Rockenbach aus Kastellaun, Ida Conrath und die bedeutendsten der noch Lebenden: Albert Bauer in Ravensbeuren und Jakob Kneip aus Morshausen, der, geehrt und gefeiert allenthalben in deutschem und europäischen Land, am 24. April 1956 sein 76. Lebensjahr begann. Sie und alle anderen lehrten uns, Gott, der Heimat, Vaterland und Volk in Treue zu dienen.

Zu diesen Erkenntnissen, Überlegungen und Vorsätzen ließ die nahezu zweistündige Eisenbahnfahrt mir Zeit. Vor uns grüßt Simmern, dem 1330 Kurfürst Balduin von Trier schon Stadtrechte verlieh. Mit den zwei Pfarrkirchen von Stephanus und St. Josef, mit dem Kreisheimatmuseum im Schloss und dem Schinderhannesturm als Jugendherberge. In großem Bogen führt uns der Triebwagen, behutsam und besinnlich, damit wir alles gut überschauen können, heran. Hoch über den Dächern kündet eine grünende Baumgruppe den Frühling an.

Kartengruß aus den Jahren zwischen den beiden großen Weltkriegen.

Kartengruß aus dem Jahre 1912.

„Die Hunsrückbahn hat sich behauptet!“

Heimatforscher Lorenz Heckel zum 50. Bahnjubiläum im Jahre 1958

Auch in Boppard waren im Jahre 1958 bereits die hochgelobten sog. „Wirtschaftswunderjahre“ eingeläutet. Daher verwundert es nicht, dass in Zeiten des endlich beginnenden und in schweren Nachkriegsjahren sehnlich herbeigesehnten Aufschwungs auf so „Nebensächlichkeiten“ wie Jubiläumsfeierlichkeiten anlässlich einer Bahnstreckeneröffnung kein sonderlicher Wert gelegt wurde. Feierlichkeiten mit Rahmenprogramm, Festansprachen und „großem Bahnhof“ waren jedenfalls zum 50. Jahrestag der Hunsrückbahn nicht angesagt und die Bevölkerung hätte von diesem „historischen Ereignis“ am 2. August 1958 wohl kaum Notiz genommen, wenn nicht der örtliche Heimathistoriker Lorenz Heckel die Gelegenheit genutzt hätte, in mehreren Presseartikeln die Historie der Hunsrückbahn zu beleuchten.

Daneben nutzte noch die Deutsche Bahn diesen Anlass, ihre verdienten Mitarbeiter und Pensionäre zu einer Erinnerungsfahrt mit einem Triebwagen einzuladen.

Da Lorenz Heckel in seine Dokumentationen immer wieder persönliche Einschätzungen zur Gesamtentwicklung der Hunsrückbahn - die er aufgrund ungezählter Gespräche mit Bahnmitarbeitern gewann - mit einfließen ließ, besitzen diese Beiträge auch nach einem weiteren halben Jahrhundert noch einen unverändert hohen dokumentarischen Wert. Es lohnt sich also, die einstigen Jubiläumsbeiträge des beliebten Boppareder Lehrers Lorenz Heckel aus dem Jahre 1958 nochmals zusammengefasst zu betrachten.

Bestrebungen, durch eine vom Mittelrhein ausgehende Bahn, auch den Vorderhunsrück wirtschaftlich auf eine bessere Grundlage zu stellen, und ihn ebenso nahe an die Hauptverkehrsadern zu bringen, wie es vorher schon mit anderen Teilen dieser zwischen Rhein, Mosel, Saar und Nahe liegenden Hochfläche geschehen ist, waren schon 1897 im Gange. Denn viele Ortschaften hatten gar keine Möglichkeit, die täglich anfallenden landwirtschaftlichen Erzeugnisse, wie Milch, Butter, Eier usw. auf dem schnellsten Weg an die Verbraucher heranzubringen; andererseits waren An- und Ablieferungen von großen und schweren Handelsgegenständen, wie Holz, landwirtschaftlichen Maschinen, Baumaterialien etc. mit viel Zeitverlust und erheblichen Unkosten verbunden. Ferner strebten viele Bauernsöhne und -töchter danach, bei dem bescheidenen Umfange der elterlichen Landwirtschaft sich einen zusätzlichen Verdienst durch Arbeitsübernahme in Hunsrückstädtchen oder Rheinorten zu verschaffen, von denen sie abends nach Hause zurückkehren konnten und man so in die Lage versetzt wurde, auch ein Mal eine größere Anschaffung zu bestreiten.

Es dauerte jedoch recht lange, bis die Bahn Wirklichkeit wurde; denn es standen da verschiedene Pläne bzw. Wünsche in der

Der beliebte Bopparder Heimathistoriker Lorenz Heckel (1890 - 1977), auf dem Foto in seinem 75. Lebensjahre stehend, nutzte das 50-jährige Hunsrückbahn-Jubiläum, um in mehreren Pressebeiträgen einer breiten Leserschaft deren Entstehungsgeschichte zu erörtern.

Linienführung der an der Bahn interessierten Orte und Kreise einander gegenüber. St. Goar, Boppard und Koblenz rangen miteinander um den Ausgangspunkt dieser Bahnstrecke; versprach man sich doch davon mit Recht eine erhebliche Belebung der örtlichen Wirtschaft durch erhöhten Umsatz. St. Goar beanspruchte die Einmündung nach diesem Orte, da es Kreisstadt sei und dadurch die Bewohner ohne größeren Zeitverlust und mit geringen Unkosten die hier befindlichen Behörden (Landratsamt, Kreisbauamt, Kreisarzt, Steueramt usw.) erreichen könnten; die Bahn sollte das Gründelbachtal aufwärts gehen.

Boppard glaubte, ein besonderes Vorrecht anmelden zu dürfen, da es die größte Stadt des Kreises sei und betonte, dass St. Goar schon durch die Unterbringung der Kreisbehörden reichlich berücksichtigt sei, es also durch die Bahn eine weitere Vergünstigung gegenüber Boppard genießen würde. Zudem ging der größte Teil des Hunsrückverkehrs doch nach Boppard. Ferner sollte die durch das Mühltal geplante Linienführung eine landschaftlich schöne Gegend erschließen und weiter werbend für den Kreis wirken, dessen Höhen sich bisher in einem Dornröschenschlaf befunden hätten.

Koblenz endlich konnte als Sitz höchster Behörden noch mehr in die Waagschale werfen, war zudem Verkehrsmittelpunkt und große Stadt mit den günstigsten Kauf- und Verkaufsmöglichkeiten.

Der Plan St. Goar bereitete unlösbare Schwierigkeiten in der Einmündung der Bahn in die Rheinstrecke und gegen Koblenz wehrten sich alle Orte des Kreises St. Goar, weil dann deren wirtschaftliche Beziehungen mit dem Hunsrück fast restlos von Koblenz aufgesogen worden wären.

Nach vielem Hin und Her der Verhandlungen entschied sich die Eisenbahnverwaltung

An der Gleisgabelung unterhalb der Elfenley begann die auf obigem Foto aus dem Jahre 1906 bereits freigelegte Trasse der Steilstrecke. Die Schienenverlegung stand als nächstem Arbeitsgang unmittelbar bevor.

für die von Boppard ausgehende Strecke. Dieser Linienführung lag aber auch noch die Absicht zu Grunde, zu verhüten, dass sich der Hunsrückverkehr seit Eröffnung der Bahnstrecke Langenlonsheim - Simmern noch mehr nach der Nahe, nach Bingen und Bad Kreuznach verlagern könnte. Eine bereits eingetretene Verschiebung sollte nunmehr korrigiert werden.

Andererseits kam durch die Verwirklichung des Planes Boppard - Simmern ein zweihundert Kilometer langes Eisenbahnnetz in Verbindung mit dem Rhein. Dabei sollte die neue Bahn nicht den geraden Weg suchen, sondern durch eine geschickte Linienführung unter günstiger Ausnutzung des Geländes möglichst viele Orte an den Verkehr heranbringen, damit die Strecke einerseits den beabsichtigten Zweck erfülle und andererseits auch rentabel sei. Zur Illustrierung dieser Anforderung an den Schienenweg möge zu Notiz genommen werden, dass die Autostraße von Boppard nach Simmern 36 km benötigt, die Bahn dagegen zwischen diesen beiden Orten eine Strecke von 53 km zurücklegt.

Durch Gesetz vom 8. Mai 1903 wurde der preußische Staat ermächtigt, den Betrag von 5.943.000 Mark für einen Bahnbau von Kastellaun nach dem Rhein zu verausgaben. Die beteiligten Gemeinden sollten dazu den von der Bahn benötigten Grund und Boden unentgeltlich zur Verfügung stellen oder sich mit insgesamt 500.000 Mark an dem Bahnbau beteiligen. Natürlich wurde zumeist der erste Weg gewählt, bei dem es allerdings nicht immer ohne Reibereien abging. Es ist ja gewöhnlich der Fall, wenn es sich um eine gemeinschaftliche Sache handelt, bei welcher der einzelne Nutznießer auch ein Mal ein Opfer bringen soll.

Selbstverständlich mussten die Gemeinden, wenn sie auf Privateigentum zurückgriffen, den Enteigneten durch Geld oder Land entschädigen. Zu den am Schluss auf 7.0 Mio. Mark angestiegenen Baukosten - davon

Gleisbauarbeiter beim Bau der Steilstrecke mit dem Abt'schen Zahnstangensystem im Jahre 1907.

allein 1.0 Mio. Mark für Grunderwerb - trug der Kreis St. Goar 400.000 Mark bei einschließlich eines Zuschusses von 60.000 Mark durch die Stadt Koblenz und 120.000 Mark durch die Stadt Boppard. Letzterer wurde zur Entlastung des städtischen Etats hierfür ein außerordentlicher Holzschlag in Höhe von 60.000 Mark durch die Aufsichtsbehörde genehmigt.

Da der Bahnhof Boppard 79 m und das für den Bahnhof Buchholz vorgesehene Gelände rd. 406 m über dem Meeresspiegel liegen, so musste auf der 6 km langen Strecke eine Höhe von 327 m überwunden werden. Dies wurde dadurch erreicht, dass man die Strecke als Zahnradstrecke anlegte. Gewaltige Erdbewegungen und Felssprengungen waren erforderlich, bis der Schienenweg in den Abhang hinein gearbeitet war. Wohnhäuser mussten weichen und Stützmauern bis zu einer Höhe von 14 m nebst Entwässerungsanlagen für das bergabwärts drängende Wasser errichtet werden.

Zur Anwendung kam ein 5,6 km langes, zweiteiliges Zahnstangensystem, das bisher nur bei Gebirgsbahnen im Harz und Schwarzwald in Anwendung gekommen war. Hierzu gehörte die entsprechende Lokomotive mit einem eigens für das Zahnrad arbeitenden Maschinenantrieb. Diese Lok, welche sich stets am Ende des Zuges befand, drückte ihn also hinauf und verhütete so auch ein Zurückgleiten, während eine sich am Anfang befindliche Adhäsionsmaschine Hilfe leistete.

Die wegen ihrer wundervollen Auffahrt von Fremden gern gefahrene Strecke Boppard - Buchholz erforderte auf diesem Weg fünf Tunnel und zwei Brücken. Insbesondere die Hubertusbrücke erforderte bei der Erstellung ein Höchstmaß von statischer Berechnung und technischem Können.

Der Schienenunterbau des eingerüsteten Rauschenlochviaduktes wird um die 1930-er Jahre durch Eisenbeton verstärkt.

Etwa 400 berufserfahrene gastarbeitende Tunnelbauer, zumeist aus Italien und Österreich, waren bei den Arbeiten an der Steilstrecke im Einsatz.

Die Rauschenlochbrücke erfuhr um die 1930-er Jahre eine Verstärkung insofern, als ein Schienenunterbau ganz in starkem Eisenbeton geschaffen wurde, der eine restlose und unbegrenzte Sicherheit garantiert.

Die Einweihung der Hunsrückbahn erfolgte am 2. August 1908 durch eine Eröffnungsfahrt, an der hohe Persönlichkeiten als Erste die Fahrt mitmachten. Die Bahn hat zunächst gehalten, was man sich von ihr versprochen hat; gewisse Erwartungen allerdings nur anfänglich, denn später sollte sich eine Verlagerung der Verhältnisse einstellen, die man nicht vorausahnte. Es wurde wohl zu Anfang viel Verkehr nach Boppard und in andere Rheinorte geleitet und Handel und Wandel wiesen eine erfreuliche Belebung auf. Aber nach dem 1. Weltkrieg trat nach und nach eine Verschiebung ein, als das Gebiet am Bahnhof Halsenbach, das heutige Emmelshausen, sich nach und nach zu einer Einkaufszentrale für den Vorderhunsrück entwickelte. Stand zu Ende 1918 an dem zuletzt genannten Bahnhof außer dem Dienstgebäude nur das Gasthaus Pies, so hat sich aus der ehemaligen Haltestelle die Gemeinde Emmelshausen entwickelt, welche zur Zeit 1.672 Einwohner zählt und mit den Orten Liesenfeld und Basselscheid eine Gemeinde bildet mit Kirchen für die beiden Konfessionen, einer vierklassigen Schule und Geschäften aller Art in modernster und reichhaltigster Ausstattung. Aber auch dieser Zustand scheint wieder einer Änderung unterworfen zu sein, als durch den Bau der Hunsrückhöhenstraße kurz vor dem 2. Weltkrieg heute ein großer Teil der bisher von der Bahn beförderten Güter vom Auto übernommen wurde und die Waren von Koblenz und weiter unter- und oberhalb, sogar aus Köln und dem Ruhrgebiet usw., oft direkt ab Fabrik dem Empfänger unmittelbar vor die Haustür geliefert werden. Welchen Weg diese Entwicklung nimmt, ist vorerst noch nicht abzusehen.

Eine große Belebung erfuhr der Bahnverkehr nach dem Hunsrück vom Ende des 2. Weltkrieges ab, als der Mangel an Lebensmitteln ungeheuer fühlbar wurde und die aushungernden Menschen nicht nur aus den Rheinorten, sondern auch von Koblenz, der Mosel, der Kölner Gegend und sogar aus dem Ruhrgebiet hierher kamen, um mit Sachgütern Lebensmittel zu erstehen. Ein lebhafter Tauschverkehr setzte ein: Stoffe, Kleider, Schuhe, Wäsche, Wolle, Garn, Zwirn, Seife, Haushaltungsmaschinen, Handwerkszeuge, Baumaterial, Uhren, Messer, Wein, Schnaps usw. wechselten den Besitzer. Doch das haben wir ja alle mitgemacht und es dürfte sich erübrigen, hierüber zu schreiben; es gäbe ein ganzes Buch voll heiterer, aber auch bitterer Berichte.

So hat also die vor 50 Jahren in Betrieb genommene Hunsrückbahn nicht nur großen Einfluss auf die wirtschaftlichen Verhältnisse der Rheinorte und des Hunsrücks ausgeübt, sie ist auch dem Wandel der Zeiten unterworfen worden, hat sich aber trotz des Vordringens des Lastautos, das aber andererseits wieder vielen Hunsrückern das tägliche Brot gibt, bis heute behaupten können.

Der Vorzug, dass die Bahn eine schöne Gebirgsbahn ist, wird ihr wohl nicht genommen werden und viele Erholungssuchende benutzen sie, um in nahegelegenen Hunsrückorten Ruhe und Ausspannung zu finden oder den Ausgangspunkt einer herrlichen Wanderung zu suchen.

Stellwerk Boppard-Nord.

Erinnerungen eines Fahrschülers

Die „Bimmel“ bleibt unvergessen

von Heinz Kähne

Schon immer wurde die Hunsrückbahn von Schülern benachbarter Höhenortschaften genutzt, um am Schulunterricht in Boppard - traditionell die „Stadt der Schulen” - teilzunehmen. Diese Fahrschüler erinnern sich in aller Regel zeitlebens gerne an ihre unvergessenen Erlebnisse auf der Fahrtstrecke und nicht von Ungefähr zählen diese “Schmankerl” zum unvermeidbaren Gesprächsstoff bei regelmäßigen Klassentreffen.

Mitte der 1960er Jahre hatten meine Eltern in Buchholz ein Eigenheim gebaut und so kam es zum Umzug von Boppard, wo ich meine frühe Kindheit im „Lackschuhviertel“ verbracht hatte, nach Buchholz-Bahnhof. Dabei erstreckt sich die Ortsbezeichnung Buchholz-Bahnhof nicht allein auf die wenigen Häuser in unmittelbarer Nähe des Bahnhofsgebäudes (z.B. Hotel Tannenheim), sondern ebenso auf die in dieser Zeit stark wachsende Region entlang der Kastanienstraße, der Rhein-Mosel-Straße und der Heidestraße. Der Buchholzer Bahnhof war somit Namensgeber einer ganzen Siedlung.

Außer dem Bahnhofsgebäude, an dem Auskunft gegeben wurde, dass er 404 m über NN gelegen war, gab es auf der anderen Seite des Schienenstrangs noch einen Lokschuppen, der aber in dieser Zeit schon nicht mehr zum Einstellen von Lokomotiven genutzt worden ist. In diesem ehemaligen Lokschuppen befand sich das Betonwerk von Friedel Bersch,

in dem Emil Graf sen. vornehmlich Beetsteine produzierte. Aber bald nachdem die Firma BOMAG im Februar 1969 ihre Produktion aufgenommen hatte, wurde der Güterschuppen durch die BOMAG gekauft und als Reparaturhalle genutzt. Der ehemalige Lokschuppen steht noch heute. Seine einstige Bestimmung ist aber durch bauliche Umgestaltungen nicht mehr ersichtlich.

Nachdem ich die 4. Klasse absolviert hatte, wurde ich am Gymnasium in Boppard angemeldet und nach den Osterferien 1965

Die „Bimmel” am Bahnhof Buchholz.

hieß es nun, früher als bisher aufzustehen, um den Zug nach Boppard zu erreichen. Zunächst wurde eine Monatskarte gekauft. Die kostete damals 5,10 DM und das Billet war auf brauner Hartpappe gedruckt.

Bei gutem Wetter wartete ich mit meinen Klassenkameraden auf dem Buchholzer Bahnhofsgelände; bei schlechtem Wetter erwarteten wir frühmorgens den gegen 7.10 Uhr einlaufenden Zug in der Wartehalle des Bahnhofsgebäudes. Dort standen ein paar schlichte Holzbänke und ein nicht weniger schlichter langgestreckter Holztisch. Derart knapp möbliert hatte der Wartesaal eine hallende und unangenehme Akustik. Faszinierend war jedoch der Blick in die technische Abteilung des Bahnhofs. Dort konnte man die wuchtigen Schalthebel zum Umstellen der Weichen sehen.

Meist pünktlich traf dann der Triebwagen aus Richtung Emmelshausen ein. Für uns Fahrschüler aus Buchholz bedeutete dies, dass die Sitzplätze in der Regel gänzlich belegt waren und wir uns daher mit Stehplätzen begnügen mussten. Meist kam der Zug mit vier Triebwagen angerollt. Es gab Raucherwagen und Nichtraucherwagen. Da das gesamte Gespann aber ohnehin mit Fahrschülern vollgestopft gewesen ist, war es egal, ob man in einen „Raucher" oder in einen „Nichtraucher" einstieg. In den 60er Jahren wurden auch regelmäßig die Fahrkarten kontrolliert. Die Schaffner hatten in dem Triebwagen ein eigenes Abteil, in dem u.a. größere Pakete und Fahrräder transportiert werden konnten. Gelegentlich, wenn der Triebwagen aufgrund der Fülle an Fahrschülern extrem gefüllt war, machte ein hilfsbereiter Schaffner die Tür zu der Personalkabine auf und wir konnten uns dann auf einer größeren Fläche verteilen. Als Stehplatzinhaber musste man stets eine Hand an einer Haltestange haben, denn die Fahrt ins Tal war von etlichem „Ruckeln und Zuckeln" des Zuges geprägt.

Im Laufe der Jahre entwickelten wir uns allmählich vom Fahrschüler-Novizen zum Fahrschüler-Profi. Der wesentliche Unterschied bestand darin, dass der Fahrschüler-

Die Deutsche Bundesbahn ließ zwei Triebwagen von Schülern der Bopparder Schulen (Kant-Gymnasium, Realschule Marienberg, Hauptschule) künstlerisch gestalten. Lange Jahre beförderte so eine bunte „Bimmel" ihre Fahrschüler.

Novize sich allein auf die Fahrt konzentrieren musste. Dem Fahrschüler-Profi war dieser Transport aber schon so in Fleisch und Blut übergegangen, dass er sich nun aufs Hausaufgabenmachen konzentrieren konnte. Es gab schließlich sogar eine ausgefeilte Logistik, wer welche Hausaufgaben bei wem abschreiben konnte. Hier machten wir also erste Erfahrungen mit Team-Management und Ökonomie dank der morgendlichen Fahrten mit der Hunsrückbahn, die wir liebevoll „Bimmel" nannten.

Nach einem mehr oder minder genussvollen Vormittag im Gymnasium war dann natürlich auch eine Rückfahrt angesagt. Die „Bimmel" fuhr nach Plan um 13.11 Uhr ab Boppard Richtung Hunsrück. Da wir jedoch erst um 13.00 Uhr offiziell Schulschluss hatten, war das Erreichen des Zuges oftmals Glücksache. Allerdings kam diese missliche Situation dann auch bald zur Klärung: Die Schulleitung des Gymnasiums gestattete den Hunsrückern, den Unterricht der letzten Stunde 10 Minuten früher zu verlassen, um den 13.11 Uhr-Zug noch zu erwischen. Also verließen wir im Fahrschüler-Rudel den Unterricht und da unsere Lehrer die Angewohnheit hatten, die Hausaufgaben erst immer möglichst noch nach den Zeichen der Schulglocke um 13.00 Uhr zu stellen, waren wir zumindest partiell hausaufgabenlos. Natürlich hat sich immer einer aus unserer Gruppe gewissenhaft am Nachmittag nach den Hausaufgaben erkundigt, sie dann auch erledigt und den Mitschülern am nächsten Morgen im Zug zum Abschreiben zur Verfügung gestellt.

Auf den Heimfahrten kam es gelegentlich vor, dass offenbar die Motorleistung unseres Triebwagens nicht ausreichte und er tatsächlich stehengeblieben ist. Dann dauerte es einige Minuten, bis die Fahrt weitergehen

Federzeichnung des Heimatmalers Walter Goß, Winningen.

konnte. Im Einzelfall erinnere ich mich sogar, dass wir in einer solchen Situation kurz vor Buchholz ausgestiegen sind und den Rest der Strecke zu Fuß gegangen sind. Solche „Aussetzer" kamen insbesondere an heißen Sommertagen vor. Bei sommerlicher Hitze waren die Heimfahrten besonders unangenehm. Die Triebwagen hatten nur schmale Fensterchen zum Aufkippen. Die Hitze staute sich manchmal ins Unerträgliche. Eine Lüftung über die Fenster war also nicht möglich. Aber der Ausstieg war in den Triebwagen noch nicht zentral gesteuert. Mit einem Daumendruck konnte die Flügeltür entriegelt und von jedem Fahrgast auch während der Fahrt problemlos geöffnet werden. Dieses Sicherheitsdefizit wurde von uns Fahrschülern dann auch konsequent genutzt. So fuhren wir also an heißen Sommertagen in eigentlich unverantwortlich leichtsinniger Weise mit geöffneten Türen gen Hunsrück. Passiert ist meines Wissens bei Fahrten mit illegaler Belüftung durch die offenen Türen nichts, außer dass bei einer Rangelei einmal ein Schulranzen ungeplant und sehr zum Leidwesen des Besitzers den Zug verlassen hat.

Das Anfertigen von Hausaufgaben auf der Heimfahrt war allerdings verpönt. Einen gewissen Entspannungsfaktor musste die Fahrerei ja nun schließlich auch haben. Also spielten wir „Stadt-Land-Fluss", tauschten Fußballbilder, die wir kurz zuvor im „Zigarrenlädchen" bei Erich Hermanspahn gekauft hatten oder lasen die „Bravo". Später dann spielten wir Skat oder planten gemeinsame Freizeitaktivitäten.

Zugfahren war für uns Fahrschüler also keine verlorene Zeit auf dem Weg zur Schule bzw. auf dem Weg nach Hause. Gerade im sozial-kommunikativen Bereich haben wir die Zugfahrzeiten (einschließlich der Wartezeiten in den Bahnhöfen) zu einem durchaus positiven Teil unserer Lebenserfahrung machen können. Die Fixpunkte aus dieser Zeit, die Bahnhofsgebäude in Buchholz und Boppard existieren jedoch leider nur noch in der Erinnerung.

Ausflug zu einer Vorderhunsrücker Schlittenfahrt im Jahre 1979.

„Es war alles voller Blut, man hörte nur noch Schreie!“

Sonntag, 12. Juni 1973: Zugunglück bei Emmelshausen

Mit einem gewaltigen Schrecken endete die sonntägliche Zugfahrt für zahlreiche Touristen, die ihren Sonntagsausflug mit einer Hunsrückbahnfahrt beginnen wollten. Jäh wurden sie ihrer fröhlichen Urlaubsstimmung kurz nach Mittag entrissen, als der Triebwagen vor der Ortseinfahrt Halsenbach entgleiste und gegen einen dortigen Brückenpfeiler krachte.

Redakteur Gerhard Seib, der sich sofort zur Unglücksstelle begab, verfasste für den nächsten Morgen den Presseartikel für die Rhein-Zeitung, der nachfolgend in vollem Wortlaut wiedergegeben wird. Die nicht zu kommentierenden Fotos vermitteln zudem einen Einblick in das Unfallgeschehen, bei dem letztlich dank glücklicher Umstände keine Todesopfer zu beklagen waren.

Gemächlich wie immer zuckelte gestern über Mittag die Hunsrück-Eisenbahn von Boppard gen Simmern. Der Zug - er trug die Nummer Nto 3879 - war besetzt mit fröhlichen Urlaubern. Es war wie jeden Sonntag. Bis sich vor Emmelshausen die Katastrophe ereignete. Die Uhren zeigten 12.02 Uhr, als das Unglück passierte. Mit voller Wucht krachte der Triebwagen gegen die Pfeiler der alten Dörther Brücke gegenüber der Ortseinfahrt von Halsenbach. Was dann geschah, lässt sich nur schwer in Worte kleiden: Eine Wageninsassin, Else Reinders aus Mülheim/Ruhr (Styrum) zur RZ: „Es war alles voller Blut, man hörte nur noch Schreie, Kinder jammerten, Leute liefen durcheinander.“

Noch Stunden nach dem Unglück waren keine genauen Angaben über die Zahl der in Mitleidenschaft Gezogenen zu erhalten. Letzter Stand um 14.30 Uhr: vier Schwer- und acht bis zehn Leichtverletzte. Keine Toten.

Den Helfern der Freiwilligen Feuerwehr Emmelshausen mit Hauptmann Franz Christ an der Spitze, die als erste an der Unglücksstelle eintrafen, der Feuerwehr Gondershausen und den übrigen, bot sich ein Bild des Grauens: an einer Böschung niedergelegte Verletzte, schreiende von Panik erfasste

Eine Ausflugsfahrt fröhlicher Touristen endete am Brückenpfeiler.

Triebwagen und Anhänger verkeilten sich.

Ursachensuche war angesagt.

Menschen, ein zerborstener, aus den Schienen gehobener Triebwagen der Bundesbahn. Christ: „Wir waren gerade von einem Waldbrand-Einsatz zurückgekommen, da kam der Alarm."

Mit dem Katastrophen-Schutzwagen der Emmelshausener Wehr wurden die Schwerverletzten ins St. Goarer Krankenhaus transportiert, die übrigen Verletzten mit Wagen des Roten Kreuzes in die Krankenhäuser Boppard bzw. Simmern.

Dadurch, dass man zunächst einmal versuchte, allen Verletzten ärztliche Hilfe zukommen zu lassen, ohne dass nun noch die Personalien erfasst worden waren, gestalteten sich die Ermittlungen der Gendarmerie, die mit Kreis-Chef Hauptkommissar Anton Dröschel die Ermittlungen leitete, besonders schwierig. Eine zentrale „Sammelstelle" war kurzerhand in den Räumen der Verbandsgemeindeverwaltung eingerichtet worden.

Else Reinders, die mit ca. 15 Passagieren im ersten Wagen des Zuges saß, konnte sich noch genau erinnern, als es zum Unglück kam: „Es ruckelte zunächst. Ich denke noch, meine Güte - dann hat es nur noch gebumst.“

Hildegard Sander aus Rheinhausen bei Duisburg erlebte den Vorfall im Triebwagenanhänger so: „Ich konnte fühlen, dass der Zug entgleiste. Dann gab es ein Aufeinanderpressen der Wagen, Glas splitterte, Erwachsene und Kinder schrien, alles flog durcheinander. Es war furchtbar. Vorher war alles noch so fröhlich, und dann auf einmal...“

In die Ermittlungen nach der Unglücksursache wurde verständlicherweise die Kriminalpolizei mit eingeschaltet. Es herrschte jedoch gestern Nachmittag noch absolut keine Klarheit, wie es zu dem Geschehen kommen konnte. Ein Gendarmeriebeamter zur RZ: „Es sieht nicht ganz sauber aus.“

Die Vermutungen gehen dahin, dass wenige Meter vor der alten Dörther Brücke „etwas“ auf den Schienen gelegen haben muss, was dann zum Entgleisen des Zuges führte. Diese Ansicht äußerten auch die beiden Frauen gegenüber der „Rhein-Zeitung“. Hildegard Sander: „Man konnte merken, wie der Zug nach rechts zog.“

Die Bahnlinie Boppard - Simmern war gestern nicht mehr für den Passagierverkehr benutzbar.

„Hoher Sachschaden, aber glücklicherweise keine Toten“ - so die Unfallbilanz.

IM FOTOALBUM GEBLÄTTERT

Kartengruß vom 12. Dezember 1912, 12 Uhr mittags.

Protestaktionen gegen Stilllegungspläne

Einsatz der Bürgerschaft für Erhalt der Hunsrückbahn.

Mit einem Weihnachtsgeschenk der besonderen Art erschreckte die Bundesbahn im Dezember 1965 die heimische Bevölkerung: Die Hiobsbotschaft verkündete die beabsichtigte Gesamtstilllegung des Streckenabschnitts Kastellaun bis Boppard. In bislang nicht gekannter Einigkeit sprachen sich Landrat, Stadt- und Verbandsgemeinderäte sowie gewählte Landtags- und Bundestagsabgeordnete einvernehmlich für den Fortbestand der Bahn aus. Resolutionen wurden eingereicht, Leserbriefe füllten die Tageszeitungen. Mitglieder des örtlichen Kegelclubs „Knapp war's“ engagierten sich beim Karnevalsumzug 1966 für „ihre“ Hunsrückbahn. Die Proteste erreichten ihr Ziel: 1969 gab die Bundesbahn erwogene Stilllegungspläne auf.

Auch in späteren Jahren wurden mit steter Regelmäßigkeit Streckenstilllegungen angekündigt. Nachfolgende Beispiele dokumentieren Aktionen rühriger Initiativen zur Streckenerhaltung, aber auch den werbewirksamen Protest einiger Bopparder eisenbahnbegeisterter Karnevalisten.

Lange 84 Jahre musste die einstige „Strecke 479“ warten, bis sie ab 31. Mai 1992 offiziell den volkstümlichen Titel "Hunsrückbahn" auch im gesamtdeutschen Kursbuch führen durfte. Der Bad Salziger Bahnmitarbeiter Joachim Weinand hatte diesen Verbesserungsvorschlag erfolgreich bei der Bundesbahndirektion Köln eingereicht. Da „das werbewirksame Zuglaufschild für die Kursbuchstrecke 606 (Hunsrückbahn) neben der Werbung auch das Erscheinungsbild der DB verbessere“, wurde ihm für diese tolle Idee eine einmalige Prämie von 240,-- DM zugestanden.

Im Jahre 1974 flatterte erneut ein Schriftsatz der Bundesbahn ins Simmerner Kreishaus, mit welchem beim Kreistag angefragt wurde, ob von dort noch ein Bedarf am Fortbestand der Bahnlinie erkannt werde. Die vereinten Proteste wiederholten sich, wobei sich besonders die Stadt Boppard bemühte, durch diverse Aktionen die Attraktivität der Hunsrückbahn zu erhöhen. So fand am 19. Juni 1976 eine große Rettungsaktion statt, zu der die Bopparder Hotel- und Gaststättenvereinigung unter Regie des rührigen Hoteliers Horst Fußhöller und das städtische Verkehrsamt geladen hatten. Ehrengast war Regierungspräsident Heinz Korbach, der die Vorderhunsrücker Aktivitäten ebenso wie weitere Mandatsinhaber und Politiker mit Elan unterstützte. Dass gerade diese Aktion professionell vorbereitet war, bewies nicht zuletzt die mannigfache Unterstützung ungezählter Sympathisanten aus nahezu allen Ortschaften entlang des Streckennetzes.

All diese Bemühungen von Politikern und Vereinen fruchteten letztlich nicht, denn mit dem Fahrplanwechsel im Mai 1983 stellte die Bahn den Personenverkehr auf der Schiene zwischen Simmern und Emmelshausen ein. Der Abschnitt zwischen Emmelshausen und Pfalzfeld wurde auch für den Güterverkehr aufgegeben.

Ein beauftragter Bautrupp rückte nach erfolglosen Bürgerprotesten im Zusammenhang mit dem Bau der Emmelshausener Umgehungsstraße an, um die stillgelegten Schienen zwischen Emmelshausen und Pfalzfeld aus dem Erdreich zu reißen. Später entstand auf der gesamten Bahntrasse bis hin nach Simmern der sog. „Schinderhannes-Radweg“.

Nachfolgende kleine Bilddokumentation erinnert an die seinerzeitigen „Rettungsaktionen“.

Bahnfreunde des Bopparder Kegelclubs „Knapp war's" erfreuten in Originaluniformen die Besucher des Karnevalumzuges im Jahre 1966 und warben um den Fortbestand der Hunsrückbahn, v.l.n.r.: Heinz Oesterberg, Hans Geers, Franz-Josef Breitbach.

Die Weichen waren nicht auf freie Fahrt der Hunsrückbahn gestellt: „Es war einmal..." lautete daher auch das Motto des gelungenen Motivwagens.

Zahlreiche Arbeitsstunden waren erforderlich, bis Lokomotive und zwei Personenanhänger für den Karnevalsumzug 1966 gerüstet waren.

Lokführer Gregor Schneider regte mit seinen Mitstreitern manchen Beobachter des Karnevalumzuges zur Unterstützung der Bemühungen um einen Fortbestand der Hunsrückbahn an.

Einigkeit über alle Parteigrenzen hinweg: Der gesamte Vorderhunsrück von den Höhen bis zum Rheintal unterstützte im Jahre 1976 die Bemühungen zum Erhalt der Hunsrückbahn.

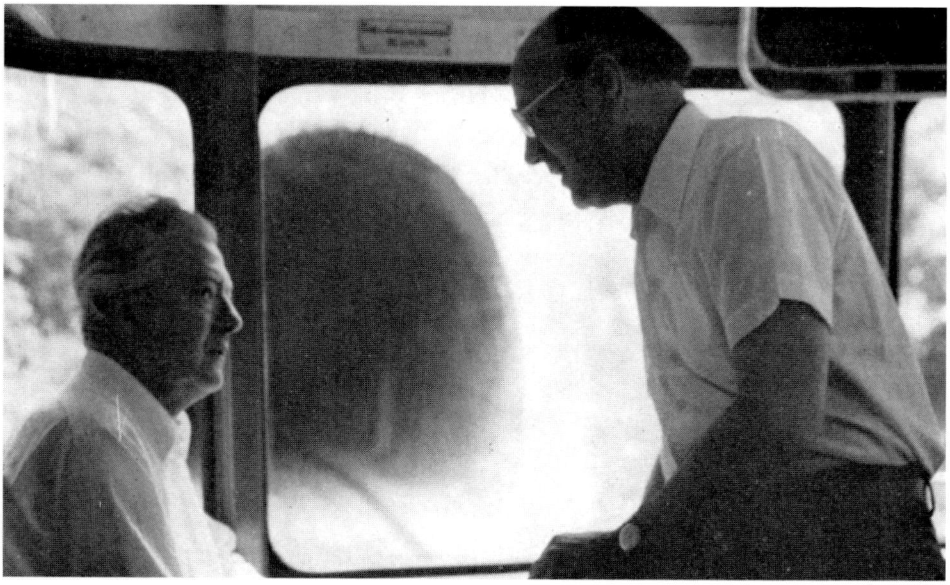

Unermüdliche Kämpfer für den Erhalt der Hunsrückbahn: Regierungspräsident Heinz Korbach (links) und Landrat Albert Reinhard, hier im Cockpit des Schienenbusses vor einer Tunneleinfahrt.

An allen Bahnhöfen der Fahrtstrecke bis Simmern wurde der „Protestzug" von einer großen Menschenmenge unter musikalischer Begleitung, wie hier in Buchholz von Jagdhornbläsern, begrüßt.

In Emmelshausen wurden die Begrüßungsfeierlichkeiten vom dortigen Verkehrs- und Verschönerungsverein unter Regie von Jupp Müller arrangiert und den Zuggästen ein herzlicher Willkommengruß überbracht.

Zum hundertjährigen Bestehen des örtlichen Verkehrs- und Verschönerungsvereins wurde am 16. Oktober 1982 eine Sonderfahrt von Boppard über Simmern und Bingerbrück zurück zur Rheinstadt durchgeführt, wobei zahlreiche Unterschriften für den Erhalt der ganzheitlichen Streckenführung Boppard - Simmern gesammelt wurden.

Die „Protestaktionen" waren nicht von Erfolg gekrönt. Am 28. Mai 1983 fuhr der Schienenbus der Hunsrückbahn das letzte Mal die „Große Strecke" an Rhein und Hunsrück.

Zum Fahrplanwechsel am 29. Mai 1983 stellte die Deutsche Bundesbahn auf dem 38 km langen Abschnitt Emmelshausen - Simmern den schienengebundenen Personenverkehr ein. Als Erinnerung an die letzte Fahrt vom Vortage erhielten alle Mitfahrer obige Erinnerungsplakette.

75-jähriges Streckenjubiläum im Jahre 1983

Ein Höhepunkt der Feierlichkeiten: Festansprache von Rainer Krüger, Abteilungspräsident der Deutschen Bahn

von Rainer Krüger

Ähnlich wie bereits im 50. Jubiläumsjahr, beabsichtigte die Deutsche Bundesbahn auch im Jahre 1983 zunächst keinerlei offizielle Feierlichkeiten zum nunmehr 75-jährigen Streckenjubiläum. Erst als der damalige Bahnhofsvorsteher Dorn - wiederholt vom städtischen Verkehrsdirektor Werner Treichel „angetrieben" - recht massiv gegen diese „falsche Sparpolitik" protestierte, erkannte dann auch die DB, nachdem mit dem 3. August der eigentliche Festtag bereits verstrichen war, die besondere Bedeutung dieses Streckenabschnittes für Berufspendler, Schüler, Touristen und Naturfreunde. Logistische und materielle Unterstützung wurden zugesagt; zur Ausrichtung der Feierlichkeiten sollten weitere örtlichen Initiatoren „ins Boot geholt" werden.

Die DB stellte eine Diesellok mit zwei Personenwaggons zu stündlichen Sonderfahrten mit Streckenerörterungen bereit. Bei einem „Tag der Offenen Tür" im Fahrdienstleiterstellwerk gewährte sie ebenso wie bei einer Lokomotivschau verschiedener Baureihen allen Besuchern lehrreiche Blicke hinter die Kulissen.

Und tatsächlich gelang es den engagierten heimischen Bahnfreunden in kürzester Zeit, ein buntes Festprogramm für Sonntag, 11. September 1983, auf die Beine zu stellen: Ein Sonderpostamt war im Karmelitergebäude eingerichtet und heimische Briefmarkenfreunde boten auf einer Tauschbörse Sonderumschläge und Gedenkblätter an. Auf dem Bahnsteig musizierte die „Oppenhäuser Quetschemusik". Der örtliche Verkehrs- und Verschönerungsverein war ebenso mit einem Informationsstand präsent, wie das Städtische Verkehrsamt mit einer Bilderschau zur Bahngeschichte die Besucher erfreute. Die Deutsche Gesellschaft für Eisenbahngeschichte präsentierte eine Fülle historischer Bahn- und Zugansichten.

Der „Geschichtsverein für Mittelrhein und Vorderhunsrück" lud zu einem Festvortrag in den Großen Sitzungssaal des Karmelitergebäudes ein. Es referierte vor erfreulicher Kulisse der in Boppard wohnende DB-Abteilungspräsident Rainer Krüger zum Thema „75 Jahre Hunsrückbahn - Ein Beitrag zur Geschichte der Eisenbahn am Mittelrhein". Nachfolgend der Wortlaut des seinerzeitigen Vortrages, der auch nach einem weiteren Vierteljahrhundert nichts an seiner Aktualität verloren hat.

Die Eisenbahn am linken Mittelrhein als Basis der Hunsrückbahn

Die Erschließung des vorderen Hunsrücks durch die Eisenbahn, insbesondere durch den Streckenabschnitt von Kastellaun nach Boppard, dessen 75-jähriges Jubiläum wir heute begehen, wäre ohne den Bau der Eisenbahn am linken Ufer des Mittelrheintals, gleichsam als Basis, sicher nicht erfolgt.

Zunächst endete die von der privaten „Rheinischen Eisenbahngesellschaft" betriebene Rheinstrecke in Rolandseck. Um an den Mittelrhein und weiter in den vorderen Hunsrück zu kommen, musste man auf ein Rheinschiff umsteigen. Der im Jahr 1849 erschienene Baedeker „Rheinreise" empfiehlt allerdings, aus Gründen der Bequemlichkeit schon in Bonn von der Bahn auf das Schiff überzuwechseln, weil hier zwischen dem

Festredner Rainer Krüger, Jahrgang 1938, im Jubiläumsjahr 1983.

Werbeplakat der Deutschen Bundesbahn zu den Jubiläumsfeierlichkeiten am 11. September 1983.

Bahnhof und der Schiffsanlegestelle ein Pferdeomnibus pendelte. Die Dampfschiffe nahmen außer den Bahnreisenden auch ganze Droschken samt den Pferden mit, sodass man zum Beispiel von Boppard aus auf der eigenen Achse in den Hunsrück fahren konnte. Außerdem verkehrten ab Boppard Postkutschen in den Hunsrück.

Erst ab 1859 war auch Boppard an die Eisenbahn angeschlossen, die inzwischen über Rolandseck hinaus rheinaufwärts bis Bingerbrück, der damaligen Grenze zwischen dem Königreich Preußen und dem Großherzogtum Hessen, und von Bingerbrück bis Bad Kreuznach verlängert worden war. Übrigens hielten nach dem Fahrplan des Jahres 1862, drei Jahre nach der Eröffnung, in Boppard schon sieben Zugpaare, mit denen Verbindungen über Köln und Aachen bis nach Oostende einerseits und über Mainz nach Straßburg, Basel und sogar nach Wien andererseits hergestellt wurden.

Die Eisenbahn auf dem Hunsrück

Der Hunsrück nahm zunächst an der Eisenbahneuphorie leider nicht teil. Zwar gab es im Jahre 1868 ein Projekt einer Eisenbahnlinie von Antwerpen nach Mainz über St. Vith, Prüm, Zell und Simmern, das aber schnell wieder fallen gelassen wurde. Die Bewohner des Hunsrücks fühlten sich nicht zu Unrecht als „Stiefkinder“ behandelt.

Die Erschließung des Hunsrücks durch die Eisenbahn begann erst im Jahr 1889, gut 54 Jahre nach Eröffnung der ersten deutschen Eisenbahn, der am 7. Dezember 1835 eröffneten „Ludwigs-Eisenbahn“ von Nürnberg nach Fürth. Dann allerdings ging alles aber doch verhältnismäßig rasch, und zwar ab 1889 und sogar von zwei Seiten gleichzeitig. Am 15. August wurde als Nebenbahn die Strecke zwischen Trier, das schon seit 1871 über Gerolstein mit Köln und seit 1879 mit Koblenz verbunden war, und Hermeskeil eröffnet. Am 7. Oktober desselben Jahres folgte die Strecke von Langenlonsheim nach Simmern. Im Jahre 1897 wurde die Strecke Hermeskeil - Türkismühle eröffnet; 1901 folgten die Strecken Simmern - Kirchberg, Simmern - Kastellaun und Simmern - Gemünden und machten Simmern damit sogar zu einem Eisenbahnknoten. Die zwischen Hermeskeil und Simmern fehlenden Teilstücke Kirchberg - Morbach und Morbach - Hermeskeil, die zusammen mit über 62 km den längsten Streckenabschnitt ausmachten, konnten 1902 bzw. 1903 dem Verkehr übergeben werden. Damit betrug das Eisenbahnnetz auf dem Hunsrück einschließlich der Anbindung an Trier und Langenlonsheim immerhin 186 km. Dass der Ausbau des Eisenbahnnetzes nun auch auf dem Hunsrück so zügig vorangegangen war, lag vielleicht daran, dass diese Aufgabe nun in den Händen der Preußischen Staatsbahn lag, nachdem die sicher nicht so finanzstarke

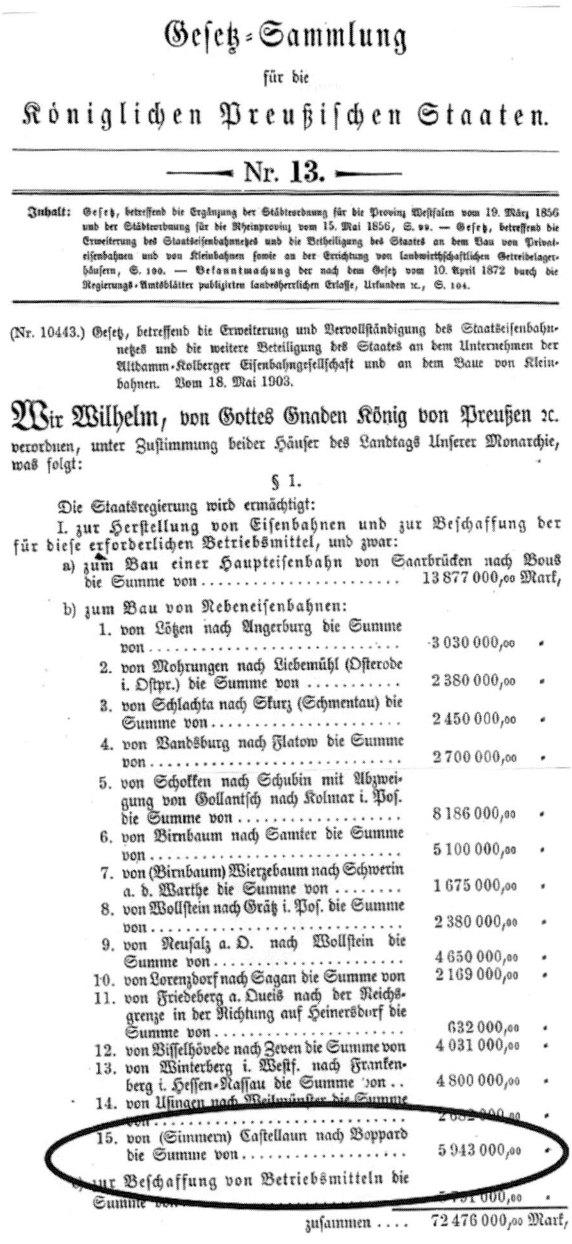
Gesetz-Sammlung

für die

Königlichen Preußischen Staaten.

Nr. 13.

Inhalt: Gesetz, betreffend die Ergänzung der Städteordnung für die Provinz Westfalen vom 19. März 1856 und der Städteordnung für die Rheinprovinz vom 15. Mai 1856, S. 99. — Gesetz, betreffend die Erweiterung des Staatseisenbahnnetzes und die Betheiligung des Staates an dem Bau von Privateisenbahnen und von Kleinbahnen sowie an der Errichtung von landwirthschaftlichen Getreidelagerhäusern, S. 100. — Bekanntmachung der nach dem Gesetz vom 10. April 1872 durch die Regierungs-Amtsblätter publizirten landesherrlichen Erlasse, Urkunden rc., S. 104.

(Nr. 10443.) Gesetz, betreffend die Erweiterung und Vervollständigung des Staatseisenbahnnetzes und die weitere Beteiligung des Staates an dem Unternehmen der Altdamm-Kolberger Eisenbahngesellschaft und an dem Baue von Kleinbahnen. Vom 18. Mai 1903.

Wir Wilhelm, von Gottes Gnaden König von Preußen rc. verordnen, unter Zustimmung beider Häuser des Landtags Unserer Monarchie, was folgt:

§ 1.

Die Staatsregierung wird ermächtigt:

I. zur Herstellung von Eisenbahnen und zur Beschaffung der für diese erforderlichen Betriebsmittel, und zwar:

a) zum Bau einer Haupteisenbahn von Saarbrücken nach Bous die Summe von ..... 13 877 000,00 Mark,

b) zum Bau von Nebeneisenbahnen:

1. von Lötzen nach Angerburg die Summe von ..... 3 030 000,00 "
2. von Mohrungen nach Liebemühl (Osterode i. Ostpr.) die Summe von ..... 2 380 000,00 "
3. von Schlachta nach Skurz (Schmentau) die Summe von ..... 2 450 000,00 "
4. von Vandsburg nach Flatow die Summe von ..... 2 700 000,00 "
5. von Schokken nach Schubin mit Abzweigung von Gollantsch nach Kolmar i. Pos. die Summe von ..... 8 186 000,00 "
6. von Birnbaum nach Samter die Summe von ..... 5 100 000,00 "
7. von (Birnbaum) Wierzebaum nach Schwerin a. d. Warthe die Summe von ..... 1 675 000,00 "
8. von Wollstein nach Grätz i. Pos. die Summe von ..... 2 380 000,00 "
9. von Neusalz a. O. nach Wollstein die Summe von ..... 4 650 000,00 "
10. von Lorenzdorf nach Sagan die Summe von ..... 2 169 000,00 "
11. von Friedeberg a. Queis nach der Reichsgrenze in der Richtung auf Heinersdorf die Summe von ..... 632 000,00 "
12. von Visselhövede nach Zeven die Summe von ..... 4 031 000,00 "
13. von Winterberg i. Westf. nach Frankenberg i. Hessen-Nassau die Summe von ..... 4 800 000,00 "
14. von Usingen nach [illegible] die Summe von ..... [illegible] "
15. von (Simmern) Castellaun nach Boppard die Summe von ..... 5 943 000,00 "

c) zur Beschaffung von Betriebsmitteln die Summe von ..... [illegible] "

zusammen ..... 72 476 000,00 Mark,

Für den Bau der Nebeneisenbahn Castellaun - Boppard bewillligte Preußen per Reichsgesetz vom 18. Mai 1903 ein Kostenvolumen von 5.943.000 Mark.

private Rheinische Eisenbahn im Jahre 1880 verstaatlicht worden war. Ferner hatten sich sechzehn Jahre später Preußen und Hessen über eine Betriebsgemeinschaft zwischen den preußischen und den oberhessischen Staatsbahnen geeinigt und hierfür eine gemeinsame Eisenbahndirektion in Mainz gegründet. Hierdurch war die für den weiteren Ausbau des Eisenbahnnetzes notwendige Organisationseinheit hergestellt.

Die Hunsrückbahn Kastellaun - Boppard

Schon bei der Planung der Bahnverbindung zwischen Simmern und Kastellaun bestand Einigkeit darüber, dass diese Linie über Kastellaun hinaus bis an den Rhein bzw. an die Mosel weitergeführt werden sollte. Hierzu gab es drei Varianten:

1. von Kastellaun über Gondershausen hinab ins Moseltal und dann nach Koblenz,
2. von Kastellaun über Pfalzfeld durch das Gründelbachtal nach St. Goar und
3. von Kastellaun über Buchholz durch das Mühltal nach Boppard.

Welche der drei Möglichkeiten man auch immer genauer untersuchte, immer waren starke Steigungen, hohe Brücken und zahlreiche Tunnelbauten erforderlich.

Was letztlich den Ausschlag für die Wahl der Streckenführung über Buchholz nach Boppard gab, lässt sich heute nicht mehr genau feststellen. Möglicherweise hatte die Stadt Boppard schon damals in Aussicht gestellt, neben ihrem Anteil an den Grunderwerbskosten städtischen Grund und Boden unentgeltlich zur Verfügung zu stellen.

Durch das „Gesetz betreffend die Erweiterung und Vervollständigung des Staatseisenbahnnetzes“ vom 18. Mai 1903 wurde die Staatsregierung durch den preußischen König ermächtigt, zum Bau einer Nebenbahn von Kastellaun nach Boppard die Summe von 5.943.000 Mark zu verwenden. In diesem Betrag waren weder die Grunderwerbskosten noch die Beschaffungskosten für die Betriebsmittel (Fahrzeuge) enthalten.

Somit war auch die Finanzierung dieses teuersten Streckenabschnitts gesichert. Während zur damaligen Zeit die reinen Baukosten - also ohne Grunderwerbskosten - der eingleisigen Strecke von Simmern bis Kastellaun bei rund 80 000 Mark pro Kilometer lagen, kostete ein Kilometer der schwierigsten Teilstrecke Boppard - Buchholz mit über 640.000 Mark mehr als das Achtfache. Wodurch wurden diese hohen Kosten verursacht?

Auf einer Luftlinienentfernung von nur 3,5 km zwischen Boppard und Buchholz musste ein Höhenunterschied von 328,5 m überwunden werden. Trotz einer gewundenen Streckenführung über 6,3 km ergab sich noch eine Steigung von 1:16,5 m - das sind 60,6 ‰ -, so dass mit Rücksicht auf die damals mögliche Zug- und Bremskraft der Lokomotiven der Einbau einer Zahnstange erforderlich war. Es wurde das schweizerische „System Abt“ gewählt, bei dem in der Gleismitte eine zweiteilige, um einen halben Zahn versetzte Zahnstange verlegt wird, in die das Zahnrad der Lokomotive eingreift.

Außer dieser besonderen Gleisbau-Technik machte die Trassenführung neben zahlreichen bis zu 60 m hohen Stützmauern, vor allem an der Kalmutwand entlang, kostspielige Kunstbauten erforderlich, und zwar den 80 m langen Kalmut-Tunnel, den 144 m langen Talberg-Tunnel, den 124 m langen Rauherberg-Tunnel, den im Bogen verlaufenden 150 m langen und 55 m hohen Viadukt über die Hubertusschlucht, den 78 m langen und 30 m hohen Viadukt über das sog.

Die Zahnrad-Dampflok Nr. 97 401 wartet in Buchholz auf die nächste Talfahrt, links Lokführer Adolf Hegersweiler, rechts Heizer Jakob Braun.

Rauschenloch sowie die beiden Hinterburden-Tunnel, um dann auf 406 m Höhe den Bahnhof Buchholz zu erreichen.

Im März 1905 wurde mit dem Bahnbau begonnen. Im Oktober 1906 konnte der weitgehend eben verlaufende Teilabschnitt Kastellaun - Pfalzfeld in Betrieb genommen werden. Für das an die Fa. Grün & Bilfinger aus Mannheim vergebene schwierige Baulos der Steilstrecke waren dagegen drei Jahre Bauzeit vorgesehen.

Die Baufirma beschäftigte auf den verschiedenen Baustellen rund 600 Arbeiter, zu einem großen Teil Kroaten und Italiener, die in besonderen Baracken untergebracht waren. Aber auch für Einheimische gab es Arbeitsplätze. Allerdings waren die Arbeitsbedingungen aus heutiger Sicht unzumutbar: 10-Stundentag und ein Stundenlohn von 33 - 35 Pf.

Leider gingen diese Bauarbeiten, wie beim Bau anderer Gebirgsbahnen, nicht ohne Unfälle vor sich. Bei dem Bau des Tunnels III kam bei einem Erdrutsch ein Arbeiter ums Leben. Ein weiterer Arbeiter wurde am Orgelbornstag 1906 bei einer tätlichen Auseinandersetzung in einer Bopparder Wirtschaft erschossen. Ein besonders schweres Unglück ereignete sich am 4. Januar 1907 bei Leiningen. Bei einem Felsrutsch kamen dort weitere 13 Menschen ums Leben.

Ein erfreulicher Höhepunkt der Bauarbeiten war im Frühjahr 1907 erreicht, als das 55 m hohe Holzgerüst für den Hubertusviadukt errichtet war. Auch dieses wohl eindrucksvollste Bauwerk wurde im Dezember desselben Jahres pünktlich fertig gestellt. Hierbei war entscheidend, dass inzwischen schon Bauzüge eingesetzt werden konnten.

Nun waren auch noch einige Umbauten am Bopparder Bahnhof erforderlich. Der Einführung der neuen Strecke stand der mittelalterliche Säuerlingsturm im Wege. Er wurde abgetragen und auf der anderen Seite der Gleisanlagen wieder aufgebaut, wo er nach entsprechendem Umbau der Bahn als Wasserturm diente. Da Boppard nun Abzweigbahnhof geworden war, wurden gleichsam als Zeichen der neuen Würde Bahnsteigunterführungen vorgesehen. In Boppard wurde ein zweiständiger und in Buchholz ein dreiständiger Lokschuppen errichtet. In Buchholz war bei den meisten Zügen ein Lokwechsel erforderlich. Die Zahnradlok wurde, auf der Höhe angekommen, durch eine normale Streckenlok ersetzt, während die Zahnradlok den Gegenzug aus Richtung Kastellaun wieder nach Boppard brachte.

Die Eröffnungsfahrt am Sonntag, dem 2. August 1908

Nachdem der Bahnbau innerhalb der vorgesehenen Zeit vollendet war, fand am 2. August 1908 die feierliche Eröffnungsfahrt statt. Der allgemeine Verkehr begann am Tag darauf, dem 3. August 1908. Am Samstag zuvor hatte die letzte Fahrt der Postkutsche von Boppard nach Kastellaun stattgefunden.

Leider sind heute nicht mehr alle Einzelheiten über den Ablauf des Festprogramms bekannt. Allerdings wurde 1965 der Oberlokführer i. R. Adolf Hegersweiler aus Boppard, der auf der Hunsrückbahn seit ihrem Eröffnungstag Dienst getan hatte, eingehend nach seinen Erinnerungen befragt. Die interessanten Angaben des Herrn Hegersweiler, der leider im Jahre 1969 verstorben ist, erfordern nicht viel Phantasie, um sich die Eröffnungsfeierlichkeiten ziemlich genau vorstellen zu können. Da für die Eröffnungsfahrt ein Sonntag ausgewählt worden war, erschienen auf dem Bopparder Bahnhof nicht nur die geladenen Ehrengäste, vielmehr hatte sich eine große jubelnde Menge von Boppardern eingefunden, als der mit Girlanden geschmückte Sonderzug auf Gleis 3 bereitgestellt wurde. Da dieser Zug nicht, wie im späteren Betrieb, nur aus vier Wagen bestand, hätte die Kraft einer Zahnradlok nicht ausgereicht, um den Festzug nach Buchholz hinaufzuschieben. Deshalb befand sich auch an der Spitze des Zuges eine Zahnradlok. Die Ehrengäste, hochrangige Vertreter der Staats- und Kommunalbehörden sowie die Bopparder Honoratioren, bestiegen würdevoll die zweiachsigen Plattformwagen mit Holzaufbau, die jeweils über 40 Sitzplätze verfügten. Als alle Platz genommen hatten, gab der Bahnhofsvorsteher persönlich den Abfahrauftrag. Unter großem Jubel setzte sich der Zug zischend und fauchend in Bewegung. Am Fuße der Steilstrecke, wo die Zahnstange begann, kam der Zug fast wieder zum Stehen, weil die Geschwindigkeit hier auf 7 km/h abgesenkt werden musste, bis die Zahnräder beider Lokomotiven in die Zahnstange eingerastet waren. Dann ging es im 15-km-Tempo gemächlich auf der Steilrampe - einer der schönsten deutschen Gebirgsbahnen - empor. Der weite Ausblick auf den Rhein und die Stadt ließ alle Probleme und Kosten der Bauzeit vergessen, die mit diesen 6,3 Kilometern Eisenbahn verbunden waren.

Nachdem der Festzug wohlbehalten Buchholz erreicht hatte, wurden die beiden Zahnradlokomotiven abgekuppelt. Den Zug übernahm nun eine für die ebene Strecke besser geeignete, schnellere Lok. Auf den Unterwegsbahnhöfen stiegen weitere Ehrengäste zu, sodass der Zug in Kastellaun voll besetzt die eigentliche Festfahrt zurück nach Boppard antreten konnte. Nach Ankunft in Boppard zogen die Festgäste mit Musikbegleitung zum Hotel Spiegel, wo für die „Geladenen“ um 14.00 Uhr ein Festessen gerichtet war.

Abends fand unter großer Beteiligung der Bopparder aber auch vieler Hunsrücker Bürger, für die Boppard nun erreichbarer geworden war, ein Rheinfest statt, das mit einer eindrucksvollen Höhenbeleuchtung endete.

Auch als der Alltag eingekehrt war, machte sich bemerkbar, dass der Vorderhunsrück näher an Boppard und den Rhein herangerückt war, auch wenn man für die 53 km lange Eisenbahnstrecke von Boppard nach

Jubiläumsbrief „75 Jahre Hunsrückbahn" mit Sonderstempel.

Simmern rund 2½ Stunden benötigte, was einer Reisegeschwindigkeit von 21 km/h entsprach. Eine große Zahl von Hunsrückern und Boppardern benutzten die Bahn rege zu Einkaufs- und Besuchsfahrten. Auch für den Verkauf der landwirtschaftlichen Produkte aus dem Vorderhunsrück bekam die Bahn eine große Bedeutung. Der Massengüterverkehr war dagegen erwartungsgemäß nicht sehr ausgeprägt.

Betriebsführung, Fahrzeuge und Fahrpläne

Wie schon erwähnt, wurde der Betrieb auf der Steilstrecke zunächst mit Zahnradlokomotiven durchgeführt, die jeweils talseitig den Zug schoben bzw. zogen. Auf dem 1. Wagen des Zuges fuhr bei der Bergfahrt ein Bremser mit. Schon während der Bauzeit waren dreifach gekuppelte Tenderlokomotiven der preußischen Gattung T 26 (spätere Reichsbahnbaureihe 97^0) in Boppard eingetroffen. Eine solche Lok konnte nur 100 Tonnen den Berg hinauf schieben. Das entsprach damals vier zweiachsigen Personen- bzw. Packwagen oder je nach Beladung drei bis sechs Güterwagen.

Im Jahr 1920 wurden deshalb auf der Steilstrecke Versuche mit einer stärkeren Zahnradlok der preußischen Gattung T 28 (DR 97^4) unternommen. Sie war die schwerste aller deutschen Zahnradlokomotiven, bewährte sich dort aber nicht und blieb ein Einzelstück. Sie wurde noch für einige Zeit auf der Strecke von Linz nach Kalenborn eingesetzt. Später wurde ihr Zahnradantrieb entfernt.

Eine Erhöhung der Zugkraft der Lokomotiven trat erst ein, als die preußische Staatsbahn Lokomotiven entwickelt hatte, die solche Steilstrecken auch ohne Zahnstange im sog. Reibungsbetrieb bewältigen konnten und die außerdem über eine zusätzliche Gegendruckbremse (Bauart: Riggenbach) verfügten, sodass die Zahnstange auch nicht mehr zum Bremsen benötigt wurde. Deshalb konnte die Zahnstange in den Jahren 1929-31 ausgebaut werden. Damit entfiel auch der dem Amtsvorstand der Bahn vom Volksmund verliehene Ulktitel „Ober-Zahnrad-Bahnrat".

Die Reisezeit zwischen Boppard und Simmern konnte Dank der stärkeren Lokomotiven auf unter zwei Stunden verkürzt werden.

Ein Blick in das Reichsbahn-Kursbuch von 1936 zeigt, dass der Fahrplan im Hunsrück auch in den Zeiten der größten Ausdehnung des Schienennetzes nicht übertrieben üppig war. Damals verkehrten zwischen Boppard und Simmern werktäglich nur fünf Zugpaare. Bei Bedarf und sonntags gab es Verstärkungen.

Den 2. Weltkrieg hat die Hunsrückbahn ohne große Schäden überstanden. Nach dem Reichsbahn-Kursbuch 1947/48 für das amerikanische, britische und französische Besatzungsgebiet verkehrten zwischen Boppard und Simmern immerhin täglich drei Zugpaare, die zudem nicht – wie die Züge auf vielen Hauptstrecken – nur von Angehörigen der Besatzungsmacht benutzt werden durften.

Eine wesentliche Änderung in der Betriebsführung trat auf der Hunsrückbahn ein, als die Deutsche Bundesbahn im Jahr 1954 den Dampfbetrieb einstellte und Schienenbusse der Baureihe VT 98/9 einsetzte, die aufgrund ihrer Motor- und Magnetschienenbremsen die strengen Sicherheitsvorschriften für den Einsatz auf Steilstrecken erfüllten. Allerdings konnten die Schienenbusse keine Güterwagen mehr über die Steilstrecke befördern. Deshalb musste der Güterverkehr auf dem Umweg über Langenlohnsheim und Simmern abgewickelt werden.

Im Hunsrück wurden schon ab 1960 Stilllegungspläne für die Bahnstrecken diskutiert, weil die Nachfrage zugunsten des schnelleren Individualverkehrs ständig nachließ. Hier haben sich die zunehmende Motorisierung und die Autobahn A 61 nachteilig für den Schienenverkehr ausgewirkt. Auch eine im Jahr 1976 von der Bopparder Hotel- und Gaststättenvereinigung durchgeführte Aktion „Rettet die Hunsrückbahn" konnte die Entwicklung in Richtung Stilllegung nicht mehr aufhalten. Daran konnte auch eine Sonderfahrt mit von Schülern bemalten

Dampfidylle am Bahnhof Boppard.

Impressionen zu den Feierlichkeiten aus Anlass des 75-jährigen Streckenjubiläums am 11. September 1983.

Schienenbussen von Boppard nach Simmern und zurück leider nichts mehr ändern. Das Stilllegungsverfahren wurde eingeleitet.

Streckenstilllegung Simmern - Emmelshausen

Zum Fahrplanwechsel 1983 wurde der Schienenverkehr zwischen Simmern und Emmelshausen komplett eingestellt. Der Personenverkehr wurde auf Straßenbusse verlagert und der bisherige Umweg für Güterwagen, z.B. zur Firma BOMAG, entfiel.

Der Zugverkehr auf der Steilstrecke nach Buchholz und weiter bis Emmelshausen blieb aber, nicht zuletzt wegen des starken Schülerverkehrs (250 - 300 Schüler je Schultag) und den schwierigen Straßenverhältnissen, erhalten. Nachdem die Schienenbusse aus Altersgründen ausgemustert wurden, kamen auf der verbliebenen Reststrecke Diesellokomotiven der Sonderbauart BR 213 (BR 212 mit Zusatzeinrichtungen für Steilstrecken) zum Einsatz. Diese können zwei vierachsige Reisezugwagen der Bauart Bn, davon ein Wagen mit Pack- oder Fahrradabteil und ein sog. Steuerwagen, von dem aus bei der Bergfahrt die schiebende Diesellok bedient wird, den Berg hinauf schieben. Die Mitnahme eines dritten Wagens ist aus Gewichtsgründen nicht möglich, so dass die Sitzplatzkapazität des Zuges auf 168 beschränkt werden musste. Außerdem wurde der sog. vereinfachte Nebenbahnbetrieb ohne Signale eingeführt, bei dem immer nur ein Zug auf der eingleisigen Strecke unterwegs sein darf. Nach dem 1983 geltenden Fahrplan pendelt der neue Zug werktäglich siebenmal zwischen Boppard und Emmelshausen.

Wegen des Einsatzes der Dieselloks können nun auch wieder Güterwagen über die Steilstrecke befördert werden. Anstelle des Steuerwagens im Personenverkehr wurden für den Güterverkehr in Boppard eigens zwei besondere Bremswagen beheimatet, von denen jeweils einer an der Spitze des Zuges fährt und mit einem Bremser besetzt ist, der den Zug bei Gefahr, z.B. durch auf die Strecke gestützte Bäume, anhalten kann.

Es bleibt zu hoffen, dass die verbliebene Reststrecke von Boppard nach Emmelshausen mit ihrer Steilstrecke, die zu den schönsten normalspurigen Gebirgsbahnen Deutschlands gehört, noch lange erhalten bleibt. Dies wünschen wir der 75 Jahre alten Jubilarin.

Stellwerk Boppard-Mitte mit Bahnübergang Säuerling / Koblenzer Straße.

Der Bahnhof Buchholz

Bahnbau begründete Aufschwung im Hunsrück - Abriss im Jahre 1987

von Werner Stoffel

An der Wende vom 19. zum 20. Jahrhundert gab es in den Dörfern des Vorderhunsrücks nur ein Gesprächsthema: Der Bau einer Bahnverbindung vom Rhein auf die Hunsrückhöhe. Endlich sollte die verkehrsmäßige Erschließung des bis dahin so vernachlässigten Hunsrücks Wirklichkeit werden. Jahrhunderte lang war das Land zwischen Rhein und Mosel von der Außenwelt fast abgeschieden. Es soll Bewohner gegeben haben, die ihr ganzes Leben nicht über ihr Heimatdorf und die näheren Nachbarorte hinaus gekommen sind.

Und auch vor den Toren des Hunsrückdörfchens Buchholz sollte der Fortschritt nicht Halt machen!

Vorgeschichte zum Bau der Hunsrückbahn

Schon in den Jahren 1855/56, noch ehe im Rheintal eine Bahnverbindung geschaffen worden war, legte das „Hunsrücker Eisenbahn-Comite“ unter dem Vorsitz des Simmerner Landrats Johann Friedrich Arnold Engelberth Hardt eine detaillierte Denkschrift zum Bau von zwei Bahnlinien von Koblenz über den Hunsrück vor:

1. Eine Bahnverbindung von Koblenz über Lay durch das Kondertal nach Waldesch - Pfaffenheck - Buchholz - Kratzenburg - Ehr - Norath - Pfalzfeld - Laudert - Wiebelsheim und Kisselbach nach Rheinböllen. Von dort sollte die Bahn durch das Guldenbachtal hinab über Stromberg, Schweppenhausen und Windesheim geführt werden und bei Langenlonsheim in die Linie Kreuznach - Bingen einmünden.

Das „Comite“ bemerkte noch, dass diese Bahnstrecke nicht länger sei als durch das Rheintal, sie könnte dagegen ohne Tunnels und größere Brücken gebaut werden. Außerdem wäre der Grunderwerb wesentlich billiger und der Bau könne in wesentlich kürzerer Zeit realisiert werden (etwa ein Jahr gegenüber 6 Jahren durch das Rheintal). Für das erste Teilstück wurde noch eine mögliche Variante erwähnt, und zwar eine Streckenführung an der Mosel vorbei bis Brodenbach und von dort durch das Ehrbachtal auf die Hunsrückhöhe.

2. Eine Bahnlinie von Koblenz nach Trier: Dabei könne bis Pfalzfeld die oben beschriebene Linie benutzt werden. In Pfalzfeld sollte die Bahn abzweigen in Richtung Ebschied - Braunshorn - Kastellaun - Spesenroth - Hundheim - Völkenroth - Reckershausen - Kirchberg - Niedersohren - Büchenbeuren - Hirschfeld und Horbruch in das Dhrontal. Bei der Schmidtmühle gegenüber Trittenheim würde sie das Moseltal erreichen, und von dort über Leiwen, Detzem, Riol, Longuich, Kenn und Ruwer nach Trier führen. Diese Bahnlinie über die Hunsrückhöhe sei wesentlich günstiger als durch das Moseltal mit seinen vielen Windungen und Schleifen.

Nach Ansicht der Komitee-Mitglieder würden die vorgeschlagenen Bahnlinien über den Hunsrück nur ein Viertel von dem kosten, was der Bahnbau durch die Täler von Rhein und Mosel verschlingen würde. Außerdem hätten die Rhein- und Moselorte schon durch den Schiffsverkehr große Vorteile, so dass man für die von der Natur benachteiligten Höhengebieten einen Ausgleich schaffen müsse.

Es konnte nicht ausbleiben, dass dieser Vorstoß vom Hunsrück eine heftige Gegenreaktion in den Städten und Dörfern an Rhein und Mosel hervorrief. Mit Groll und Beschimpfungen wurde das Eisenbahn-Komitee überschüttet. Es sei eine Anmaßung der Hunsrücker, für sich diese Bahnlinien zu fordern.

Aus der weiteren Entwicklung wissen wir, dass aus den vorgeschlagenen Bahnverbindungen über den Hunsrück nichts geworden ist. Stattdessen wurde im Jahre 1859 die Eisenbahn auf der linken Seite des Rheintales in Betrieb genommen.

Aber auf dem Hunsrück kämpfte man weiterhin für einen Anschluss an die Bahn. Zahlreiche Vorschläge für Bahnlinien wurden an die Regierung herangetragen, von denen aber viele keine Aussicht auf Verwirklichung hatten, weil sie ohne Kenntnis der topographischen Lage gemacht wurden und daher technisch gar nicht zu realisieren waren.

Die vor dem Buchholzer Bahnhof positionierte Hakenkreuzfahne zeigte in der Mitte der 1930-er Jahre allen Bahngästen unmissverständlich, woher der politische Wind wehte.
Zur Historie des Bahnhofsbaus im Allgemeinen ist anzumerken, dass zu Beginn der ersten deutschen Eisenbahnen ansprechende Bahnhofsbauten überhaupt noch nicht angedacht waren. Vielmehr wurden lange Jahre holzgezimmerte Wartehallen an den Stationen und Haltepunkten weithin für vollkommen ausreichend betrachtet. Diese hatten halt lediglich den Zweck zu erfüllen, den Fahrgästen das Einsteigen in die Waggons zu erleichtern. Die offizielle Vorgabe beschränkte sich daher auf die Erfüllung einer angemessenen „Funktionalität“. Daher waren die notwendigen Mindestanforderungen solcher „Stationseinrichtungen“ der Bahnpionierjahre im 19. Jahrhundert von den Bahnverantwortlichen auch schnell definiert: „Der Zutritt und die Zufuhr von Personen und Gütern hat schnell und bequem zu erfolgen!“
Erst mit dem rasch zusammenwachsenden überregionalen Eisenbahnnetz zeigte sich eine zunehmend dringlichere Notwendigkeit zur Errichtung von größeren Empfangsgebäuden, die mehr als reine Funktionsräumlichkeiten darstellten. Schnell wandelten sich die einstigen Wetterunterstände in repräsentative und architektonisch ansprechende Bahnhöfe.

Es vergingen seit dem Bau der Rheintalbahn genau 30 Jahre, bis am 7. Oktober 1889 die erste Bahnlinie auf dem Hunsrück von Simmern nach Langenlonsheimeröffnet wurde. 1902/1903 folgte die Weiterführung von Simmern über Morbach nach Hermeskeil. Nachdem 1903 auch die Bahn von Simmern bis Kastellaun fuhr, wurden aus vielen Gemeinden Forderungen laut, sie bis an den Rhein oder an die Mosel weiterzuführen, um auch den nördlichen Hunsrück verkehrsmäßig besser zu erschließen.

Im Jahre 1896 kamen Bahnverbindungen zur Mosel ins Gespräch. Die Bewohner von Blankenrath und den benachbarten Dörfern forderten eine Bahnverbindung von Kastellaun über Blankenrath nach Zell an die Mosel. Dann wurden Pläne für eine Streckenführung durch das Baybachtal geschmiedet mit Bahnhöfen im Tal bei Niedert und Gondershausen. Aber eine Verbindung zur Mosel hin wurde immer unwahrscheinlicher, da eine Brücke über den Fluss notwendig gewesen wäre, um einen Anschluss an die Strecke links der Mosel zu bekommen.

Wie aber sollte nun die Bahn vom Rhein auf den Hunsrück verlaufen? Alle vier Rheinstädte im Kreis St. Goar, nämlich Bacharach, Oberwesel, St. Goar und Boppard bemühten sich, Endpunkt für die Bahnlinie vom Hunsrück zu werden. Landrat Wallraf in St. Goar schrieb am 6. März 1896 eine 16-seitige Eingabe an den Regierungspräsidenten Dr. Wentzel und machte die Wichtigkeit einer Bahnlinie vom Hunsrück (Kastellaun) an den Rhein deutlich. Den Endpunkt der Bahn ließ er jedoch offen, es solle eine der vier Rheinstädte sein. Er bemerkte allerdings, dass die technische Durchführung von Bacharach nach Rheinböllen und von Oberwesel durch das Niederbachtal schwierig sei. Besser geeignet sei die Höhenüberwindung von St. Goar durch das Gründelbachtal oder von Boppard durch das Mühlbachtal.

Inzwischen war Bürgermeister Brandts aus Boppard sehr aktiv geworden und hatte persönlich beim Ministerium in Berlin zwei mögliche Verbindungen nach Boppard vorgeschlagen:

1. Von Kastellaun über Karbach - Rheinbay - Weiler nach Boppard;
2. Von Leiningen in Richtung Ehr über Buchholz nach Boppard.

Reger Betrieb am Bahnhof Buchholz im Jahre 1969.

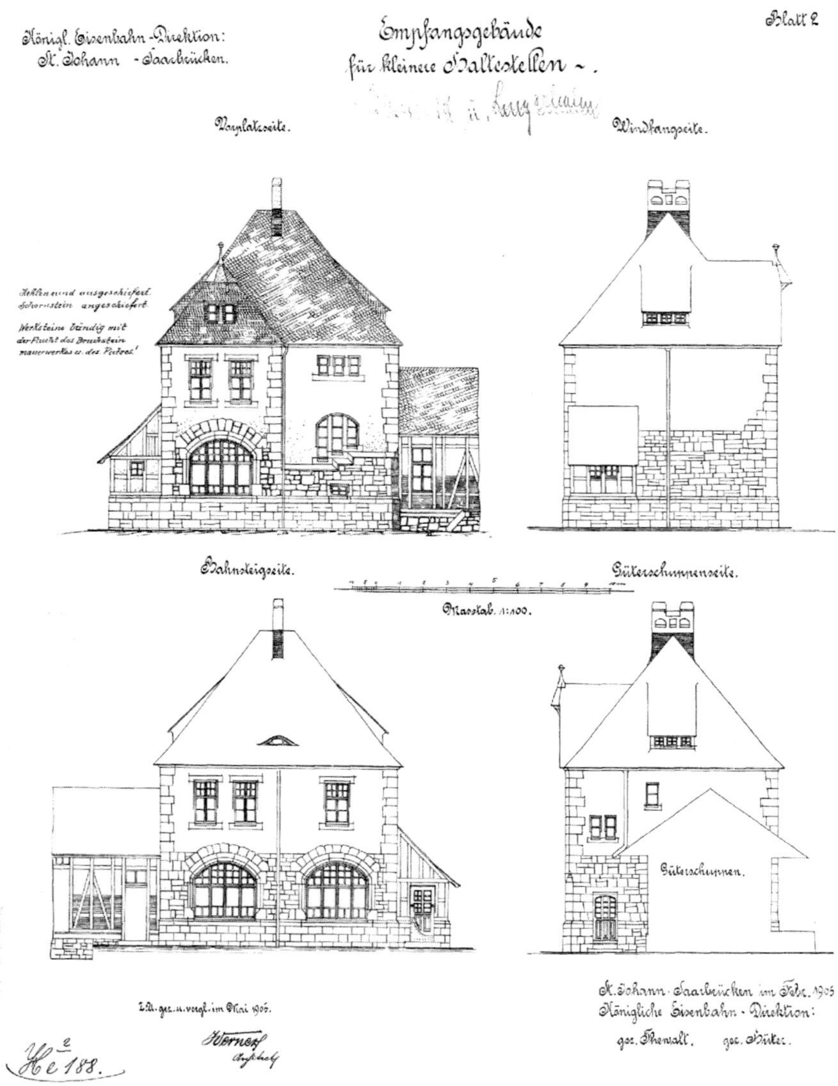

Der Buchholzer Bahnhof gehörte zu den sog. „Empfangsgebäuden für kleine Haltestellen", die baugleich ab ca. 1905 zunächst auf der Bahnstrecke Langenlonsheim - Simmern - Hermeskeil (beispielsweise an den Stationen Heddesheim und Rascheid) und sodann auch auf der Strecke zwischen Simmern und Boppard nach Planvorgaben der „Königlichen Eisenbahn-Direktion St. Johann - Saarbrücken" errichtet wurden. Im letztgenannten Streckenabschnitt erfolgte die Errichtung solcher Empfangsgebäude an den Bahnstationen Alterkülz, Ebschied, Lingerhahn, Halsenbach (Emmelshausen) und Buchholz. Auch in weiten Teilen der Eifel wurde dieser Bautyp umgesetzt. Das um einiges größere Empfangsgebäude in Pfalzfeld entspricht im Übrigen den Planvorgaben eines „mittleren Empfangsgebäudes".

Einen geschickten Schachzug hatte die Stadt Boppard eingefädelt, in dem sie schon zeitig den pensionierten Königlichen Eisenbahndirektionspräsidenten Julius Redlich beauftragt hatte, eine Denkschrift für den Bahnbau Kastellaun - Boppard zu verfassen. Redlich nahm sich dieser Aufgabe in gewissenhafter Weise an, fertigte Übersichtskarten und legte sie dem Ministerium in Berlin vor, bei dem er aus seiner Amtszeit noch gute Verbindungen hatte. So stiegen die Chancen für eine Bahnlinie Kastellaun - Boppard.

Gegen 1900 zeichnete sich ab, dass eine Bahnverbindung zur Mosel aufgegeben und eine Bahn nach Boppard immer wahrscheinlicher wurde. Als im Jahre 1900 der Regierungspräsident von Koblenz und der Oberpräsident der Rheinprovinz dem Ministerium in Berlin den Weiterbau der Bahn von Kastellaun nach Boppard empfohlen hatten, auch die Stadträte von Boppard und Kastellaun sich dafür aussprachen, war die Entscheidung zugunsten von Boppard gefallen.

Nun wurden aber noch zwei verschiedene Trassenführungen nach Boppard diskutiert. Die einen sprachen sich für eine Bahnlinie über Hungenroth, Weiler und über den Eisenbolz nach Boppard aus, andere plädierten für eine Bahn von Buchholz durch das Mühltal. Am 14. Oktober 1902 fand mit den Vertretern aller Beteiligten eine Ortsbesichtigung statt, bei der die beiden Trassenführungen überprüft wurden. Man kam zu der Erkenntnis, dass der Strecke von Buchholz nach Boppard durch das Mühltal unbedingt der Vorrang zu geben sei, da beim Bau über Wei-

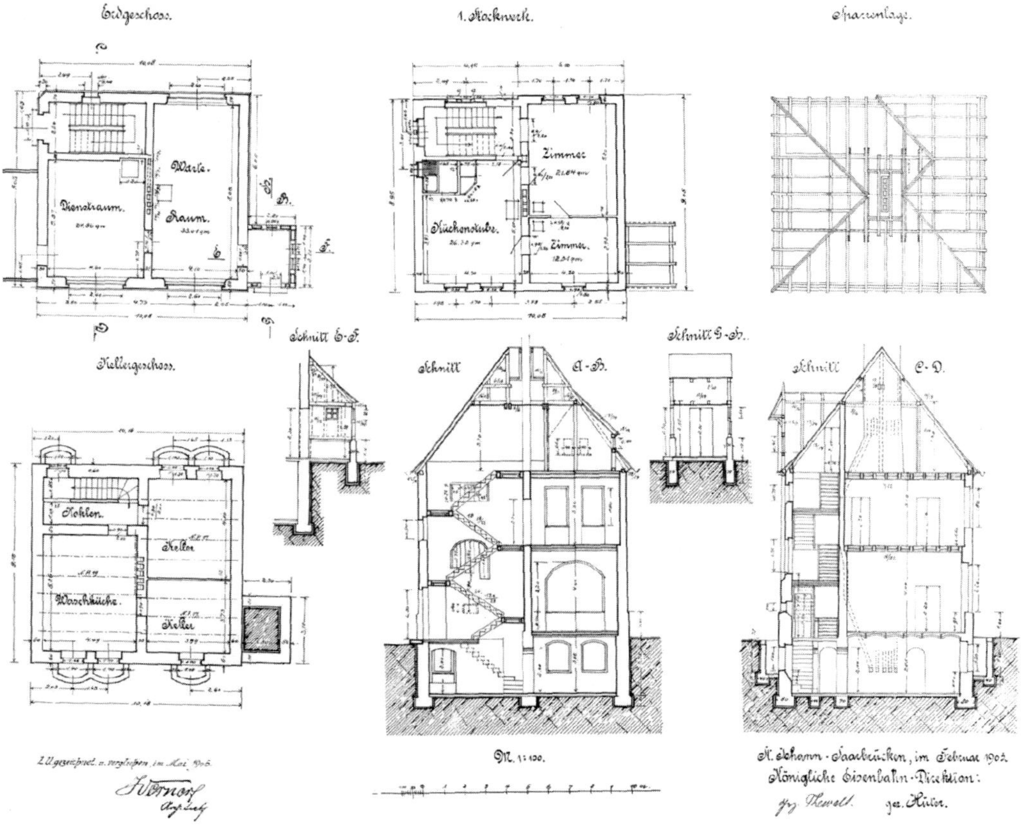

ler und den Eisenbolz an der Kaltwasserheilanstalt Marienberg ein hoher Damm aufgeschüttet werden müsse. Das würde viel Unruhe, Störungen und Belästigungen in der Heilanstalt verursachen. Von dem Betreiber des Hauses seien hohe Forderungen an Entschädigungen zu erwarten. Dagegen sei der Grunderwerb bei einem Bau durch das Mühltal wesentlich billiger, da es sich fast nur um städtisches Gelände handele. Diese Meinung wurde auch von Bürgermeister Brandts vertreten, der bei einem Bau am Marienberg vorbei sogar eine mögliche Schließung des Kurheimes befürchtete und das sei für die Stadt nicht hinnehmbar.

Eine Kostengegenüberstellung der beiden Varianten ergab folgendes:

	Grunderwerb	Baukosten
Über Weiler - Eisenbolz	1.250.000 Mark	5.256.000 Mark
Durch das Mühltal	500.000 Mark	5.943.000 Mark

Während demnach die Baukosten durch das Mühltal erheblich höher lagen, war jedoch der Grunderwerb wesentlich günstiger. Die Grunderwerbskosten mussten zu zwei Drittel vom Kreis und den Kommunen getragen werden, das restliche Drittel übernahm der Staat.

Im Jahre 1903 fielen dann die Würfel für die Bahnlinie von Buchholz durch das Mühltal nach Boppard. Am 8. Mai bewilligte das Eisenbahnministerium in Berlin für den Bau der Bahn Kastellaun - Boppard den stolzen Betrag von 5.943.000 Mark und stellte das Projekt für den kommenden Staatshaushalt ein.

Der Kreistag in St. Goar stimmte am 12.01.1904 dem Vertrag mit der Eisenbahnverwaltung über die Verteilung der Grunderwerbskosten zu. Die Stadt Boppard sagte einen baren Baukostenzuschuss in Höhe von 120.000 Mark zu und die Stadt Koblenz steuerte 60.000 Mark bei.

Seit jeher stand der Bahnhof Buchholz am Beginn beliebter Wanderungen. Wie hier in den 1960-er Jahren reisten die Naturliebhaber auch in Sonderzügen mit Dampfidylle an.

Heftige Diskussionen für und wider den Bahnbau

Man hätte annehmen sollen, dass der neue Bahnbau auf einhellige Zustimmung der Hunsrücker Bevölkerung stoßen würde. Doch dem war nicht so. Die Mehrheit befürwortete zwar das Projekt, aber es gab auch teils heftigen Widerstand. Und was man damals alles gegen die Eisenbahn anführte, das war schon merkwürdig.

Als die Entscheidung für die Streckenführung von Buchholz nach Boppard gefallen war, rief der Ortsvorsteher Nikolaus Bersch in Buchholz die Gemeinde zusammen, um die Meinung der Bürger zu hören. Und in dieser Versammlung ging es hoch her. Von einigen „Oppositionellen" wurde der Gemeinderat arg gerügt, dass er am 19.11.1903 beschlossen hatte, für die Kosten des Bahnbaues 1.000 Mark zur Verfügung zu stellen. Das sei ein hoher Betrag, den sich die Gemeinde mit ihren armen Einwohnern gar nicht leisten könne. Das Geld sei dringend für andere Maßnahmen notwendig, beispielsweise für die Instandsetzung der in einem katastrophalen Zustand befindlichen Dorfstraßen. Allen Ernstes wurde von einigen Bahngegnern sogar die Behauptung aufgestellt, der dampfende und fauchende Zug würde das Vieh auf den Feldern scheu machen und negative Folgen für die Gesundheit der Menschen hervorrufen. Und überhaupt, wer solle denn mit der neuen Bahn fahren, die mittellosen Leute hätten ja gar nicht das Fahrgeld dafür.

Fast schien die Stimmung in der Versammlung, die anfangs eindeutig für den Bahnbau war, zu kippen, als sich dann ein alter Einwohner, „Wagnersch Dunn" (Anton Wagner), zu Wort meldete. Er war ein erfahrener Mann, sein Wort galt etwas in der Gemeinde. Als einer der wenigen im Dorf hatte er damals schon die „Coblenzer Volkszeitung" abonniert und er wusste, was in der Welt vorging. Er hielt den Pessimisten entgegen, ob sie denn ewig von der Welt abgeschieden bleiben wollten: „Denkt ihr denn nicht daran, dass wir dann nicht mehr Eier, Butter und Obst zu Fuß nach Boppard zum Markt schleppen müssen? Die neue Bahn wird Arbeit und Verdienst bringen. Beim Bau und später auch für die Unterhaltung der Bahn-

Vorbei am Lokschuppen in Buchholz trifft die einfahrende Lok „094 639" am 23. Juni 1968 mit vier Anhängern am Bahnhofsterrain ein.

Blick auf die Hebelbank im Stellwerk Buchholz (1985). Der Vorbau des Empfangsgebäudes, in dem sich das Stellwerk befand, wurde im Jahre 1909 angebaut.

strecke werden viele Arbeiter gebraucht. Bewerbt euch dafür, dann habt ihr Einkommen und Brot. Eine Fahrt in die große Stadt Koblenz wird nun möglich. Wer von euch hat denn schon mal das berühmte und großartige Denkmal unseres verehrten Kaisers am Deutschen Eck gesehen? Doch nur ganz wenige. Ja, zum Donnerwetter", und dabei schlug der sonst so ruhige „Dunn" mit der Faust auf den Tisch, „sollen wir denn noch immer die rückständigen Hinterwäldler sein, während man in anderen deutschen Landen schon längst die Fahrt mit der Eisenbahn genießt? Und die tausend Mark, die der Gemeinderat für den Bahnbau geben will, das ist doch nicht mehr als ein Anerkennungsbetrag. Wisst ihr denn, dass der Staat fast sechs Millionen Mark für die Hunsrückbahn ausgeben will, was ist da schon ein Tausender?"

Der alte Wagner, den alle nur als bedächtigen und ruhigen Mann kannten, hatte sich richtig in Rage geredet. Seine Worte verfehlten die Wirkung nicht. Die vorher so lautstarken Kritiker waren verstummt, diesen Argumenten hatten sie nichts entgegenzusetzen. So endete die Versammlung mit der einhelligen Meinung: „Die Bahn muss gebaut werden!"

Dann aber gab es doch noch Einwendungen des Gemeinderates, der mit dem aufgestellten Plan über die Streckenführung der Bahn nicht ganz einverstanden war. Die Ratsmitglieder hielten den Standort des neuen Bahnhofs an der alten Römerstraße für zu abgelegen und plädierten dafür, die Station näher zum Dorf Buchholz und auf ihre Gemarkung zu legen. Ebenso dringend äußerten sie den Wunsch, die Bahn auch für den Güterverkehr einzurichten, sonst müssten die Einwohner nach wie vor ihre Produkte nach auswärts mit Ackerwagen und Karren befördern. Während sich der Gemeinderat mit letzterem Anliegen durchsetzen konnte, war die Bahnverwaltung bei dem Standort des Bahnhofs nicht umzustimmen. Das neue Stationsgebäude wurde wie vorgesehen am

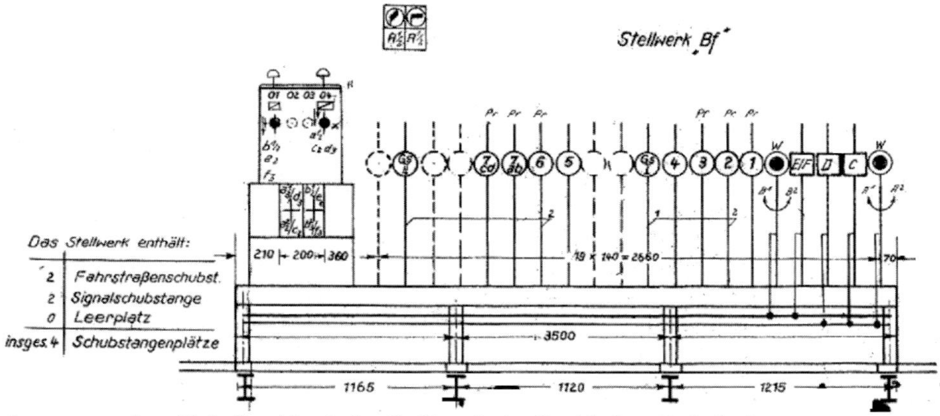

Auszug aus dem Hebelbankbuch des Stellwerks im Buchholzer Bahnhof.

„Hellerwald" in der Gemarkung Boppard errichtet. Einen symbolischen Erfolg konnte man in Buchholz doch verbuchen, denn die neue Bahnstation erhielt die Bezeichnung „Bahnhof Buchholz". Und so ist es bis heute geblieben.

Bau und Inbetriebnahme der Hunsrückbahn

Im Frühjahr 1905 wurde mit den Arbeiten auf dem Bauabschnitt Boppard - Kastellaun begonnen. Die Firma Grün & Bilfinger aus Mannheim hatte den Auftrag für den Abschnitt Boppard - Buchholz erhalten. Von zwei Seiten, von Buchholz und Boppard aus, wurden die Arbeiten begonnen. Rund 600 Arbeiter wurden an der Strecke beschäftigt, wobei aber zum Leidwesen der Bürgerschaft meist Arbeiter aus Kroatien und Italien zum Einsatz kamen. Trotzdem fanden auch viele Einheimische eine Beschäftigung, so dass „ein schönes Stück Geld in die Dörfer floss", wie in der Schulchronik Oppenhausen - Herschwiesen vermerkt wurde.

Die Bauarbeiten gingen nicht ohne folgenschwere Unfälle ab. Beim Bau des dritten Tunnels am „Weißertal" wurde ein italienischer Arbeiter getötet. Das schwerste Unglück ereignete sich bei Leiningen am 4. Januar 1907. Wiederum war es ein Italiener, der durch einen Bergrutsch verschüttet wurde. Bei den sofort eingeleiteten Rettungsversuchen kam es dann zu einer Katastrophe. Weitere Erdmassen rutschten nach und begruben Helfer und neugierige Zuschauer. Außer dem italienischen Arbeiter kamen weitere 12 Personen aus Norath, Hungenroth, Leiningen, Lamscheid, Bickenbach, Dörth und Reifenthal ums Leben. Mehrere Hinterbliebene waren durch den Tod ihrer Angehörigen in große Not geraten. Sie wurden aus dem Bahnfonds und durch Spenden mit geringen Geldbeträgen abgefunden.

Am Sonntag, 2. August 1908, war dann der große Tag gekommen, die Bahnstrecke von Boppard nach Pfalzfeld wurde in Betrieb genommen.

Zur ersten Fahrt vom Rhein auf den Hunsrück war folgender Fahrplan aufgestellt worden:

	Abfahrt	Entfernung	Fahrzeit
Ab Boppard	9.10		
Buchholz	9.55	6,2	40
Fleckertshöhe	10.04	2,9	8
Ehr	10.12	2,8	7
Halsenbach	10.21	2,7	7
(Emmelshausen)			
Leiningen	10.34	4,6	11
Pfalzfeld	10.46	4,3	10
Lingerhahn	10.55	3,2	8
Dudenroth	11.01	2,0	5
Ebschied	11.09	2,8	7
Hollnich	11.16	2,1	6
An Kastellaun	11.25	3,7	9

Als Lokführer Anton Weiland aus Boppard mit seinem geschmückten „Hunsrückzug“ um 9 Uhr zur Eröffnungsfahrt im Bahnhof Boppard vorfuhr, hatten sich viele Ehrengäste in Frack und Zylinder eingefunden, die begeistert waren von der romantischen Fahrt aus dem sonnendurchfluteten Rheintal in die Berge und Wälder des Hunsrücks. Viele wären gern noch mitgefahren, aber zugelassen waren nur geladene Ehrengäste, die Vertreter der Presse und die Ortsvorsteher der anliegenden Gemeinden, darunter auch Vorsteher Josef Pörsch aus Buchholz, der Großvater von „Bäckersch Toni“. Die „Geschwindigkeit“ des Zuges betrug auf der Bergstrecke gerade mal 10 km/h, ab Buchholz beschleunigte dann die Eisenbahn auf „rasante“ 30 Kilometer in der Stunde. Begeisterte Menschenmassen begrüßten den Zug auf jeder Station mit Hurra-Rufen. In Buchholz war der Lehrer mit seinen Schulkindern erschienen, die den Festzug mit bunten Fähnchen begeistert empfingen.

Nach der Ankunft in Kastellaun kurz vor Mittag fand auf der Burg ein Festakt statt. Der Simmerner Landrat Dr. Paul Brandt begrüßte die zahlreichen Teilnehmer, unter ihnen den Oberpräsidenten der Rheinprovinz, Freiherr von Schorlemer, den Regierungspräsident Freiherr von Hövel und den Präsident der Eisenbahndirektion Saarbrücken, Geheimer Oberbaurat Schwering. Um 13 Uhr fuhr dann die Bahn zurück an den Rhein. Die Fahrt gestaltete sich zu einem wahren Triumphzug. Kriegervereine waren aufmarschiert und mit Böllerschüssen wurde die Fahrt begleitet. In Boppard angekommen zogen die Festteilnehmer unter Begleitung einer Musikkapelle und der „letzten Postkutsche“ zum „Hotel Spiegel“. Dort feierten viele Redner den Tag mit überschwänglichen Worten. Landrat Hermann von Kruse aus St.

Bis zum 30. Mai 1985 war der Bahnhof Buchholz mit einem Fahrdienstleiter besetzt, der auch die Fahrkartenausgabe besorgte. Auf obigem Foto aus dem Jahre 1979 bearbeitete Vorsteher Theo Kloos dieses Aufgabenfeld. Ab 2. Juni 1985 wurde ein Kartenautomat in Betrieb genommen.

Abriss des Bahnhofes Buchholz am 4. August 1987.

Unmittelbar nach Abriss des Empfangsgebäudes wurde für „Ersatz" gesorgt.

Goar pries die Stadt Boppard als eine „Perle in dem Diadem der Städte am Rhein". Der Kölner Oberbürgermeister Max Wallraf lobte besonders zwei Männer, die sich rastlos für den Bahnbau eingesetzt hatten: Bürgermeister Heinrich Brandts, Boppard, und den früheren Eisenbahnpräsidenten Julius Redlich. Weitere Redner ergriffen das Wort und priesen die neue Bahn als großen Fortschritt für den Hunsrück.

Zur Eröffnung der Hunsrückbahn verfasste ein unbekannter Poet ein zehnstrophiges Gedicht, das in der Bopparder Zeitung veröffentlicht wurde.

Doch wie schnelllebig ist unsere Zeit geworden, Euphorie und Begeisterung um die Hunsrückbahn sind längst Vergangenheit. Schon nach rund 50 Jahren seit ihrer Inbetriebnahme machte die Bahnstrecke nur noch negative Schlagzeilen. Stilllegung, Gleisabbau, Verkauf und Abriss von Bahnhöfen, das alles erregte die Gemüter. Der Bahnhof Buchholz wurde im Herbst 1987 von heute auf morgen dem Boden gleichgemacht. Die Bahngleise zwischen Simmern und Emmelshausen sind längst abgebaut.

Für den ehemaligen Bahndamm fand man eine sinnvolle Verwendung. Er wurde zu einem Rad- und Wanderweg umfunktioniert, der gut angenommen wird. Nur auf der Strecke Boppard - Emmelshausen verkehren noch die Personenzüge. Es ist zu hoffen, dass wenigstens diese einzigartige Mittelgebirgsbahn erhalten bleibt.

Höhenangabe am Bahnhof Buchholz.

Entstehung der Siedlung „Buchholz-Bahnhof"

Mit dem Bau des Bahnhofs Buchholz im Jahre 1908 wurde auch der Grundstein gelegt für eine neue Wohnsiedlung, die folgerichtig die Bezeichnung „Buchholz-Bahnhof" erhielt. Vor dieser Zeit war das Gelände völlig unbesiedelt. Die Vegetation bestand aus Feld, Wald und Heideland. Schon von alter Zeit her führte die Römerstraße hier vorbei, die von Koblenz über die Rheinhöhen verlief und in Teilen die gleiche Streckenführung hatte wie die heutige Bundesstraße 327 („Hunsrückhöhenstraße"). Aber die Wegeverhältnisse waren denkbar schlecht. Die Fahrbahn der Straße von Pfaffenheck her war in einem erbärmlichen Zustand. Die Fuhrwerke blieben oft im Morast stecken. Erst ab 1910 wurde die Straße etwas ausgebessert, so dass der beginnende Autoverkehr bessere Verhältnisse vorfand.

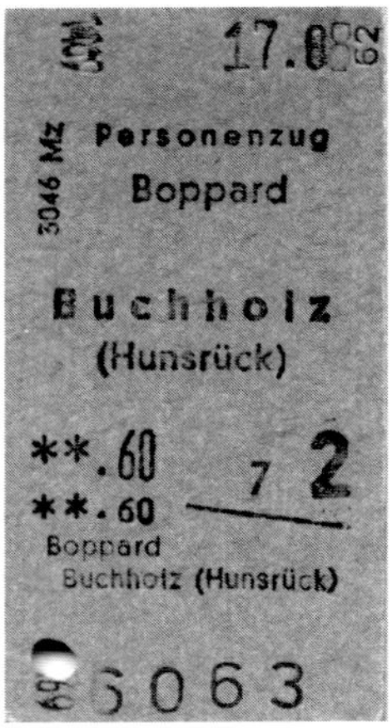

Fahrkarte aus dem Jahre 1962.

Fast zeitgleich mit dem Bahnhofsgebäude Buchholz entstand an der alten Römerstraße das sogenannte „Schneider-Häuschen", in dem die Wohnung für den ersten Bahnhofsvorsteher Böhmer eingerichtet wurde. Noch im gleichen Jahr 1908 begann Josef Wagner aus Boppard in unmittelbarer Nähe des Bahnhofs mit dem Bau eines Hotels, das zunächst den Namen „Bahnhofshotel" trug, später aber in „Tannenheim" umbenannt wurde. Die Baustoffe für den Hotelbau wurden mit den ersten Güterwagen der Hunsrückbahn angeliefert. Man muss den Mut und die Weitsicht dieses Mannes bewundern, der damals in dieser einsamen Gegend ein so stattliches Hotel hinstellte. Aber der Mut von Josef

Wagner wurde belohnt. Das Haus wurde schon bald Ziel vieler Gäste, die in der Stille der Hunsrückwälder Erholung suchten. Bis heute, da schon die vierte Generation im Haus mitwirkt, ist das „Tannenheim“ ein beliebtes Urlaubsziel geblieben.

Im Jahre 1910 kam ein weiteres Haus in den Bahnhofsbereich. Der legendäre Förster Reif baute auf der anderen Seite der Hunsrückhöhenstraße ein Wohnhaus. Diese Gebäude waren aber lange die einzigen am Bahnhof. Erst nach dem 1. Weltkrieg und verstärkt nach 1945 erlebte die Wohnsiedlung „Buchholz-Bahnhof“ einen wahren Bauboom. Beiderseits der Hunsrückhöhenstraße und abzweigend in die Buchholzer Straße hinein entstanden die Häuser, so dass Mitte der 1950-er Jahre fast 250 Menschen in der Siedlung lebten. Die Häuser standen auf drei verschiedenen Gemarkungen, nämlich in Buchholz, Boppard und Kratzenburg. Die Siedlung wurde als Ortsteil von der Gemeinde Buchholz verwaltet.

Josef Wagner aus Boppard errichtete in Bahnhofsnähe schon frühzeitig einen Hotelbetrieb.

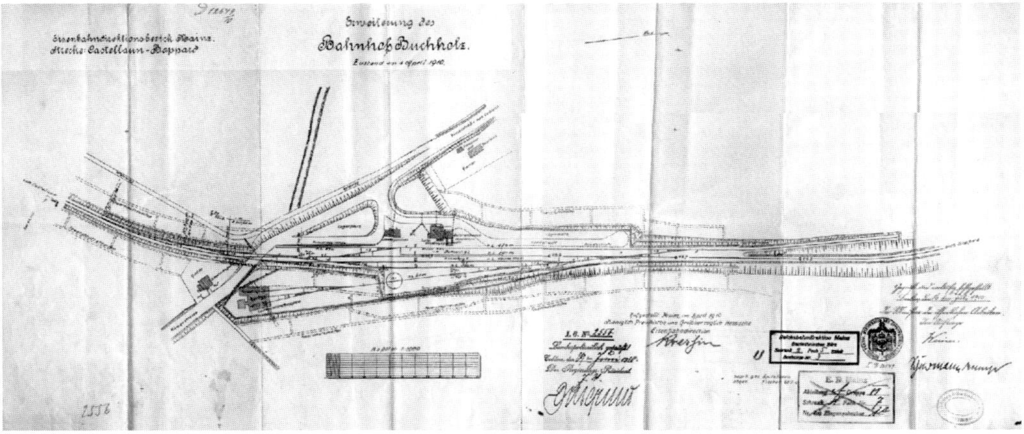

Die im April 1910 von der „Königlich Preußischen und Großherzoglich Hessischen Eisenbahndirection“ erstellte und am 16. Juli 1910 vom „Königlich Preußischen Ministerium der öffentlichen Arbeiten“ geprüfte und vorläufig festgestellte Planzeichnung der „Bahnstelle Buchholz“ zeigt neben dem damals vorhandenem Bestand auch die beabsichtigten Erweiterungen, die in der zweiten Jahreshälfte 1910 umgesetzt wurden. Nach der Planzeichnung existierte damals noch eine Drehscheibe mit einem Durchmesser von 12 Metern. Die Erweiterungsarbeiten umfassten insbesondere den Bau eines dreiständigen Lokschuppens (zwei Stände für die eingesetzten Zahnradlokomotiven, ein etwas längerer Standplatz für die in Fahrtrichtung Simmern eingesetzte Streckenlokomotive), sowie die Verlängerungen der Gleise 1, 2 und 3.

Dampfidylle auf der Hunsrückbahn

Sonderfahrten mit Dampfloks als Besuchermagnete

Bis weit in die 1960-er Jahre gehörten Eisenbahnwelten mit Dampflokomotiven und all ihren Begleiterscheinungen wie Dampf-, Rauch- und Lärmentwicklung, Kohleversorgung, Wasserbetankung, Schlacke- und Löscheentsorgung zum akzeptierten Lebensalltag. Mit dem gesteuerten systematischen Wegsterben der traditionsreichen dampfbetriebenen Eisenbahnen fanden sich zunehmend mehr Bahnfreunde, die sich in Dampflokvereinen zusammenschlossen und mit Erwerb und zum Teil sich über Jahre hinaus streckenden Restaurationsarbeiten dann doch die Betriebsfähigkeit einiger Dampfveteranen wieder herstellten und diese so vor der avisierten Verschrottung retteten. Auch die öffentliche Hand reagierte, erkannte die hervorgehobene Bedeutung dieser rollenden Industriedenkmäler und unterstützte regelmäßig mit finanziellen Mitteln den Fortbestand der „Faszination Dampfeisenbahn“.
Heute belegen regelmäßige Sonderfahrten mit „Dampfidylle“ und vollbesetzten Personenanhängern das unverminderte Interesse großer Bevölkerungsteile an den Reisen in die heimatliche Vergangenheit.
Nachfolgend einige bebilderte Beispiele, wie solche Sonderfahrten mit steilstreckentauglichen Dampfloks auch das Streckennetz der Mittelgebirgsbahn zwischen Rhein und Hunsrück mit Leben erfüllten.

Sonderfahrten mit der Dampfeisenbahn begeistern unvermindert die Massen und locken wie auf obigem Foto vom 5. Juni 1993 am Bopparder Bahnhof regelmäßig zahlreiche Hobbyfotografen herbei.

Sonderzugfahrt am 23. Juni 1968

Mit der Tenderlokomotive der Baureihe 094, der preußischen T 16.1, startete die Sonderzugfahrt mit vollbesetzten Personenanhängern in Boppard ihre Reise in den Vorderhunsrück.

Sonderzugfahrt am 21. Februar 1971

Die Dampflok der Maschinenfabrik Esslingen der Baureihe 82 war als steilstreckentauglicher Bautyp mit der sog. Riggenbach-Gegendruckbremse ausgestattet.

Sonderzugfahrt am 5. Juni 1993

Die kohlengefeuerte Dampflok, aus der Baureihe 94 des BW Arnstadt (Deutsche Reichsbahn), hier im Bahnhof Boppard, meisterte problemlos die Reise in den Vorderhunsrück.

Sonderzugfahrt am 5. Oktober 1994

Die Steilstrecke diente dem „Arbeitskreis Eifelbahnen" als Kulisse für dokumentarische Filmaufnahmen mit der Dampflok 94 1292 des Bahnbetriebswerkes Arnstadt.

Von Null auf Hundert

Eisenbahnbetriebliche Beschreibung der hundertjährigen Bahngeschichte

von Jürgen Quary

Wer hätte beim 75-jährigen Streckenjubiläum daran gedacht, das diese Bahnlinie so alt wird und ihr obendrein auch noch eine mindestens 20 Jahre währende Zukunft bevor steht? Ganz ehrliche Antwort: Wohl niemand!

Doch der Reihe nach: Dieser Bericht dokumentiert den 100-jährigen Bahnbetrieb zwischen der Rheinstadt Boppard und dem Luftkurort Emmelshausen, dessen Keimzelle der frühere Bahnhof Halsenbach – heute Bahnhof Emmelshausen – war. Da der Betrieb aber bis 1983 untrennbar mit der weiteren Strecke nach Simmern und dem dortigen Bahnbetriebswerk verbunden war, werden unweigerlich auch Informationen zum weiteren Streckenverlauf hier auftauchen! Boppard - Emmelshausen war eben nur der Schlusspunkt im Bau einer direkten Verbindung vom Hunsrück an den Rhein.

Bau der Strecke Simmern - Kastellaun - Pfalzfeld - Boppard

Die ersten Pläne einer Bahnlinie von Simmern im Hunsrück, das bereits seit dem 7. Oktober1889 per Bahn aus Richtung Langenlonsheim erreichbar war, wurden aufgrund der schwierigen Geländeverhältnisse erst sehr spät angegangen. Das erste Teilstück der Bahnstrecke Simmern - „Rheintal" wurde am 28. Oktober1901 mit dem 15,1 km langen Abschnitt Simmern - Castellaun (ab 1938: Kastellaun) in Betrieb genommen. Erst als man sich über den Endpunkt der Bahnlinie in Boppard einig war (Bacharach, Oberwesel und St. Goar waren auch zeitweise im Gespräch gewesen), ging der Bahnbau weiter: Mit dem preußischen Gesetz vom 18. Mai 1903 wurde die Finanzierung des letzten Teilstückes der Hunsrückbahn sichergestellt und sodann der Weiterbau bis Pfalzfeld in Auftrag gegeben. Dieser 13,84 km lange Abschnitt wurde am 1. Oktober 1906 ohne die sonst üblichen großen Feierlichkeiten in Betrieb genommen. In Pfalzfeld entstand neben einem Bahnhofsgebäude ein noch bis in die 1960-er Jahre in Betrieb befindlicher und heute noch existenter Wasserturm. Die Feierlichkeiten sollten erst mit der Inbetriebahme der Gesamtstrecke Castellaun - Boppard am 2. August 1908 stattfinden.

Dieser letzte Abschnitt war 23,94 km lang und hatte gerade auf den letzten 5,5 km mit denextremen Geländeverhältnissen zu kämpfen: Auf dieser relativ kurzen Strecke ist ein Höhenunterschied von 326 Höhenmetern zwischen den Orten Boppard (78 m über NN) und Buchholz (404 m über NN) zu überwinden. Dieser Höhenunterschied mit Steigungen bis zu 6,375 % machten die Hunsrückbahn zu einer der steilsten Bahnstrecken im Netz der preußischen Staatseisenbahnen und nach dem 2. Weltkrieg zur steilsten Bahnstrecke im Netz der neu gegründeten Deutschen Bundesbahn!

Für den Bahnbetrieb entstanden in Buchholz eine Wasserstation zur Versorgung der Lokomotiven, ein dreiständiger Lokschuppen und eine Drehscheibe. Dieser Schuppen existiert übrigens als Werkhalle auf dem Gelände der Firma BOMAG bis heute! In Boppard wurde 1909 ein Lokbahnhof mit einem zweiständigen Lokschuppen und einer Bekohlungsanlage errichtet. Der Lokschuppen war bis 1974 – lange nach Ende des Dampfbetriebs – in Betrieb und wurde sodann durch das heute noch vorhandene Gebäude ersetzt.

Soviel als kurzer Abriss zum Bau der Strecke. Betrachten wir ab nun das eigentliche Thema: den Betrieb der Strecke!

Per Zahnstange auf die Hunsrückhöhen

Zur Zeit der Fertigstellung der Steilrampe war es unmöglich, Steigungen über 60 Promille im reinen Adhäsionsbetrieb, also nur durch Nutzung der Reibungslast der Lokomotive zu betreiben. Dafür waren die damaligen Lokomotiven einfach zu leicht. Die betriebsführendene preußische Staatsbahn besaß bereits einige Erfahrungen mit dem Betrieb einer Steilstrecke, da sich im Bereich der Königlichen Eisenbahndirektion (KED) Erfurt die Strecke Stützerbach - Rennsteig Schleusingen seit 1904 mit Zahnstange in Betrieb befand. Die dort eingesetzten Lokomotiven der preußischen Baureihe T 26 bewährten sich im Betrieb ganz gut und wurden deshalb auch für die Strecke Boppard - Castellaun bei Borsig in Berlin-Tegel bestellt.

Bei der Baureihe T 26 (DRG-Baureihe 97.0) handelt es sich um eine C1'/b-n4t-Zahnradlokomotive. Es waren kurze, gedrungene Dreikuppler mit einer unter der Feuerbüchse angeordneten zusätzlichen Schleppachse und einem verhältnismäßig großen Führerhaus. Sie waren für das Zahnradsystem Abt ausgelegt. Das Zahnstangensystem Abt, benannt nach dem Patent des Schweizer Ingenieur Roman Abt, bestand aus zwei Lamellen und war in der Gleismitte verlegt. Beide Lamellen waren so gegeneinander versetzt, dass der Zahn der einen Stange die Zahnlücke der gegenüberliegenden deckte, also immer ein Zahn im Eingriff war und die Gefahr, dass die Maschine aus der Zahnstange herauskletterte, äußerst gering war.

Das Zahnradtriebwerk der T 26 wurde von zwei Innenzylindern angetrieben und bestand aus zwei hintereinander liegenden Zahnradachsen, von denen jede zwei Zahnräder mit 18 Zähnen (Teilung 120 mm) trug. Das Zahnradtriebwerk selbst war in einem besonderen Stahlgussrahmen ungefedert auf den ersten beiden Kuppelachsen aufgelagert. Der Zahnraddurchmesser betrug im Radius 688 mm und war vorteilhaft für eine günstige Kraftübertragung und Feueranfachung durch die hohe Tourenzahl der Zahnräder. Die Zahnräder waren so angeordnet, dass die Zähne des einen Zahnrades die Lücken des anderen deckten. Die Zahnräder auf der hinteren Achse waren nochmals um 30 mm versetzt, so dass bei einer Umdrehung 72 Zähne eingriffen! Dieses komplizierte Zahnradtriebwerk musste sehr behutsam in die Zahnstange ein- und ausgefahren werden. Die zulässige Geschwindigkeit betrug bei der Bergfahrt 7,5 km/h, bei Talfahrt sogar nur 5 km/h. Die maximale Geschwindigkeit innerhalb der Zahnstange betrug 15 km/h. Die 30 m langen Enden der Zahnstangen waren senkrecht abgefedert und wurden vom Zahn-

Das Bild zeigt die Lok MAINZ 9004 (Borsig 1910, Fabrik-Nr. 7411) in Boppard.

radtriebwerk niedergedrückt, wenn der korrekte Eingriff nicht sofort erfolgte, bis schließlich die Zahnräder in die Zahnlücken sprangen.

Die Zahnradmaschine war von der Adhäsionsmaschine unabhängig, jedoch in der Umsteuerung mit ihr verbunden. Im Dampfdom auf dem 2. Kesselschuss war ein Doppelregler untergebracht, von denen einer die Adhäsions- und einer die Zahnradmaschine bediente. Für jeden Regler gab es im Führerstand einen besonderen Hebel und es erforderte einiges Geschick des Lokführers, beide Triebwerke bei der Einfahrt in die Zahnstange synchron laufen zu lassen. Zur leichteren Unterscheidung waren die Bedienelemente der Zahnradmaschine mit vierkantigen Wellen ausgeführt. Die Dampfleitungen für die Adhäsionsdampfmaschine wurden von einem Verteilerdom auf dem 1. Kesselschuss außen am Kessel zu den Schieberkästen geführt. Die Dampfleitungen für die Zahnradmaschine führten durch die Rauchkammer zu den Innenzylindern.

Bei den Lokomotiven waren insgesamt drei voneinander unabhängige Bremssysteme installiert: Zum einen die normale Druckluftbremse für Lokomotive und Wagenzug. Als zweites Bremssystem war eine spezielle Handbremse für die Zahnradachsen eingebaut. Die wichtigste, weil verschleißärmste Bremse war jedoch die Gegendruckbremse nach dem Patent Riggenbach: Bei der Gegendruckbremse wird nach Einfahrt in die Steilrampe die Steuerung entgegen der Fahrtrichtung gelegt. Dabei wird in den Dampfzylindern Luft angesaugt, dort verdichtet und der Zug über das Gestänge der Lokomotive sanft und stetig abgebremst. Da sich die angesaugte Luft beim Komprimieren erhitzt, wird zur Kühlung Wasser in die Dampfzylinder eingespritzt, das dort sofort verdampft und als Dampf über ein spezielles Ausströmrohr ins Freie gelangt.

Zum Abschluss noch eine tabellarische Auflistung der wichtigsten Maße:

Bauart:	C1'/b-n4t
Treibrad-Durchmesser:	1.080 mm
Laufrad-Durchmesser:	800 mm
Länge über Puffer (LüP):	10.450 mm
Kesselüberdruck:	12 kp/cm^2
Maximale Achslast:	16,6 t
Maximale Reibungslast:	44,0 t
Dienstlast:	59,1 t

Für den Einsatz vor Bauzügen wurden bereits 1906 zwei Lokomotiven bestellt von der Königlichen Eisenbahndirektion St. Johann-Saarbrücken mit den Betriebsnummern SAARBRÜCKEN 2200 (Borsig 1906, Fabrik-Nr. 5804) und SAARBRÜCKEN 2201 (Borsig 1906, Fabrik-Nr. 5805) geliefert. Kurz nach ihrer Inbetriebnahme erhielten die beiden Lokomotiven im Zuge der Vereinheitlichung der preußischen Loknummern die Bezeichnung SAARBRÜCKEN 9001 und SAARBRÜCKEN 9002. 1906 wurde dann noch zusätzlich die Lokomotive SAARBRÜCKEN 9003 (Borsig 1906, Fabrik-Nr. 6000) geliefert. Mit diesen drei Lokomotiven begann am 3. August 1908 der Bahnbetrieb zwischen Boppard und Buchholz.

Die Länge der Züge war auf 14 Zugachsen und einer maximalen Zuglast von 110 Tonnen begrenzt, so das ein normaler Personenzug wie folgt aussah: ein Postwagen, zwei Personenwagen 4. Klasse, ein Personenwagen 2./3. Klasse und ein Personenwagen 3. Klasse. Das ergab zusammen zehn Wagenachsen und ließ noch Spielraum für einen oder auch zwei Güterwagen. Für eine Fahrt von Boppard nach Buchholz benötigte ein Zug im ersten Betriebsjahr 38 Minuten. In entgegen gesetzter Fahrrichtung dauerte es 34 Minuten.

Die Zahnradlokomotiven wurden im Lokbahnhof (Lbf) Boppard gewartet und mit Vorräten versorgt. Dieser Lokbahnhof war zu Beginn des Bahnbetriebes dem Bahnbetriebswerk (Bw) Simmern unterstellt. Nach kurzer Zeit muss die Steilstrecke und damit auch deren Betriebsmittel von der KED St. Johann-Saarbrücken auf die KED Mainz übergewechselt sein, denn die Lokomotiven tauchen schon bald als MAINZ 9001 - MAINZ 9003 in den Beheimatungslisten auf. Nun war der Lbf Boppard nicht mehr dem Bw Simmern sondern dem Bw Bingerbrück unterstellt. Die Direktionsgrenze zwischen der Direktion Saarbrücken und Mainz lag unterhalb des Bahnhofs Buchholz bei Streckenkilometer 46,9.

Im ersten Fahrplan 1908 waren fünf Zugpaare für die Strecke Boppard - Buchholz vorgesehen:

Die Abfahrtszeiten ab Boppard: 6:32 Uhr, 9:00 Uhr, 12:08 Uhr, 3:33 Uhr und 9:10 Uhr. Die Ankunftszeiten in Boppard: 7:28 Uhr, 11:13 Uhr, 2:25 Uhr, 5:45 Uhr und 7:53 Uhr.

Schon ein Jahr später, zum Sommerfahrplan 1909, hatte die Bahnverwaltung dem Wunsch nach mehr Ausflugszügen Rechnung getragen und setzte an Sonn- und Feiertagen zu den bisherigen Zügen noch drei zusätzliche Zugpaare ein: Boppard ab um 11:50 Uhr (Buchholz an: 12:20 Uhr), 1:25 Uhr (Halsenbach an: 2:19 Uhr) und 3:22 Uhr (Buchholz an: 3:50 Uhr). Informativ wird darauf hingewiesen, dass die „24-stündige" Zeitangabe erst 1927 europaweit eingeführt wurde.

Von Anfang an war in der örtlichen Presse von Problemen beim Betrieb der Strecke zu lesen. Die Züge waren hoffnungslos überfüllt, konnten aber wegen der maximalen Zuglängen und -gewichte nicht verlängert werden. Auch kam es immer häufiger vor, dass die Strecke bei den Lokomotiven ihren Tribut zollte, sprich die Züge wegen Dampfmangels zwischen Boppard und Buchholz liegenblieben. Nachdem sich solche Schwierigkeiten immer mehr häuften und der Betrieb durch einen liegen geblieben Zug komplett eingestellt werden musste, muss eine technische Besonderheit in die Steilstrecke eingebaut worden sein: Eine Ausweichstelle mit einer bergseitigen Weiche und einem völlig eben verlaufendem Nebengleis, dessen Abschlussprellbock oberhalb des Rauschenloch-Viaduktes lag. Hatte es ein Zug bis hierher geschafft, aber war ein Liegenbleiben auf der weiteren Strecke bis Buchholz absehbar, konnte man hier – nach Umlegen der Zahnstangen(!)-Weiche – langsam in ein Ausweichgleis zurückrollen und dort den für die weitere Fahrt erforderlichen Dampf „kochen". Dank dieser Ausweichstelle konnte ein talwärts fahrender Zug die Strecke trotz des liegengebliebenen Zuges passieren. Wie lange diese Ausweichstelle in

97 401 (preuß. T 28) in Boppard.

Betrieb war und wann sie demontiert wurde, ist nicht bekannt. Spuren des Schotterbettes sind jedoch heute noch zu finden.

1910 wurde mit der Lokomotive MAINZ 9004 (Borsig 1910, Fabrik-Nr. 7411) eine vierte Lokomotive nach Boppard geliefert, was den Betrieb aber nur wenig dauerhaft entlastete. Aus diesem Grund wurde 1911 noch eine weitere Lokomotive MAINZ 9005 (Borsig 1911, Fabrik-Nr. 8000) beschafft.

Auch über das eingesetzte Wagenmaterial gab es viele Beschwerden, die dann im Dezember 1911 zum Einsatz modernerer Waggons, der sogenannten Bauart „Langenschwalbach" führten. Das Problem mit den überforderten Zahnradlokomotiven konnte jedoch nicht so schnell gelöst werden und blieb auch bis zum Ende des Zahnradbetriebes ein Dauerbrenner.

In Buchholz wurden sämtliche Züge auf Reibungslokomotiven umgespannt. Zwischen Simmern und Buchholz setzte das zuständige Bw Simmern Lokomotiven der preußischen Baureihen T 9.3 (DRG-Baureihe 91.3), T 14 (DRG-Baureihe 93.0-4) oder T14.1 (DRG-Baureihe 93.5-12) ein. Der Fahrplan war so ausgelegt, dass die Züge von und nach Simmern sich in Buchholz begegneten („kreuzten"), womit ein Lokomotivwechsel problemlos möglich war. Die Reibungslokomotive übernahm für die Rückfahrt nach Simmern den Zug von der Zahnradlokomotive. Diese beförderte, nachdem sie mit frischen Wasservorräten versorgt worden war und sich auch der Dampfdruck im Kessel nach der anstrengenden Bergfahrt wieder normalisiert hatte, den Zug aus Simmern zur Endstation ins Tal nach Boppard.

Neben den fünf Personenzügen verkehrte auch in all den Jahren mindestens ein Güterzugpaar auf der Steilstrecke.

Während des 1. Weltkrieges fuhren in jeder Fahrplanperiode fünf Zugpaare auf der Gesamtstrecke von Boppard bis Simmern.

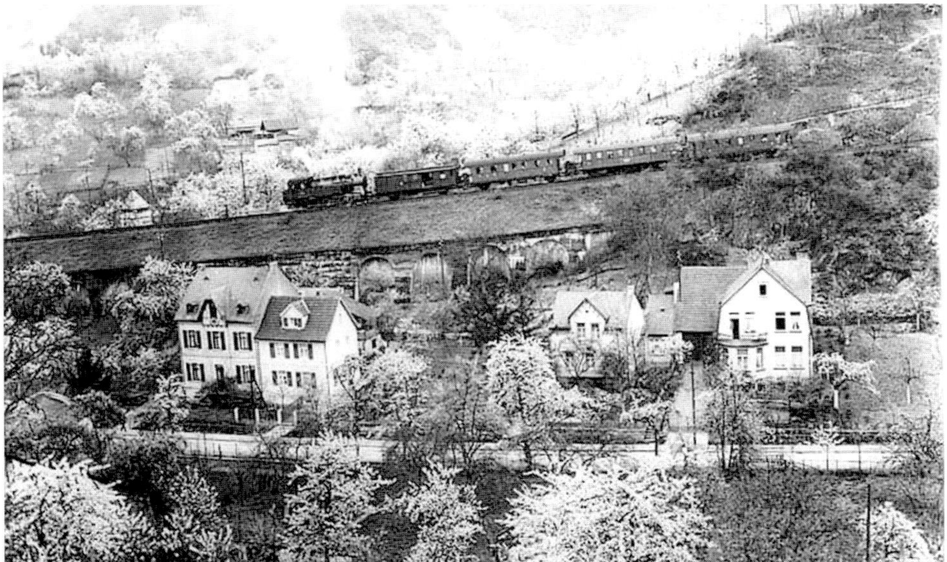

Mühsam schiebt sich die Dampflok in morgendlicher Frühlingssonne entlang des Mühltales in Richtung Vorderhunsrück. Die 94 988 drückt mit gewaltiger Kraftanstrengung den P 3638 im Jahre 1932 die Steilstrecke hinauf.

Die außerordentliche Länge des mit elf Waggons bestückten Sonderzuges P 3646 im Frühjahr des Jahres 1932 erforderte für die gewaltige Kraftanstrengung im Steilstreckenabschnitt des Mühltales neben der starken Zugmaschine 94 1088 noch die nachschiebende 94 1363. Dennoch mussten die Reisenden viel Geduld aufbringen, bis der Zug die Höhen des vorderen Hunsrücks bei Buchholz erreicht hatte.

1920 schlossen sich alle im deutschen Länderbahngesellschaften zusammen und gründeten gemeinsam die Deutsche Reichsbahn Gesellschaft (DRG), die von nun an auch für den Betrieb zwischen Boppard und Simmern zuständig war. An den Zuständigkeiten änderte sich bis auf die Tatsache, dass aus der Königlichen Eisenbahndirektion Mainz die Reichsbahndirektion (RBD) Mainz wurde, nichts. Bei den Lokomotiven änderte sich aber die komplette Bezeichnung. Die bisherigen preußische T 26 mit Länderbahnnummern wurde in die nachfolgend genannten Maschinen der DRG-Baureihe 97.0 umgezeichnet: MAINZ 9001 = 97 004, MAINZ 9002 = 97 005, MAINZ 9003 = 97 008, MAINZ 9004 = 97 009, MAINZ 9005 = 97 014.

1921 wurden nochmals zwei Zahnradlokomotiven für die Strecke Boppard - Buchholz beschafft: 97 029 (Borsig 1921, Fabrik-Nr. 10779) und 97 030 (Borsig 1921, Fabrik-Nr. 10778) traten im April 1921 ihren Dienst im Vorderhunsrück an.

In den frühen 1920-er Jahren war der Zugverkehr auf der Strecke mit drei durchgehenden Zugpaaren am schwächsten. Es verkehrten:

Zug 3232,
Boppard ab: 6:12 Uhr, Simmern an: 8:37 Uhr
Zug 3236,
Boppard ab: 1:46 Uhr, Simmern an: 4:06 Uhr
Zug 4638,
Boppard ab: 7:24 Uhr, Simmern an: 9:54 Uhr
Zug 3229,
Simmern ab: 4:55 Uhr, Boppard an: 7:15 Uhr
Zug 3233,
Simmern ab: 12:49 Uhr, Boppard an: 2:56 Uhr
Zug 4637,
Simmern ab: 6:52 Uhr, Boppard an: 9:09 Uhr

Im Jahre 1922 unternahm die DRG erste Versuche, den zeit- und auch kostenintensiven Zahnradbetrieb, verbunden mit dem Problem der doch zu schwachen BR 97.0, zwischen Boppard und Buchholz durch einen reinen Adhäsions- (Reibungs-) Betrieb zu ersetzten. Dafür weilte zeitweise eine in Suhl (Thüringen) beheimatete schwere 1' E 1'-Reibungs-Tenderlokomotive der preußischen Baureihe T 20 (DRG-Baureihe 95.0) in Boppard. Selbstverständlich war auch diese Maschine, um eine Betriebserlaubnis zu erhalten, mit einer Gegendruckbremse ausgerüstet. Die Lokomotive schaffte die beachtliche Zuglast von 180 Tonnen, und damit 70 Tonnen mehr als die eingesetzten Zahnradlokomotiven, nach Buchholz zu drücken. Bei talwärts fahrenden Zügen durften sogar 200 Tonnen gebremst werden! Es blieb jedoch vorerst nur bei diesen Versuchen, der Zahnradbetrieb lief weiter.

Ebenfalls 1922 trat in Boppard eine andere Maschine an und sollte auch längere Zeit zwischen Boppard und Buchholz eingesetzt

„Und wenn der kleine Mann nicht will, stehen alle Räder still": Zu Zeiten der französischen Rheinlandbesetzung und der aufkommenden Separatismusbewegung beteiligten sich auch Bopparder Eisenbahner am ausgerufenen Generalstreik, indem sie den Bahnverkehr völlig lahmlegten. So war auch im Jahre 1923 für obige, am Bopparder Lokbahnhof stehende preußische T 9.3 (DRG Baureihe 91.3) Stillstand angesagt. Diese Lokomotiven fuhren im Übrigen versuchsweise auch schon mal an der Zugspitze Richtung Buchholz, um dort den Lokwechsel einsparen zu können.

Ausweisungen nach Weilburg/Lahn oder Bad Sachsa/Harz waren die unweigerliche Folge. Bei der großen Mehrheit der in dieser Zeit von den 109 Ausweisungsbefehlen, die 377 Personen erfassten, betroffenen Personen handelte es sich um Mitarbeiter der Reichsbahn mitsamt ihren Familienangehörigen.

werden: Die 97 401. Bei ihr handelte es sich um eine bereits 1914 als Ersatz für die preußische T 26 geplante 1' D' 1-Zahnrad-Tenderlokomotive mit der preußischen Baureihenbezeichnung T 28. Durch die Wirren des 1. Weltkrieges wurde der ursprüngliche Auftrag an Borsig storniert, die Maschine als Unikat nach dem Krieg dann doch noch gebaut (Borsig 1921, Fabrik-Nr. 10781). Der Bau geschah zu einer Zeit, als das Ende der Zahnradverkehre und damit auch der dafür benötigten Zahnradlokomotiven absehbar war! Der geplante Einsatz in der RBD Erfurt unterblieb und so wurde die „Einzelgängerin“ am Rhein im Bw Bingerbrück / Lbf Boppard für den Betrieb der Steilstrecke nach Buchholz beheimatet.

Diese Lokomotive hatte ganz andere Ausmaße als die bisher hier eingesetzten Lokomotiven der Baureihe 97.0. Dass auch die 97 401 über eine für den Betrieb auf Steilstrecken erforderliche Gegendruckbremse verfügte, versteht sich von selbst.

Ihre Daten sahen wie folgt aus:

Bauart:	1' D' 1/h2
Treibrad-Durchmesser:	1.100 mm
Laufrad-Durchmesser:	800 mm
Länge über Puffer (LüP):	12.700 mm
Leistung:	977 PS
Kesselüberdruck:	14 kp/cm2
Maximale Achslast:	17,8 t
Maximale Reibungslast:	66,4 t
Dienstlast:	94,3 t

Die Fahrzeiten auf der Strecke wurden mit Rücksicht auf die als Reserve vorgehaltenen 97.0 nicht verändert. Über den genauen Einsatzzeitraum dieser stärksten deutschen Zahnradlokomotive zwischen Boppard und Buchholz ist nichts Detailliertes bekannt. Die Lok selbst wurde 1931, nach Ausbau des

Einen Monat nach Streckeneröffnung war auch der Lokbahnhof im Burdental mit Wasserkran, Putzgrube und Bekohlungskran weitestgehend fertiggestellt. Baueinstellungen verzögerten den Abschluss der Bauarbeiten am Kamin bis März 1910. Während auf der Rheinstrecke Ende August 1950 ein Personenzug mit zehn Waggons Richtung Koblenz fährt, befindet sich die gerade gestartete Hunsrückbahn noch am Beginn der Steilstrecke.

Fototermin mit der bewährten preußischen Lokomotive der Gattung T 3, einer laufachslosen, dreifach gekuppelten Tenderlokomotive, die über 1.300 Mal an die Preußische Staatseisenbahn, aber auch an zahlreiche andere Bahnen im In- und Ausland, ausgeliefert wurde.

Zahnradtriebwerkes, an eine private Bahngesellschaft verkauft und erhielt sogar noch 1949 von der Deutschen Reichsbahn der DDR die Betriebsnummer 93 6576.

Umstellung auf Adhäsions- (Reibungs-)Dampfbetrieb

Wann die konkrete Umstellung vom Zahnrad- auf den Reibungsbetrieb erfolgte, lässt sich aus heutiger Sicht nicht genau bestimmen. Es gibt die Vermutung, dass die Umstellung schrittweise erfolgte. Gesicherte bildliche Nachweise, die das Streckengleis ohne Zahnstange zeigen, datieren aus dem Jahr 1931.

Der erste Planzug mit einer Reibungslokomotive dürfte aber bereits im Sommer 1927 gefahren sein. Dem zuständigen Bw Bingerbrück war im Mai 1927 mit der 94 817, einer E h2-Tenderlokomotive der ehemaligen preußischen Baureihe T 16.1, die erste steilstreckentaugliche, mit Gegendruckbremse ausgerüstete Adhäsionslokomotive zugeteilt worden. Ihr folgten im August 1927 die 94 988 und im September 1927 die 94 1080. Im Oktober 1927 wurde schließlich noch die 94 1144 dem Bw Bingerbrück für den Betrieb auf der Steilstrecke zugeteilt.

Die Fahrzeiten und auch der Betriebsablauf änderten sich durch den Einsatz der Reibungslokomotiven nicht merklich. Das von den Zahnradlokomotiven bereits bekannte Umspannen in Buchholz auf Lokomotiven der Reihe 93.0-4 bzw. 93.5-12 wurde beibehalten. Die Fahrzeiten betrugen nun 34 Minuten für die Bergfahrt und 27 Minuten für die Talfahrt. Was sich änderte, waren die Zuglasten: die 94.5-17 war in der Lage, einen Zug mit einem Gewicht von 130 Tonnen bergan zu befördern. Beim Einsatz einer zweiten Lokomotive an der Zugspitze waren sogar 250 Tonnen zulässig. Talwärts durfte eine Lok einen Zug mit der maximalen Masse von 200 Tonnen bremsen.

Ein exemplarischer Fahrplan aus dem Sommer 1934 zeigt die Veränderungen nach Übergang auf den Reibungsbetrieb:

Boppard - Simmern

Zug-Nr.:	Abfahrt		Ankunft	
3234	Boppard	6:11	Simmern	8:09 Uhr
3236	Boppard	9:05	Simmern	11:05 Uhr
3238	Boppard	13:42	Simmern	15:47 Uhr
3240	Boppard	16:06	Simmern	18:05 Uhr
3242 (w)	Boppard	18:00	Pfalzfeld	19:03 Uhr
3244	Boppard	21:04	Simmern	22:59 Uhr

Simmern - Boppard

Zug-Nr.:	Abfahrt		Ankunft	
3233	Simmern	5:16	Boppard	7:07 Uhr
3235	Simmern	8:12	Boppard	10:01 Uhr
3237	Simmern	12:52	Boppard	14:41 Uhr
3239	Simmern	15:14	Boppard	17:02 Uhr
3243	Simmern	18:47	Boppard	20:37 Uhr

Die Daten der Baureihe 94.5-17 sahen wie folgt aus:

Bauart:	E h2
Treibrad-Durchmesser:	1.350 mm
Länge über Puffer (LüP):	12.660 mm
Leistung:	1.070 PS
Kesselüberdruck:	12 kp/cm²
Maximale Achslast:	17,2 t
Maximale Reibungslast:	84,9 t
Dienstlast:	84,9 t

Bis 1937 änderte sich nun beim Betrieb auf der Steilrampe recht wenig, sieht man einmal von der Zuteilung einer weiteren Lokomotive, 94 1652, am 15. Juli 1936 ab. Diese Lok wird uns in den späten 1960-er Jahren noch einmal kurz begegnen.

Im Mai 1937 wurde durch den Zugang des Saarlandes das Betriebswerk Simmern (Hunsrück) aus der RBD Trier/Saarbrücken ausgegliedert und der RBD Mainz zugeschlagen. Demzufolge unterstellte man ab dem 23. Mai 1937 den Lokbahnhof Boppard mit seinen Steilstreckenlokomotiven dem Bw Simmern, machte diese Maßnahme jedoch schon zum 23. September 1940 wieder rückgängig.

Folgende Lokomotiven waren mit „RDB Mainz, Bw Simmern" beschriftet:

94 817	Bw Bingerbrück	.05.1927 - 21.05.1937
	Bw Simmern	22.05.1937 - 23.09.1940
	Bw Bingerbrück	24.09.1940 - 30.11.1945
94 988	Bw Bingerbrück	26.08.1927 - 21.05.1937
	Bw Simmern	22.05.1937 - 23.09.1940

Schlepptriebzug bei der Einfahrt in Boppard im Jahre 1969.

	Bw Bingerbrück	24.09.1940 - 26.10.1944
94 1080	Bw Bingerbrück	.09.1927 - 21.05.1937
	Bw Simmern	22.05.1937 - 23.09.1940
	Bw Bingerbrück	24.09.1940 - 30.11.1945
94 1144	Bw Bingerbrück	23.10.1927 - 21.05.1937
	Bw Simmern	22.05.1937 - 23.09.1940
	Bw Bingerbrück	24.09.1940 - 30.11.1945
94 1363	Bw Simmern	.1939 - 23.09.1940
	Bw Bingerbrück	24.09.1940 - 30.11.1945
94 1652	Bw Bingerbrück	15.07.1936 - 21.05.1937
	Bw Simmern	22.05.1937 - 02.08.1939

Ganz offensichtlich wurde im Jahre 1939 die 94 1652 gegen die 94 1363 getauscht.

Den 2. Weltkrieg überstand die Strecke ohne größere Zerstörungen, so dass der Betrieb schon bald wieder aufgenommen werden konnte. Die Bahnstrecke unterstand nach Kriegsende und der Besetzung des heutigen Rheinland-Pfalz durch die Siegermacht Frankreich der durch diese gegründeten „Südwestdeutschen Eisenbahngesellschaft“ (SWEG). Die Reichsbahndirektionen (RBD) wurden in „Eisenbahndirektionen“ (ED) umbenannt.

Die vier vorhandenen, steilstreckentauglichen Lokomotiven 94 817, 1080, 1144 und 1363 wurden von der zuständigen ED Mainz zum 1. Dezember 1945 von Bingerbrück nach Koblenz-Mosel umgesetzt. Hierfür war sicher die kürzere Entfernung zum Heimat-Bw ausschlaggebend. Damit liefen die Lokomotiven des Lokbahnhof Boppard nun mit der Beschriftung „ED Mainz, Bw Koblenz-Mosel“.

1949 wurde die „Deutsche Bundesbahn“ gegründet und die „ED Mainz“ verwandelte sich in die neu geschaffene „Bundesbahndirektion Mainz“ (BD). An dem Betrieb der Strecke Boppard - Buchholz - Simmern änderten alle diese organisatorischen Maßnahmen recht wenig.

Eine erste entscheidende Veränderung, wenn auch nur für den Abschnitt Simmern - Buchholz, geschah im Oktober 1952: Die Fahrgastzahlen waren zu Beginn der 1950-er Jahre durch den aufkommenden Individualverkehr rückläufig, der Dampfbetrieb zusehends kostenintensiver. Vor diesem Hintergrund bekam das Bw Simmern mehrere fabrikneue einmotorige Schienenbusse der Baureihe VT 95 mit den dazugehörigen Beiwagen zugewiesen. Neben dem Einsatz zwischen Simmern und Gemünden und Simmern - Hermeskeil, übernahmen die Schienenbusse auch einzelne Personenzüge zwischen Simmern und Buchholz.

Hier die neu gelieferten einmotorigen Schienenbusse und ihre Beiwagen im Überblick:

VT 95	9217	Neulieferung	29.10.1952
	9218	Neulieferung	28.10.1952
	9219	Neulieferung	29.10.1952
	9220	Neulieferung	29.10.1952
VB 142	094	Neulieferung	3.11.1952
	095	Neulieferung	3.11.1952
	096	Neulieferung	15.11.1952

Ein Durchlauf bis nach Boppard und damit ein vollständiger Abschied vom Dampfzug, war mit diesen Schienenbussen aber nicht möglich, weil sie mit ihrem 150 PS/100 KW-Motor viel zu schwach waren und deshalb keine der dafür erforderlichen Zulassung für den Steilstreckenbetrieb hatten. Aus diesem Grund hieß es nun für etwas über drei Jahre in Buchholz: „Bitte Umsteigen!“ Reisende nach Boppard vom Schienenbus in den Dampfzug bzw. Reisende nach Simmern mussten in den Triebwagen umsteigen. Dies sollte auch bis zum Sommer 1956 so bleiben.

1956: Ende des Dampfbetriebs - die Schienenbusse kommen

Um den Betrieb weiter zu vereinfachen bzw. zu rationalisieren, beschaffte die Deutsche Bundesbahn ab 1955 neben den bisherigen einmotorigen Schienenbussen der Baureihe VT 95 auch deren Weiterentwicklung mit der Baureihenbezeichnung VT 98. Diese Schienenbusse hatten zwei Antriebsmotoren mit jeweils 150 PS/110 KW Motorleistung und konnten für den Steilstreckenbetrieb neben der vorhandenen mehrlösigen, selbsttätigen Druckluftbremse, Magnetschienenbremse und Handbremse zusätzlich mit einer

Motorbremse ausgerüstet werden. Dem Motorwagen (VT) durfte im Steilstreckenverkehr ein bergseitig gestellter, antriebsloser Beiwagen (VB) bzw. Steuerwagen (VS) beigegeben werden. Die maximale Zugreihung eines Zuges auf der Steilrampe durfte die Reihung VT + VB + VB + VT bzw. VS + VT + VS + VT nicht übersteigen, wobei, wie schon erwähnt, auf der Talseite immer ein Motorwagen stehen musste.

An Neulieferungen erhielt das Bw Simmern Ende 1955 die Motorwagen VT 98 9539 (8.11.1955), VT 98 9540 (6.11.1955) und VT 98 9541 (6.12.1955). Bereits im Oktober 1955 wurden dem VB 98 103 und VB 98 107 die ersten beiden Beiwagen zugeteilt. Ihnen folgten am 8. November 1955 die Wagen VB 98 129 und VB 98 130. Im Dezember 1955 wurden dann VB 98 131 (7.12.1955), VB 98 132 (16.12.1955) und VB 98 133, dessen genaues Abnahmedatum unbekannt ist, nach Simmern geliefert. Mit diesen Fahrzeugen begannen die Personalschulungsfahrten für die Bediensteten des Bw Simmern auf der Strecke nach Boppard. Der VT 98 9539 wurde am 14. Januar 1956 kurzzeitig zum Bw Mayen abgegeben, kehrte jedoch am 27. Mai 1956, kurz vor Aufnahme des planmäßigen Steilstreckenbetriebes zum Sommerfahrplan 1956 von dort wieder zurück. Der Bestand wurde kurz nach Aufnahme des Planbetriebes durch einen vierten steilstreckentauglichen Motorwagen aufgestockt, als das Bw Simmern vom Bw Mayen am 11. Juni 1956 den VT 98 9542 erhielt.

Der Betrieb mit den Beiwagen war doch etwas umständlich, weil von diesem der Motorwagen, anders als bei einem Steuerwagen, nicht ferngesteuert werden konnte. Stattdessen war am Zielbahnhof immer ein Umrangieren des Motorwagens angesagt. Für den Steilstreckenbetrieb bedeutete dies, dass Motorwagen den Beiwagen bis nach Buchholz schieben musste. Dort wechselte der Motorwagen an die Zugspitze und der Zug fuhr ab hier mit dem Motorwagen voran bis nach Simmern. Dort musste dann für die Rückfahrt erneut umgesetzt werden. 1959 wurden dem Bw Simmern deshalb im Tausch gegen die VB 98 103, 107, 129 und 130, die nach Darmstadt weitergereicht wurden, die vier Steuerwagen VS 98 019, 020, 021 und 030 zugeteilt. Mit diesem konnte das lästige Umfahren des Beiwagens in Buchholz und Simmern entfallen. Der Steuerwagen blieb immer bergseitig und lief, besetzt mit dem Triebwagenführer, bis Simmern an der Zugspitze. Dieser Fahrzeugbestand blieb nun für lange Jahre konstant. 1975 erhielt das Bw Simmern mit dem vom Bw Trier kommenden 798 543 einen fünften Motorwagen.

Größere Veränderungen im Fahrzeugbestand wurden erst gegen Ende der 1970-er Jahre vorgenommen, als die Fahrzeuge bereits ihre geplanten Einsatzzeit – man rechnete bei den Schienenbussen mit 15 bis maximal 20 Jahren – erreicht bzw. überschritten hatten und keine neue Hauptuntersuchung mehr erhalten sollten. Ersatz kam durch gleichartige Fahrzeuge anderer Betriebswerke.

Hatten sich die Fahrzeiten im Dampfbetrieb bisher nicht merklich verkürzt, so trat nun eine erhebliche Beschleunigung des Zugverkehrs ein: Ganze 17 Minuten benötigte ein Schienenbus für die Strecke Boppard - Buchholz und war damit 10 Minuten schneller als der bisher eingesetzte Dampfzug.

Neben dieser Veränderung im Personenverkehr änderte sich auch der Güterverkehr auf der Strecke Simmern - Boppard ab Sommer 1956 nachhaltig. Der Güterzugbetrieb auf der Steilrampe wurde eingestellt. Alle Wagenladungen für Buchholz liefen nun über Langenlonsheim und Simmern dorthin.

Als Besonderheit sind ab 1959 zwei so genannte Güterzüge mit Personenbeförderung Triebwagen (GmPt) zu nennen, die zwischen Boppard und Emmelshausen verkehrten. Statt des Bei- bzw. Steuerwagens wurde dem Schienenbus ein Güterwagen mit Expressgut beigegeben. Der morgendliche Schlepptriebzug mit der Zug-Nr. 9442 verließ Boppard um 7:58 Uhr und erreichte den Zielbahnhof Emmelshausen um 8:29 Uhr. Die Rückleistung erfolgte als 9443. Auch für Buchholz wurde ein Expressgutwagen direkt ab Boppard befördert: Zug 9448 verließ Boppard um 9:30 Uhr und erreichte um 9:47 Uhr Buchholz. Die Rückleistung erfolgte als 9449 (Buchholz ab: 9:52 Uhr) und war um 10:09 Uhr wieder planmäßig in Boppard. Diese Expressgutzüge blieben bis Mai 1969 im Fahrplan.

Für den Bauzugdienst und Sendungen mit Lademaßüberschreitungen sollten jedoch weiterhin steilstreckentaugliche Dampflokomotiven vorgehalten werden. Nachdem in Koblenz-Mosel keine entsprechenden Lokomotiven der Baureihe 94.5-17 mehr im Bestand waren, rüstete die BD Saarbrücken im Oktober 1960 die 93 637 und 93 931 des Bw Simmern nachträglich mit einer Gegendruckbremse aus, um sie auch auf der Steilstrecke einsetzen zu können. Beide Lokomotiven wurden zum 10. März 1965 als letzte Dampflokomotiven des Bw Simmern ausgemustert.

Auch im Güterverkehr rationalisierte die DB den Betrieb zwischen Simmern und Buchholz. Die bisher dort eingesetzten Lokomotiven der Reihe 93.5 - 12 (bis 1964) und 57.10 (bis 1962) wurden ausgemustert. Die beiden letzten 93-er (93 637 und 93 931) fuhren bis 1964 planmäßig den Güterzug nach Emmelshausen/Buchholz.

Anschließend (nach 1964) übernahmen zeitweise Lokomotiven der Baureihe 50 und 86 diese Aufgabe. Auch der Einsatz einer 38-er aus Trier-Ehrang/Cochem (leihweise dem Bw Simmern zugeteilt) ist überliefert. Erst ab dem Jahr 1964 war der komplette Betrieb zwischen Simmern und Boppard auf Dieselbetrieb umgestellt. Das Bw Simmern erhielt bereits ab 1962 für diese Dienste folgende V100.10:

V100	1246	von Bw Jünkerath	27.05.1962
	1247	Neulieferung	6.02.1962
	1248	Neulieferung	10.02.1962
	1249	Neulieferung	10.02.1962
	1250	Neulieferung	20.02.1962
	1251	Neulieferung	20.02.1962

Mit den Diesellokomotiven wurden auch Personen- und Güterzüge nach Langenlonsheim und Hermeskeil bespannt und der letzte lokbespannte Zug nach Hermeskeil von einer 795/995-Einheit übernommen. Zwölf Jahre lang, bis Januar 1975, war Simmern Heimat-Bw für diese Lokbaureihe, dann wurden sie an das Bw Kaiserslautern abgegeben. Die Lokomotiven selbst wurden jedoch weiterhin vom Bw Simmern mit eigenem Personal im Hunsrück eingesetzt.

All diese Rationalisierungsmaßnahmen hatten ein Ziel: Den Personen- wie auch Güterverkehr so kostengünstig wie nur möglich abwickeln zu können, denn der immer stärker aufkommende private Pkw-Verkehr und auch der stetig wachsende Lkw-Verkehr nahmen der DB immer mehr Kunden weg.

So verwundert es kaum, dass der Vorderhunsrück und auch die Stadt Boppard am 27. Dezember 1965 durch einen Artikel in der Rhein-Zeitung in helle Aufregung versetzt wurden: *„Eine Hiobsbotschaft aus dem Raum Emmelshausen Buchholz: Droht die Stilllegung der Hunsrückbahn?"* war dort zu lesen. Die Deutsche Bundesbahn hatte per Gesetz alle Strecken auf ihre Rentabilität zu prüfen. Diese Prüfung war für die Strecke Kastellaun - Boppard negativ ausgefallen, weshalb die Strecke Aufnahme auf die Liste der vorrangig stillzulegenden Bahnstrecken fand. Es ging damals um eine Stilllegung im Personen- und Güterverkehr.

Nun wurde beim zuständigen Landratsamt in St. Goar, aber auch bei der Verbandsgemeinde Emmelshausen und der Stadt Boppard versucht, zu retten, was zu retten war. Man sah die wirtschaftliche Entwicklung des Vorderhunsrücks durch den Wegfall des Schienengüterverkehrs massiv gefährdet. Der Personenverkehr war vor allem für die vielen Schüler des Vorderhunsrücks, die in Boppard weiterführende Schulen besuchten, aber auch für die Touristen der Stadt Boppard sehr wichtig und konnte nicht ohne weiteres auf die sehr schlecht ausgebauten Straßen, die vom Hunsrück nach Boppard führten, verlagert werden. Es wurden Resolutionen verfasst, Landtags- und Bundestagsabgeordnete wurden gegen die drohende Stilllegung mobilisiert. Die Zeitungen der Region waren fast täglich mit neuen Artikeln, die sich gegen die Stilllegung wandten, gefüllt.

Die Bahn versprach, den Vorgang erneut zu überprüfen und konnte dann, nach fast drei Jahren, am 28. Februar 1969 mitteilen, dass die Stilllegung „vom Tisch sei“ und der Zugbetrieb in der bisherigen Form weiterlaufen würde. Es sollte aber nur der erste Versuch einer Streckenstilllegung im Hunsrück sein!

Ab diesem Zeitpunkt trat auf der Hunsrückbahn eine Wendung ein: von nun an regierte unbarmherzig der Rotstift! Alle Maßnahmen, die getroffen wurden, waren immer ein Rückbau bzw. eine Vereinfachung der bisherigen Zustände! Viele dieser Maßnahmen geschahen anfangs erst im Verborgenen und wurden erst viel später dem „normalen“ Publikum sichtbar.

Solange noch ein Dampfbetrieb möglich war, befuhren mehrere Dampfsonderzüge die Steilstrecke: Am 23. Juni 1968 befuhr die 094 639 des Bw Dillenburg mit einem Sonderzug, gebildet aus vier 3-achsigen Umbauwagen, die Strecke von Boppard nach Emmelshausen und zurück. Etwas über ein Jahr später mühten sich am 25. Oktober 1969 gleich zwei Dampflokomotiven, die bereits erwähnte 094 652 (ex 94 1652) des Bw Dillenburg und die 082 040 aus Koblenz-Mosel, mit einem langen Sonderzug von Boppard nach Simmern und zurück über die Steilstrecke. Der letzte Dampfzug zu DB-Zeiten fuhr am 21. Februar 1971, wieder bespannt mit der 082 040 des Bw Koblenz-Mosel, von Boppard nach Emmelshausen und zurück.

1969 wurde der Bahnhof Buchholz durch den Bau der Autobahn 61 umgestaltet. Es wurden zwei Bahnbrücken (eine für das Streckengleis und eine für das Ausziehgleis) neu errichtet.

1971 wurden, auf Anweisung durch das Bundesverkehrsministerium, viele Bahnhöfe, die bisher keine Signalanlagen hatten, mit eben solchen nachgerüstet. Ursache dafür war ein schweres Zugunglück beim Bahnhof Dahlerau in der Direktion Wuppertal. Dort war ein Güterzug wegen fehlender Ausfahrsignale ungebremst durch den Bahnhof gefahren und wenig später auf freier Strecke mit einem Sonderzug kollidiert. Im Zug, einem Schienenbus, befanden sich 71 Personen. Es handelte sich um eine Schulklasse mit ihren Betreuern bei der Rückkehr von ihrer Abschlussfahrt. 46 Insassen wurden getötet, die anderen 25 teils schwer verletzt. Auch der Bahnhof Buchholz, der bisher nur über jeweils ein Einfahrsignal aus Richtung Emmelshausen bzw. Boppard verfügte, war als Zugkreuzungsbahnhof von dieser Maßnahme betroffen und erhielt nun in Richtung Emmelshausen die Ausfahrsignale „C“ und „D“ sowie in Richtung Boppard ein Gruppenausfahrsignal „E/F“.

Das nächste wichtige Datum in der Geschichte der Strecke ist der 17. Juni 1973: An diesem Tag, es war ein Sonntag, sprang kurz vor Emmelshausen in Höhe der „Dörther Brücke“ der führende Steuerwagen des Nto. 3879 aus den Schienen und landete recht unsanft am rechten Brückenpfeiler. Der schiebende Motorwagen verkeilte sich dabei im Steuerwagen. Die Bilanz dieses Unfalls: Unter den 40 Zuginsassen waren vier Schwer- und zehn Leichtverletzte zu beklagen. Als Ursache wurden Schottersteine ermittelt, die wohl spielende Kinder auf die Schienen gelegt hatten.

Dieses Zugunglück war das einzige, über das es zu berichten gibt. Über Unfälle mit Straßenfahrzeugen auf den vielen unbeschrankten Bahnübergängen könnte sicherlich noch seitenweise berichtet werden. Besonders viele Unfälle gab es an dem lange Jahre technisch ungesicherten Bahnübergang zum Industriegebiet Hellerwald in Buchholz. Aber auch am mit einer Blinklichtanlage gesicherten Übergang der L 210 beim Haltepunkt Fleckertshöhe gab es mehrere schwere Unfälle mit Straßenfahrzeugen.

Im Oktober 1974 war es dann wieder so weit: Das Gespenst der Streckenstilllegung war nach 5½ Jahren Ruhe im Hunsrück wiederauferstanden! Neben der Strecke Simmern - Hermeskeil sollte nun auch die komplette Strecke Simmern - Boppard stillgelegt werden! Erneut formierte sich ein Protestzug aus Politikern und Wirtschaftsverbänden. Wieder wurden Resolutionen verfasst und Bundes- sowie Landtagsabgeordnete um Hilfe für die gefährdeten Strecken gebeten.

Ein Jahr später, im Oktober 1975, wurde vermeldet, dass „nur" die Strecke von Simmern nach Hermeskeil zum Fahrplanwechsel im Sommer 1976 im Personenverkehr stillgelegt, die Bahnstrecke Simmern - Boppard jedoch weiter betrieben wird. Eine Einschränkung im Betrieb der Strecke wurde jedoch vorgenommen: Es herrschte ab diesem Zeitpunkt zwischen Samstagnachmittag15:00 Uhr und Montagmorgen 5:00 Uhr zwischen Simmern und Boppard auf der Schiene eine vollständige Betriebsruhe! Der Zugverkehr an Sonn- und Feiertagen wurde zugunsten des Straßenbusses, auf den nun die Reisenden umsteigen mussten, aufgegeben. Ein erster herber Schlag für den Tourismusverkehr!

Der Zugverkehr sah ab Sommerfahrplan 1976 wie folgt aus:

Boppard - Simmern

Zug-Nr.:	Abfahrt		Ankunft	
6867 (w)	Boppard	5:11	Simmern	7:01 Uhr
6879 (w)	Boppard	11:28	Simmern	12:59 Uhr
6881 (6)	Boppard	12:36	Pfalzfeld	13:18 Uhr
6883 (a)	Boppard	13:12	Emmelsh.	13:41 Uhr
6885 (w)	Boppard	14:22	Simmern	15:52 Uhr
6889 (a)	Boppard	16:12	Buchholz	16:27 Uhr
6893 (a)	Boppard	17:07	Emmelsh.	17:36 Uhr
6899 (a)	Boppard	19:29	Simmern	20:58 Uhr

Simmern - Boppard

Zug-Nr.:	Abfahrt		Ankunft	
6866 (w)	Simmern	5:08	Boppard	6:42 Uhr
6866 (w)	Simmern	5:08	Boppard	6:42 Uhr
6868 (w)	Pfalzfeld	6:38	Boppard	7:24 Uhr
6874 (w)	Simmern	7:22	Boppard	9:02 Uhr
6882 (w)	Pfalzfeld	13:29	Boppard	14:11 Uhr
6886 (w)	Simmern	13:15	Boppard	14:55 Uhr
6888 (a)	Buchholz	16:35	Boppard	16:51 Uhr
6894 (a)	Emmelsh.	18:24	Boppard	18:54 Uhr
6898 (a)	Simmern	18:25	Boppard	20:03 Uhr

Zeichenerklärung: (w) = werktags, (a) = werktags außer samstags, (6) = samstags

Um diesen Verkehr nun wenigstens an den verbliebenen Werktagen zu erhöhen, hatte der Bopparder Hotelier Horst Fußhöller eine aus heutiger Sicht geniale Idee: Er plante eine vierteilige Schienenbuseinheit (zwei Motor- und zwei Steuerwagen) mit speziellen, bei Bedarf rückstandslos zu entfernenden, bemalten Folien bekleben zu lassen. Bemalt werden sollten die Folien, die auch Motive der Hunsrücker Sagenwelt zeigten, von Bopparder Schulkindern des Kant-Gymnasiums, der Realschule Marienberg und der Hauptschule. Nach einigem Schriftverkehr wurde die Aktion durch die zuständigen Dienststellen der Deutschen Bundesbahn genehmigt. In wochenlanger Arbeit wurden von den Schülern die Folien bemalt und dann im Bw Simmern an den Fahrzeugen 798 542, 998 621, 798 541 und 998 619 angebracht.

An jenem 19. Juni 1976 fand der „Tag der Hunsrückbahn" statt. Es wurde eine Sonderfahrt mit den neu gestalteten Fahrzeugen von Simmern nach Boppard und zurück organisiert, der auf allen Bahnhöfen entlang der Strecke begeistert in Empfang genommen wurde.

In den folgenden Jahren wurde immer wieder über weitere Stilllegungspläne durch die Deutsche Bundesbahn gemunkelt, die Bahnlinie jedoch weiter betrieben. Es zeigte sich jedoch, dass speziell in den Tagesrandlagen immer häufiger das Triebwagensymbol dem Symbol des Straßenbusses weichen musste und somit Zugfahrten durch Busverkehr ersetzt wurden.

Im April 1980 wurden auf dem Streckenabschnitt Emmelshausen - Buchholz die Schienen ausgetauscht. Die alten Stahlschwellen aus den Jahren 1920 bis 1927 blieben ebenso erhalten, wie der komplette Oberbau auf der Steilstrecke, der zu diesem Zeitpunkt bereits 72 Jahre alt war!

1981 machte die Steilstrecke zum ersten Mal Bekanntschaft mit einer Lokbaureihe, die zwei Jahre später dort die Schienenbusse verdrängen sollte: Für einen Sonderzug zur Volkswanderung in der Ehrbachklamm wurde ein Zug aus fünf Silberling-Personenwagen, der an jedem Zugende eine Lok der Baureihe 213 hatte, zusammengestellt. Dieser Zug fuhr von Boppard nach Buchholz und zurück.

Ein ähnlicher Zug startete am 16. Oktober 1982 um 11 Uhr ab Boppard. Anlass dieses Sonderzuges war das 110-jährige Bestehen des Verkehr- und Verschönerungsverein Boppard. Dieser Sonderzug startete zu einer regelrechten Rundfahrt und befuhr die Strecke Boppard - Buchholz - Emmelshausen - Kastellaun - Simmern - Stromberg - Langenlonsheim - Bingerbrück - Boppard. Während dieser Fahrt wurden Unterschriften für den Bahnerhalt im Hunsrück gesammelt.

1982 war dann auch das Schicksalsjahr für die Eisenbahn im Hunsrück und für die Strecke Emmelshausen - Simmern. Die Bundesbahn stellte im Herbst den Antrag auf Stilllegung der Strecke im Personenverkehr. Zwischen Emmelshausen und Pfalzfeld sollte auch der Güterverkehr und damit der Gesamtverkehr eingestellt werden. Der Grund für die geplante Gesamtstilllegung des Abschnitts und damit Unterbrechung der Bahnlinie, war die geplante Fertigstellung der Ortsumgehung Emmelshausen. An einer beim Weiterbetrieb der Strecke dort erforderlichen Bahnbrücke hätte sich die Bundesbahn mit mindestens 33 % der Baukosten beteiligen müssen, was natürlich durch eine Stilllegung und Demontage der Strecke vermieden werden sollte. Alle bisherigen Argumente bezüglich des Güterverkehrs, der dann nach 27 Jahren wieder über die Steilstrecke laufen sollte, und des Personenverkehrs (der in der Hauptlast durch den starken Schülerverkehr zwischen Emmelshausen und Boppard zu verzeichnen war) liefen nun ins Leere. Der Antrag wurde zum Fahrplanwechsel Ende Mai 1983 vom zuständigen Ministerium für Verkehr in Bonn genehmigt.

Als erste organisatorische Maßnahme der geplanten Streckenstilllegung wurde das Bw Simmern zum 31. Oktober 1982 als eigenständige Dienststelle aufgelöst und als Außenstelle dem Bw Kaiserslautern unterstellt, welches buchmäßig die Fahrzeuge des Bw Simmern mit übernahm. An dem Einsatz der Schienenbusse für das letzte Winterhalbjahr

798 542, 998 621, 798 541 und 998 619 am 19. Juni 1976 im Bahnhof Boppard.

sollte diese Maßnahme nichts ändern. Nur die Fahrzeugbeschriftungen wurden „kurz vor Toresschluss" der durchgehenden Verbindung Simmern - Boppard ein allerletztes Mal verändert. Der letzte Fahrplan (Winter 1982/1983) zwischen Simmern und Boppard sah wie folgt aus:

Richtung Boppard - Simmern

Zug-Nr.:	Abfahrt		Ankunft	
6867 (w)	Boppard	5:34	Simmern	7:11 Uhr
6869 (a)	Boppard	6:46	Buchholz	7:01 Uhr
6879 (w)	Boppard	11:31	Simmern	13:03 Uhr
6881 (6)	Boppard	12:36	Pfalzfeld	13:18 Uhr
6883 (a)	Boppard	13:19	Emmelsh.	13:48 Uhr
6885 (w)	Boppard	14:22	Simmern	15:52 Uhr
6889 (a)	Boppard	16:39	Buchholz	16:54 Uhr

Richtung Simmern - Boppard

Zug-Nr.:	Abfahrt		Ankunft	
6866 (w)	Simmern	5:02	Boppard	6:38 Uhr
6868 (w)	Pfalzfeld	6:36	Boppard	7:24 Uhr
6874 (w)	Simmern	7:24	Boppard	8:55 Uhr
35364 (w)	Emmelsh.	12:04	Boppard	12:30 Uhr
6882 (w)	Pfalzfeld	13:34	Boppard	14:17 Uhr
6886 (w)	Simmern	13:15	Boppard	14:54 Uhr
6888 (a)	Buchholz	17:01	Boppard	17:17 Uhr

Zeichenerklärung: (w) = werktags, (a) = werktags außer samstags, (6) = samstags

Am 28. Mai 1983, einem Samstag, war es dann soweit: Mit einem mit Trauerflor geschmückten Abschiedssonderzug, gebildet aus einer sechsteiligen 798/998-Einheit, die wegen der Steilstreckenvorschrift in Buchholz auf zwei Züge 798/998/798/998 und 798/998 geteilt werden musste, reisten die Fahrgäste ein letztes Mal von Simmern nach Boppard. Abends traten diese dann mit einem ab Buchholz wieder vereinigten Sonderzug die Rückreise nach Simmern an. Nach fast 75 Jahren war die durchgehende Verbindung Hunsrück - Rhein reif für das Geschichtsbuch.

Als Randbemerkung soll noch erwähnt werden, das mit der Einstellung des Reisezugverkehrs zwischen Emmelshausen und Simmern auch der Zugverkehr zwischen Simmern und Langenlonsheim auf ein morgendliches Zugpaar beschränkt wurde. Bereits zum Fahrplanwechsel im Sommer 1984 wurde dann auch diese Strecke im Personenverkehr stillgelegt. Ab diesem Zeitpunkt wurde im gesamten Hunsrück nur noch der

Güterzugbegleitwagen 950 5 160 , Heimat-Bahnhof Boppard, im Hintergrund: 213 335.

nun 100-jährige Abschnitt zwischen Boppard und Emmelshausen mit planmäßigen Personenzügen befahren!

Zum Abschluss eine etwas detailliertere Auflistung aller beim Bw Simmern bzw. Bw Kaiserslautern beheimateten und auf der Strecke eingesetzten Schienenbusse:

798 533	Bw Hagen 1	- 8.10.1982
	Bw Simmern	9.10.1982 - 31.10.1982
	Bw Kaisersl.	1.11.1982 - 28.05.1983
	Bw Trier	29.05.1983
798 534	Bw Hagen 1	- 8.10.1982
	Bw Simmern	9.10.1982 - 31.10.1982
	Bw Kaisersl.	1.11.1982 - 28.05.1983
	Bw Trier	29.05.1983
798 536	Bw Hagen 1	- 27.09.1982
	Bw Simmern	28.09.1982 - 31.10.1982
	Bw Kaisersl.	1.11.1982 - 28.05.1983
	Bw Trier	29.05.1983
798 536	Bw Siegen	- 27.09.1982
	Bw Simmern	28.09.1982 - 31.10.1982
	Bw Kaisersl.	1.11.1982 - 28.05.1983
	Bw Trier	29.05.1983
798 538	Bw Siegen	- 27.09.1982
	Bw Simmern	28.09.1982 - 31.10.1982
	Bw Kaisersl.	1.11.1982 - 28.05.1983
	Bw Marburg	29.05.1983
798 539	Bw Simmern	8.11.1955 - 14.01.1956
	Bw Mayen	15.01.1956 - 26.05.1956
	Bw Simmern	27.05.1956 - 31.10.1982
	Bw Kaisersl.	1.11.1982 - 16.12.1982(z)
798 540	Bw Simmern	6.11.1955 - 4.03.1982(z)
798 541	Bw Simmern	6.12.1955 - 5.01.1983(z)
798 542	Bw Mayen	20.12.1955 - 10.06.1956
	Bw Simmern	11.06.1956 - 31.10.1982
	Bw Kaisersl.	1.11.1982 - 28.05.1983
	Bw Trier	29.05.1983
798 543	Bw Trier	- 23.06.1975
	Bw Simmern	24.06.1975 - 31.10.1982
	Bw Kaisersl.	1.11.1982 - 4.11.1982(z)
798 572	Bw Gießen	- 21.02.1981
	Bw Simmern	22.02.1981 - 31.10.1982
	Bw Kaisersl.	1.11.1982 - 28.05.1983
	Bw Marburg	29.05.1983
798 597	Bw Trier	- 2.03.1982
	Bw Simmern	3.03.1982 - 31.10.1982
	Bw Kaisersl.	1.11.1982 - 28.05.1983
	Bw Trier	29.05.1983

Die Betriebsnummern aller auf der Strecke eingesetzten Beiwagen VB 98 (ab1968: 998.0-3) wurden bereits im Text erwähnt. Was fehlt, ist eine abschließende Nennung aller jemals vom Bw Simmern auf der Steilstrecke eingesetzten Steuerwagen VS 98 (ab 1968: 998.6-9). Dies soll nun als Abschluss dieses Kapitels über den Schienenbus in Kurzform geschehen: 998 618, 619, 620, 621, 630, 675, 843, 851, 898, 899 und 900.

1983: Schienenbus ade - lokbespannte Wendezüge

Am 31. Mai 1983, sonntags herrschte ja Betriebsruhe, begann ein neues Zeitalter zwischen Boppard und Emmelshausen. Von nun an verkehrte eine lokbespannte Wendezuggarnitur auf der Strecke. Zugkreuzungen gab es seither planmäßig auf der Strecke nicht mehr. Diese Garnitur bestand aus einer Diesellok der Baureihe 213, einem 2. Klasse-Personenwagen der Silberling-Bauart und einem dazu passenden Steuerwagen.

Bei der Diesellok der Baureihe 213 handelt es sich um eine leichte Streckendiesellok für den Neben- und leichten Hauptbahndienst. Die Ursprungsbauart V100.20 (ab 1968: Baureihe 212) wurde als stärkere Variante aus der in 1950-er Jahre-Baureihe V100.10 entwickelt. Lokomotiven diesen Typs waren, wie bereits erwähnt, zwischen 1962 und 1974 auch in Simmern beheimatet gewesen. Im Unterschied zur Baureihe 212 verfügen die zehn Lokomotiven der Baureihe 213 für den Einsatz auf Steilstrecken zusätzlich über eine hydrodynamische Bremse, die direkt am Getriebe der Lok angeflanscht ist. Aus Platz- und Gewichtsgründen musste aber bei der 213 das sonst vorhandene Hilfsdieselaggregat, das u. a. für die Ladung der Batterien zuständig ist, entfallen. An seine Stelle trat ein Fremdstromanschluss zum Laden der Batterien per Stromkabel.

ÖFFENTLICHE BEKANNTMACHUNG

Rechtsverordnung

zur Unterschutzstellung einer Denkmalzone in den Gemarkungen Boppard, Kratzenburg, Halsenbach und Emmelshausen, Rhein-Hunsrück-Kreis

Aufgrund des § 8 Absatz 1 Halbsatz 2 in Verbindung mit § 8 Absatz 4 und § 24 2 Nummer 3 des Landesgesetzes zum Schutz und zur Pflege der Kulturdenkmäler (Denkmalschutz- und -pflegegesetz - DSchPflG -) vom 23. 3. 1978 (GVBl. Seite 159), geändert durch Artikel 7 des 1. Rechtsvereinfachungsgesetzes vom 7. 2. 1983 (GVBl. Seite 17) und des 1. Landesgesetzes zur Änderung des Denkmalschutz- und -pflegegesetzes vom 27. 10. 1986 (GVBl. Seite 291) verordnet die Kreisverwaltung des Rhein-Hunsrück-Kreises als untere Denkmalschutzbehörde im Einvernehmen mit dem Landesamt für Denkmalpflege Rheinland-Pfalz:

§ 1
Unterschutzstellung

(1) Die in der beigefügten Karte gekennzeichnete Bundesbahnstrecke wird als Denkmalzone (§ 5 Absatz 1 Nummer 1 und Absatz 2 DschPflG) unter Schutz gestellt.

(2) Die Karte ist Bestandteil dieser Rechtsverordnung.

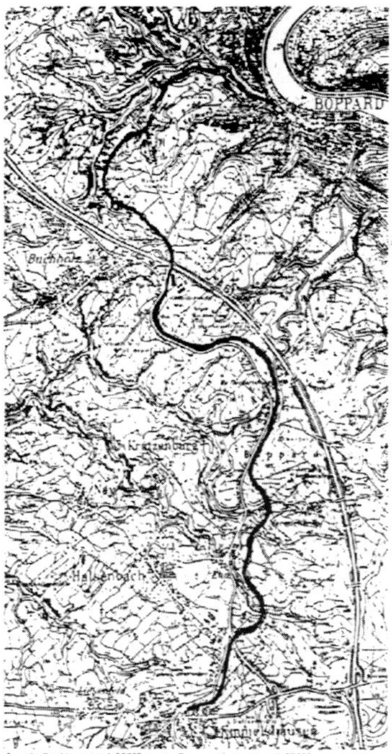

Ausschnittverkleinerung 1:50000 aus der Topographischen Karte 1:25000,
Blatt Nr. L 5710, L 5910
Herstellung der Druckunterlagen: Landesvermessungsamt Rheinland-Pfalz, 1990

§ 2
Geltungsbereich

Die Denkmalzone umfaßt die nachfolgend aufgeführten Grundstücke:

Gemarkung Boppard
Flur 9, Flurstück 494/20
Flur 10, Flurstück 313/173
Flur 12, Flurstück 699/100
Flur 22, Flurstück 901/4
Flur 23, Flurstücke 2/30, 2/55, 2/56, 2/59, 2/64 und 2/65
Flur 24, Flurstücke 155/84, 156/84, 157/83, 159/67, 160/73 und 163/65

Gemarkung Kratzenburg:
Flur 1, Flurstücke 14/4, 14/5, 27/2, 30 und 31

Gemarkung Halsenbach:
Flur 3, Flurstücke 78, 102, 111, 112, 124, 125, 126 und 140
Flur 6, Flurstücke 75, 82, 83, 145, 146, 147 und 148
Flur 7, Flurstücke 31, 32/1, 32/2, 32/3 und 40

Gemarkung Emmelshausen:
Flur 12, Flurstücke 53/2, 54, 57/26 und 58

§ 3
Bezeichnung der Denkmalzone

Die Denkmalzone trägt die Bezeichnung

„Hunsrückbahn"

und umfaßt die Trasse - einschließlich Gleiskörper und Kunstbauten (Viadukte, Tunnels, Stütz- und Begrenzungsmauern) - der Bundesbahnteilstrecke vom Bahnhof Boppard bis Bahnhof Emmelshausen.

§ 4
Schutzzweck, Beschreibung der Denkmalzone
Begründung der Unterschutzstellung

(1) Zweck der Unterschutzstellung ist die Erhaltung und Pflege der „Hunsrückbahn" zwischen den Bahnhöfen Boppard und Emmelshausen, die mit ihren technischen Bauwerken, den Tunnels und Viadukten in den Jahren 1906 bis 1908 errichtet wurde.

(2) Die „Hunsrückbahn" ist im Kunstdenkmälerverzeichnis des Rhein-Hunsrück-Kreises, Teil 2.1: ehemaliger Kreis St. Goar, Teilband Boppard, Band 1, Seite 474 bis Seite 477 beschrieben: In den Jahren 1906 bis 1908 wird die Strecke von Boppard nach Buchholz als eines der steilsten Streckenstücke der Preußischen Staatsbahn errichtet. Die gesamte Bahnlinie wird im Jahre 1908 eröffnet. Die Bahnhöfe Buchholz, Halsenbach - später Emmelshausen - und Pfalzfeld erhalten Empfangsgebäude. Die 6 km lange Strecke von Boppard nach Buchholz überwindet 326 m Steigung. Sie wurde fast auf ihrer gesamten Länge als Zahnradbahn angelegt. Diese Strecke war gleichzeitig Teststrecke für Entwicklungen im Lokomotivbau. Auf diesem Streckenabschnitt wurden fünf Tunnel gebaut: Der Kalmut-Tunnel (123,5 m lang), der Rauhe Bergtunnel I (144 m lang), der Rauhe Bergtunnel II (124 m lang) der Hinterburden-Tunnel I (66 m lang), der Hinterburden-Tunnel II (65 m lang). Weiter hinzu kamen zwei hohe Viadukte mit Rundbogenarkaden: Die in einer Kurve geführte Hubertusschlucht-Brücke mit 6 Öffnungen auf 150 m Länge bei 50 m Höhe, zu ihrer Zeit eine der höchsten Steinbogenbrükken in Deutschland und die Rauschenloch-Brücke mit 4 Öffnungen auf 78 m Länge bei 30 m Höhe.

(3) Die Trassenführung und Anlagen der „Hunsrückbahn" sind ein Zeugnis des geistigen, technischen und handwerklichen Wirkens im Sinne von § 3 Nummer 1 a DSchPflG.

(4) An der Erhaltung und Pflege der „Hunsrückbahn" besteht aus wissenschaftlichen, technischen, allgemeingeschichtlichen und verkehrsgeschichtlichen Gründen, aber auch zur Förderung des geschichtlichen Bewußtseins und der Heimatverbundenheit sowie zur Belebung und Werterhöhung der Umwelt - die Eisenbahnlinie prägt das von Boppard in den Hunsrück aufsteigende Tal - ein öffentliches Interesse (§ 3 Nummer 2 a, b und c DSchPflG).

§ 5
Genehmigungspflicht

(1) Das durch diese Rechtsverordnung unter Schutz gestellte Kulturdenkmal (§§ 1, 2 und 3 dieser Rechtsverordnung) darf nur mit Genehmigung der Kreisverwaltung des Rhein-Hunsrück-Kreises als untere Denkmalschutzbehörde
a) zerstört, abgebrochen, zerlegt oder beseitigt,
b) umgestaltet oder sonst in seinem Bestand verändert
c) in seinem Erscheinungsbild nicht nur vorübergehend beeinträchtigt,
d) von seinem Standort entfernt
werden, soweit sich aus § 36 Abs. 1 und § 38 Bundesbahngesetz (BundesbahnG) nichts anderes ergibt.

(2) In der Umgebung der Denkmalzone darf, soweit die Voraussetzungen des § 4 Absatz 1 Satz 3 DSchPflG gegeben sind, eine bauliche Anlage nur mit Genehmigung errichtet, verändert oder beseitigt werden (§ 13 Absatz 2 Satz 2 DSchPflG).

(3) Die Genehmigung nach Absatz 1 und 2 kann unter Auflagen und Bedingungen sowie in den Fällen des Absatzes 1 Satz 1 Buchstaben c) und d) und des Absatzes 2 befristet oder widerruflich erteilt werden.

§ 6
Anzeigepflicht

(1) Geplante Instandsetzungsmaßnahmen, die nicht unter § 13 Absatz 1 DSchPflG und § 5 dieser Rechtsverordnung fallen, sind der unteren Denkmalschutzbehörde unter genauer Beschreibung der geplanten Maßnahme anzuzeigen (§ 13 Absatz 3 DSchPflG). Die §§ 36 Absatz 1 und 38 des Bundesbahngesetzes bleiben unberührt.

(2) Schäden und Mängel, die die Erhaltung der geschützten Anlage gefärden können, sind der unteren Denkmalschutzbehörde durch den jeweiligen Eigentümer, sonstige Verfügungsberechtigte und Besitzer unverzüglich anzuzeigen (§ 12 Absatz 1 DSchPflG).

(3) Der Eigentümer eines geschützten Kulturdenkmales hat die Absicht, dieses zu veräußern, der unteren Denkmalschutzbehörde rechtzeitig anzuzeigen. Vor Abschluß eines Kaufvertrages hat der Eigentümer den Erwerber darauf hinzuweisen, daß der zu verkaufende Gegenstand ein geschütztes Kulturdenkmal ist (§ 12 Absatz 2 DSchPflG).

§ 7
Ordnungswidrigkeiten

(1) Wer vorsätzlich oder fahrlässig ohne die erforderliche Genehmigung Vorhaben im Bereich der Denkmalzone durchführt, die geeignet sind, ihren Bestand zu gefährden und ihre Bedeutung für Wissenschaft und Denkmalpflege zu beeinträchtigen bzw. der Anzeigepflicht nach § 6 dieser Verordnung nicht nachkommt, handelt ordnungswidrig im Sinne des § 33 DSchPflG.

(2) Ordnungswidrigkeiten können mit einer Geldbuße bis zu 250 000,- DM, in besonderen Fällen bis zu 2 Millionen DM, geahndet werden.

(3) § 23 des Gesetzes über Ordnungswidrigkeiten vom 24. 5. 1968 (BGBl. I Seite 481; III 454-1) in der Fassung vom 19. 2. 1987 (BGBl. I, Seite 602), letztes Änderungsgesetz vom 17. 5. 1988 (BGBl. I Seite 606) findet Anwendung.

§ 8
Inkrafttreten

Diese Rechtsverordnung tritt am Tage nach ihrer Veröffentlichung in der Hunsrücker Zeitung - Ausgabe J der Rhein-Zeitung - sowie der Rhein-Zeitung - Ausgabe N - St. Goar -, in Kraft.

6540 Simmern, 15. November 1990

Kreisverwaltung
des Rhein-Hunsrück-Kreises
Bertram Fleck
Landrat

Bekanntmachungstext der Unterschutzstellung der Hunsrückbahn 1990.

Die Grenzlast für die Lokomotive lag zwischen Boppard und Buchholz bei 150 Tonnen.

Zum Zeitpunkt der Betriebsübernahme im Hunsrück waren alle Lokomotiven diesen Typs beim Bw Gießen beheimatet. Einsatz-Bw war das Bw Koblenz-Mosel, das nun nach 27 Jahren wieder für die Betriebsführung auf der Hunsrückbahn verantwortlich zeichnete. Zum 30. Mai 1987 wechselten alle zehn Maschinen vom Bw Gießen zum Bw Koblenz-Mosel, weil die Steilstrecke von Dillenburg nach Gönnern geschlossen und das Haupteinsatzgebiet der Lokomotiven nun zwischen Boppard und Emmelshausen und Linz - Kalenborn lag. Auch auf der Ahrtalbahn sah man von nun an diese Lokbauart. Die Zugehörigkeit nach Koblenz dauerte aber lediglich ein Jahr. Als das Bw Koblenz-Mosel 1988 die eigenständige Lokunterhaltung aufgab, wechselten die Lokomotiven geschlossen nach Köln. Auch diese ganzen Wechsel waren rein organisatorischer Art und änderten am eigentlichen Betriebsablauf nichts.

Die Daten der Baureihe 213 sahen wie folgt aus:

Achsfolge:	B'B'
Treibrad-Durchmesser:	950 mm
Länge über Puffer (LüP):	12.300 mm
Leistung:	1.350 PS
Maximale Achslast:	15,75 t
Dienstlast:	63 t

Hier der erste Fahrplan Sommer 1983 auf dem verbliebenen Reststück Boppard - Emmelshausen:

Boppard - Emmelshausen

Zug-Nr.:	Abfahrt		Ankunft	
6865 (w)	Boppard	5:05	Emmelsh.	5:37 Uhr
6867 (w)	Boppard	6:17	Emmelsh.	6:49 Uhr
6869 (w)	Boppard	7:34	Emmelsh.	8:06 Uhr
6871 (w)	Boppard	11:22	Emmelsh.	11:54 Uhr
6873 (6)	Boppard	12:36	Emmelsh.	13:08 Uhr
6875 (a)	Boppard	13:19	Emmelsh.	13:51 Uhr

Typischer Wendezug, wie er ab Mai 1983 zwischen Boppard und Emmelshausen im Einsatz war, am Zugende eine Lokomotive der Baureihe 213.

6877 (w) Boppard 14:36 Emmelsh. 15:08 Uhr
6881 (a) Boppard 16:36 Buchholz 16:54 Uhr

Emmelshausen - Boppard

Zug-Nr.:	Abfahrt		Ankunft	
6866 (w)	Emmelsh.	5:42	Boppard	6:12 Uhr
6868 (w)	Emmelsh.	6:54	Boppard	7:24 Uhr
6870 (w)	Emmelsh.	8:11	Boppard	8:41 Uhr
6872 (w)	Emmelsh.	11:59	Boppard	12:29 Uhr
6876 (w)	Emmelsh.	13:56	Boppard	14:26 Uhr
6878 (6)	Emmelsh.	15:13	Boppard	15:43 Uhr
6880 (a)	Emmelsh.	15:56	Boppard	16:26 Uhr
6882 (a)	Buchholz	16:59	Boppard	17:15 Uhr

Zeichenerklärung: (w) = werktags, (a) = werktags außer samstags, (6) = samstags

Nach 27 Jahren wurde nun auch der Güterverkehr für Buchholz und Emmelshausen wieder über die Steilstrecke abgewickelt. Der Güterzug verkehrte in der morgendlichen Zugpause zwischen 8:45 Uhr und 11:15 Uhr. Dafür wurden in Boppard zwei spezielle Begleitwagen mit den Wagen-Nummern 950 5 160 und 950 5 975 stationiert, die bei Güterzügen an der Zugspitze liefen und von denen ein Zugbegleiter die Strecke überwachen konnte. Auch ein Abbremsen des Zuges war vom Beobachtungsplatz möglich. Die Lokomotive lief, wie im Personenzugdienst, auf der Talseite, schob den Zug also nach Buchholz. In Buchholz wechselte die Lok bei einer Bedienung von Emmelshausen an die Zugspitze.

Oftmals kam es vor, dass das Zuggewicht des Güterzuges über 150 Tonnen lag. Dann konnte der Begleitwagen in Boppard bleiben. Stattdessen musste die Zuglok des Personenzuges als zweite Lok an die Zugspitze. In Buchholz sorgte vor allem der Verdichtungsgerätehersteller BOMAG für einen sehr regen Güterverkehr. In Emmelshausen wurde per Bahn vorwiegend Dünger und Kohle angeliefert, während der Erntezeit vielfach Getreide per Bahn abgefahren. Die schweren Herbst- und Winterstürme der 1980-er und 1990-er Jahre führten zur Reaktivierung der Ladestraßen in Buchholz und Emmelshausen. Die mit Holz beladenen Waggons liefen teilweise bis nach Österreich. In dieser Zeit verkehrten die Güterzüge planmäßig mit zwei Lokomotiven.

Ankunft vom 215 122 mit RB 7579 am 12. August 1995 in Emmelshausen.

Am 11. September 1983 feierte die DB in Boppard „75 Jahre Hunsrückbahn Boppard - Emmelshausen“. Es verkehrten erstmals seit Sommer 1976 wieder an einem Sonntag Personenzüge zwischen Boppard und Fleckertshöhe. Zwischen 9 und 16 Uhr wurde ein Stundentakt angeboten, der sehr regen Zu-spruch fand. Außerdem gab es in Boppard eine Lokausstellung im Bahnhof und eine Bilderausstellung mit Vorträgen im Karmelitergebäude.

1984 gab es eine leichte fahrplanmäßige Verbesserung: der letzte Zug endete nun nicht mehr um 16:54 Uhr bereits in Buchholz, sondern fuhr weiter bis Emmelshausen, wo er um 17:06 Uhr eintraf. Letzte Abfahrt ab Emmelshausen war ab Sommerfahrplan 1984 um 17:22 Uhr.

1985 gab es den nächsten Einschnitt beim Service der Bahn: Der bisher noch mit einem Fahrdienstleiter besetzte Bahnhof Buchholz wurde ab dem 2. Juni 1985 in einen „unbesetzten Tarifpunkt“ umgewandelt. Mit dieser Maßnahme wurde auch der Bahnhof Buchholz gleismäßig vereinfacht und die kompletten Signalanlagen demontiert.

1986 gab es dann einen Lichtblick im Verkehr auf der Hunsrückbahn: Nach zehn Jahren Abstinenz kehrte mit drei Zugpaaren der Sonn- und Feiertagsverkehr zwischen Boppard und Emmelshausen zurück. Die Züge verkehren seither in der wärmeren Jahreszeit von April bis Oktober. Die Streichung des ersten Frühzuges wurde durch eine zusätzliche, montags bis freitags verkehrende Abendverbindung ausgeglichen.

Sommerfahrplan 1986 der Strecke Boppard - Emmelshausen:

Richtung Boppard - Emmelshausen

Zug-Nr.:	Abfahrt		Ankunft	
7571 (w)	Boppard	6:03	Emmelsh.	6:30 Uhr
7573 (w)	Boppard	7:34	Emmelsh.	8:02 Uhr
7591 (†)	Boppard	9:55	Emmelsh.	10:23 Uhr
7575	Boppard	11:32	Emmelsh.	12:00 Uhr
7577 (6)	Boppard	12:49	Emmelsh.	13:17 Uhr
7579 (a)	Boppard	13:26	Emmelsh.	13:54 Uhr
7581	Boppard	14:35	Emmelsh.	15:03 Uhr

Museumslok 94 1538 am 8. Oktober 2000 in Boppard.

7583 (a)	Boppard	16:39	Emmelsh.	17:07 Uhr
7585 (a)	Boppard	18:28	Emmelsh.	18:56 Uhr

Richtung Emmelshausen - Boppard

Zug-Nr.:	Abfahrt		Ankunft	
7572 (w)	Emmelsh.	6:55	Boppard	7:23 Uhr
7574 (w)	Emmelsh.	8:20	Boppard	8:47 Uhr
7592 (†)	Emmelsh.	10:43	Boppard	11:10 Uhr
7576 (w)	Emmelsh.	12:11	Boppard	12:38 Uhr
7594 (†)	Emmelsh.	13:48	Boppard	14:15 Uhr
7580 (w)	Emmelsh.	13:59	Boppard	14:26 Uhr
7582 (w)	Emmelsh.	15:08	Boppard	15:35 Uhr
7596 (†)	Emmelsh.	17:04	Boppard	17:31 Uhr
7584 (a)	Emmelsh.	17:45	Boppard	18:12 Uhr
7586 (a)	Emmelsh.	19:01	Boppard	19:28 Uhr

Zeichenerklärung: (w) = werktags, (a) = werktags außer samstags (6) = samstags, (†) = sonn- und feiertags

Es gab aber auch in diesem Jahr Besorgnis erregende Stimmen zu hören: Die Eltern der Schüler aus Emmelshausen brachten ihren Unmut über die mangelhaften Platzverhältnisse im Zug und über die langen Schulwege zwischen dem Bahnhof Boppard und der Realschule bzw. dem Gymnasium zum Ausdruck. Das Ganze gipfelte in der Forderung nach dem Einsatz von Bussen anstelle der Züge, was eine ernste Gefahr für den Personenverkehr, dessen Hauptlast der Schülerverkehr ist, bedeutet hätte. Man suchte und fand für beide Probleme eine Lösung: Im Zug wurde der bisherige Gepäckraum mit weiteren Sitzbänken versehen und damit das Platzangebot erhöht. Für die längeren Schulwege fanden die Bahnverantwortlichen die Lösung, dass ab dem 15. Januar 1987 die Schülerzüge morgens und mittags an der ehemaligen Holzrampe unterhalb des ehemaligen Klosters Marienberg endeten bzw. begannen, womit sich die Wege zur Realschule um 90%, zum Gymnasium um 75% verkürzten.

1987 verpachtete die Bahn das Gelände der Ladestraße mit dem leer stehenden Bahnhofsgebäude von Buchholz an die Firma BOMAG. Diese ließ das formschöne Gebäude abreißen. In zahlreichen Leserbriefen, die nach dem erfolgten Abriss in der Rhein-Zeitung, aber auch in „Rund um Boppard" erschienen, wurde diese Vorgehensweise als „Ein Skandal!" bezeichnet.

1988 wurde dann im Januar in Emmelshausen mit dem Abriss der stillgelegten Strecke Emmelshausen - Pfalzfeld begonnen, die Strecke damit endgültig und dauerhaft unterbrochen. Selbst wenn man irgendwann nochmals auf die Idee käme, aus verkehrspolitischen Gründen die als Radweg genutzte Trasse zwischen Simmern und Emmelshausen wieder als Bahnlinie nutzen zu wollen, wäre durch die Bebauung am Ortseingang von Emmelshausen Schluss. Anfang August 1988 wurde die Strecke dann 80 Jahre alt, was aber nur in einigen Zeitungsartikeln der örtlichen Presse gewürdigt wurde. Offizielle Feierlichkeiten fanden nicht statt.

Als letztes wichtiges Datum ist der 25. September 1988 zu nennen. Zu diesem Termin wurde auch der noch bis dahin besetzte Bahnhof Emmelshausen in einen „unbesetzten Tarifpunkt" umgewandelt. Nun war außer dem Zugpersonal niemand mehr an der Strecke im Einsatz!

Im November 1990 erfolgte die Unterschutzstellung der Bahnlinie zwischen dem Bahnhof Boppard und dem Bahnhof Emmelshausen als technisches Denkmal durch die zuständige Kreisverwaltung Rhein-Hunsrück in Simmern.

Im Zuge der Eingliederung der Deutschen Reichsbahn nach dem Beitritt der fünf neuen Bundesländer mussten neue Strecken-Nummern vergeben werden. Die bisherige Kursbuchstrecke (KBS) 606 Boppard - Emmelshausen wird seitdem als „KBS 479 Boppard - Emmelshausen Hunsrückbahn" im Kursbuch der DB geführt.

Die Wiedervereinigung mit den fünf neuen Bundesländern brachte für die Steilstrecke eine neue, interessante Möglichkeit des Museumsverkehrs: In Thüringen existierte eine betriebsfähige, steilstreckentaugliche Traditionslokomotive der Baureihe 94.5-17. Am 5. Juni 1993 war es erstmals soweit: 94 1292 vom Bw Arnstadt verkehrte mit zwei Sonderzugpaaren zwischen Boppard und

218 251 am 20. September 2001 im Bahnhof Boppard.

Buchholz. Knapp 1½ Jahre später, am 5.Oktober 1994, weilte die Maschine abermals in Boppard. Diesmal wurden mit ihr Filmaufnahmen auf der Steilstrecke gedreht und dabei sogar der planmäßige Güterzug von ihr zu Tal befördert.

1995 brachte für die Strecke den Abschied von den leichten, oberbaufreundlichen Lokomotiven der Baureihe 213, die nun in Thüringen zu Einsatz kommen sollte. Die Umsetzung vom Betriebshof Köln-Deutzerfeld nach Meiningen erfolgte am:

9.03.1995:	213 338, 213 341
14.03.1995:	213 339
15.03.1995:	213 333, 213 335
29.05.1995:	213 336, 213 337
20.08.1995:	213 332, 213 334, 213 340.

Der Einsatz in Thüringen währte drei Jahre, dann wurden die dort bedienten Strecken aus technischen Gründen stillgelegt. Die Lokomotiven kehrten danach leider nicht mehr an den Rhein zurück.

1995: Schwere Dieselloks und technische Probleme

Als Ersatz rüstete die Bahn zehn schwere Hauptbahnlokomotiven der Baureihe 215 des Betriebshof Trier mit einer Steilstreckenbremse aus. Es waren: 215 121, 122, 123, 124, 125, 126, 127, 128, 130 und 131.

Die Daten der Baureihe 215 sahen wie folgt aus:

Achsfolge:	B'B'
Treibrad-Durchmesser:	1.000 mm
Länge über Puffer (LüP):	16.400 mm
Leistung:	1.900 PS
Maximale Achslast:	19,5 t
Dienstlast:	78 t

Diese Lokomotiven waren um ein Vielfaches stärker, aber leider auch mit einem Achsdruck von 19,5 t deutlich schwerer als die bisherigen Lokomotiven. Ihr Einsatz erfolgte also, obwohl der Oberbau der Strecke in all den Jahren niemals richtig erneuert wurde.

Als Folge der stärkeren Lokomotiven sank die Fahrzeit von Boppard nach Emmelshausen von zuletzt 28 Minuten auf nunmehr 24 Minuten, womit einschließlich Wendezeit in Boppard und Emmelshausen ein Stundentakt ermöglicht wurde.

Anfang 1996 brachte der Einsatz der BR 215 dem zweiten Standbein der Strecke – dem Güterverkehr – das Aus! Diese Lokomotiven waren bremstechnisch nicht so leistungsfähig wie ihre Vorgängerbauart 213. Das führte dazu, dass, um die gleiche Last ins Tal befördern zu können, mehrere Bremswagen mitgeführt werden mussten, was den Güterverkehr sehr unwirtschaftlich und teuer gestaltete. Am Ende stellte „DB Cargo" mangels Nachfrage den Güterverkehr auf der Hunsrückbahn ein. Die bisherigen „Nachfrager" BOMAG in Buchholz und das Forstamt Boppard waren zuvor durch die neuen Regelungen förmlich zum Wechsel von Schiene auf Straße veranlasst worden!

Am 18. Mai 1996 fand eine erneute Dampfsonderfahrt mit 94 1292 zwischen Boppard und Buchholz statt.

Zum Sommerfahrplan 1996 wurde im Zuge des Rheinland-Pfalz-Taktes an Werktagen ein fast vollständiger Stundentakt zwischen 6 und 21 Uhr eingeführt.

1998 wurden trotz heftiger Proteste die kompletten, nach Einstellung des Güterverkehrs ungenutzten Nebengleise in Buchholz stillgelegt. Die Folgen dieser Maßnahme waren erheblich: Durch den engen Taktfahrplan und der nun fehlenden letzten Kreuzungsmöglichkeit zweier Züge zwischen Boppard und Emmelshausen war ein Sonderzugverkehr auf der Hunsrückbahn de facto unmöglich geworden. Seither dürfen auf der Strecke nur dann Sonderzüge verkehren, wenn sie in der Lage sind, die Fahrgäste des dann ausfallenden Planzuges mitzubefördern.

Im gleichen Jahr konnte im August dann „90 Jahre Hunsrückbahn" gefeiert werden. Die ursprünglich zu diesem Termin geplanten Dampfsonderfahrten fielen jedoch wegen einem unvorhersehbaren Lokschaden aus.

Ende September 1998 wurde unterhalb des Klosters Marienberg ein Parkhaus und gleichzeitig aus der bisherigen Behelfslösung für die Schüler der Haltepunkt „Boppard Süd" errichtet, der bis heute von den Schülerzügen bedient wird.

1999 wurde für 612.000 Mark in Buchholz ein sogenannter ÖPNV-Knoten gebaut. Leider wurden für diesen Neubau fast alle vorhandenen Nebengleise demontiert bzw. durch Ausbau der vorhandenen Weichen unbrauchbar gemacht. Als Entschädigung wurde das Umfeld pendlerfreundlich gestaltet und ein direkter Anschluss an den Straßenbus hergestellt. Die Inbetriebnahme des neuen Haltepunktes (ein Bahnhof besitzt mindestens eine Weiche!) geschah gerade noch rechtzeitig am 17. Juni1999 und damit einen Tag vor dem vom 18.- 20. Juni 1999 in Boppard stattfindenden „Rheinland-Pfalz-Tag". An diesem Wochenende verkehrten täglich 17 Zugpaare auf der Strecke!

Im Jahr 2000 wurde der Fahrplan erneut erweitert und an den Wochenenden zwischen Mai und Oktober Zugverkehr bis Mitternacht eingeführt. Die Abfahrt in Boppard war um 22:46 Uhr und um 23:46 Uhr. Ankunft in Emmelshausen war entsprechend 23:09 Uhr bzw. 0:09 Uhr. Der letzte Zug verließ Emmelshausen um 0:14 Uhr und war um 0:40 Uhr wieder in Boppard.

Außerdem fand am 8. Oktober 2000 die Plandampfveranstaltung statt, die zur 90-Jahr-Feier leider ausfallen musste. Insgesamt drei Züge wurden an diesem Tag anstelle der normalen Diesellok nun mit 94 1538, einer zweiten inzwischen wieder betriebsfähigen, steilstreckentauglichen Lokomotive der Baureihe 94.5-17, gefahren. Die Veranstaltung war ein voller Erfolg und bis heute die letzte Dampfveranstaltung auf der Steilstrecke.

Im Laufe des Jahres 2001 stellte sich die bisher letzte Veränderung bei den Triebfahrzeugen ein: Die bislang hier eingesetzten schweren Dieselloks der Baureihe 215, welche die Züge noch mit Dampf beheizten, sollten an die Güterverkehrstochter „DB Cargo" veräußert werden. Am 29. September 2001 fuhr daher der letzte Zug mit einer 215. Die 215 123 gab sich ein letztes Mal die Ehre und bespannte die Züge auf der steilsten Normalbahnstrecke Deutschlands.

Achsdruck steigt - Die Baureihe 218 kommt

Einzige steilstreckentaugliche und im Besitz von „DB Regio" befindliche Lokbaureihe war von nun an die Baureihe 218, die im Laufe des Jahres 2001 im Betriebshof Trier alle Lokomotiven der etwas leichteren Baureihe 215 verdrängt hatte und seither auch für den Betrieb zwischen Boppard und Emmelshausen zuständig war. Die 218 heizt die Züge nicht mehr mittels Dampf, sondern erzeugt über einen Generator, der am Fahrdieselmotor angeflanscht ist, elektrischen Strom für die Zugheizung. Den akustischen Unterschied sollten die Anwohner in Boppard bald zu hören bekommen. Die bisher eingesetzten Lokomotiven heizten im Stand fast lautlos den Zug. Dies ist mit der 218 nicht möglich! Dort entsteht nur Strom zum Heizen, wenn der Dieselmotor läuft.

Neben der Geräuschbelästigung stieg mit der 218 aber auch die Achslast pro Achse auf den maximal zulässigen Wert von 20 Tonnen. Zum Vergleich: Bei der 213 drückte jede Achse gerade mal mit 15,75 Tonnen auf den Gleiskörper! Dass der inzwischen seit 93 Jahren in Betrieb befindliche Gleiskörper dieser Belastung nicht auf Dauer standhalten konnte, sollte sich dann im Sommer 2005 zeigen. Jetzt häuften sich die Schäden am eingesetzten Lok- und Wagenmaterial. Die Spurkränze liefen immer häufiger scharf und mussten vorzeitig in der Werkstatt neu profiliert werden. Am 12. August 2005 zog „DB Regio" Trier die „Notbremse": Sofortige Betriebseinstellung bis zur Klärung der hohen Schadanfälligkeiten!

Von jetzt auf gleich standen die Aufgabenträger vor einem Problem: Wie sollte der Schienenersatzverkehr organisiert werden? Die Schüler konnten mit mehreren Bussen über die Straßen transportiert werden. Touristen, die extra wegen der Strecke anreisten

V100 2335 (ex DB 213 335) am 23. August 2005 in Boppard.

und vor allem die Radwanderer, deren Gefährte im Bus nicht transportiert werden konnten, hatten das Nachsehen!

„DB Netz“ untersuchte die Strecke, ließ die Schienenköpfe der alten Schienen abhobeln und besserte die vielen vorhandenen Schlammlöcher entlang der Steilstrecke notdürftig aus. Eine komplette Sanierung der Strecke fand, obwohl sie am Ende über drei Monate außer Betrieb war, nicht statt.

Nach einigen Wochen Arbeit war dann wieder „DB Regio“ am Zug. Es wurden Testfahrten durchgeführt und man ließ sich was einfallen: Als möglichen Grund für die Probleme wurde die Möglichkeit in Erwägung gezogen, dass die Lokomotive den Zug schiebt! Also ließ man die Lok versuchsweise die Züge ziehen. Dafür war aber eine Ausnahmegenehmigung von der gültigen Konzern-Richtlinie erforderlich! Denn diese besagt, dass die Lok bei Talfahrt immer talseitig stehen muss! In Emmelshausen ist seit 2001 ein Umsetzen ans andere Zugende durch die stillgelegten Nebengleise und Weichen nicht mehr möglich. Hier hätten einerseits erst wieder das Nebengleis und auch die beiden Weichen zunächst in einen betriebssicheren Zustand versetzt werden müssen. Andererseits wäre ein Umsetzen in Boppard und Emmelshausen aufgrund des engen Taktfahrplans gar nicht möglich gewesen. „DB Regio“ erreichte eine Ausnahmegenehmigung beim Eisenbahnbundesamt (EBA) und nahm am 23. November 2005 den Betrieb mit einer nun ständig bergseitig stehenden Lokomotive wieder auf.

Im Laufe des Jahres 2006 verschlechterte sich der Oberbau der Strecke immer mehr: Nun war nicht nur die Steilstrecke ein Sorgenkind. Durch die große Sommerhitze kam es zwischen Buchholz und Fleckertshöhe zu Gleisverwerfungen, die zu einem zeitweise erneuten Schienenersatzverkehr führten. Immer wieder wurde von DB Netz beteuert, die Strecke werde einer Generalsanierung zugeführt, zunächst sollte aber erst das Ergebnis der laufenden Ausschreibung im Personenverkehr abgewartet werden. Dies geschah auch deshalb, weil vorab eine Bestellgarantie durch den zuständigen Zweckverband SPNV-Nord über eine 20-jährige Betriebsdauer abgegeben werden sollte, um auch die Sanierungskosten durch langjährige Einnahmen aus Streckenbenutzungsgebühren zumindest anteilmäßig gegenfinanzieren zu können.

Seit Fahrplanwechsel im Dezember 2007 schiebt die Lok im Übrigen den Wagenpark wieder in Richtung Emmelshausen. Bisher kam es zu keiner weiteren Betriebseinstellung wegen Schäden am Lok- oder Wagenmaterial!

Gegenwart und gesicherte Zukunft bis 2029!

Und damit sind wir nun in der Gegenwart angekommen! Im Frühjahr 2008 wurden zwei für den Fortbestand der Strecke sehr wichtige Entscheidungen getroffen:

Zum einen übernimmt das private Eisenbahnverkehrsunternehmen (EVU) „RHENUS VENIRO“ aus Mainz zum Fahrplanwechsel im Dezember 2009 den Betrieb von „DB Regio“. Der Vertrag hat eine Laufzeit von 20 Jahren. Als Fahrzeuge wurden drei steilstreckentaugliche Triebwagen des Typs RegioShuttle RS1 beim Hersteller Stadler in Berlin verbindlich bestellt. Alle Bahnfreunde dürfen mit Recht gespannt sein, wie die neuen Fahrzeuge zwischen Boppard und Emmelshausen den Betrieb gestalten und hoffentlich noch weiter beleben.

Als zweite vielleicht sogar noch wichtigere Entscheidung wurde die Generalsanierung der kompletten Strecke beschlossen. Für 9,3 Millionen Euro erfolgte die Auftragsvergabe, in den Sommerferien 2008 den gesamten Oberbau (Schienen, Schwellen und Schotter) komplett zu erneuern, um der Strecke damit eine langfristige Perspektive und Zukunft zu sichern.

Kartengruß von der „Hundsrückbahn" des Jahres 1910.

Hunsrückbahn mit Bahnhof Halsenbach - Geburtstunde Emmelshausens

Eine Bahnhofssiedlung wird zentraler Ort

von Wolfgang Helbach / Norbert Monnerjahn

Bereits kurze Zeit nach Streckeneröffnung des letzten Teilstücks der Hunsrückbahn wurde das Umfeld um den „Bahnhof Halsenbach" spürbar belebt. „Der Fortschritt hat Einzug gehalten" verkündeten die Hunsrückblätter, und in der Tat setzte der langersehnte wirtschaftliche Aufschwung auch im Vorderhunsrück im Umfeld der Bahnstrecke nun endlich ein.

Die häufig zu hörende Behauptung, dass Emmelshausen zumindest in der heutigen Form ohne die Hunsrückbahn wohl nicht existieren würde, hat sicherlich eine Berechtigung.

Die beiden Gemeinden Basselscheid und Liesenfeld, die von diesem Zusammenschluss zusammen mit Siedlungsteilen am Bahnhof Halsenbach betroffen wurden, hatten zu diesem Zeitpunkt eine Einwohnerzahl von knapp über 500, die noch rückläufig war. Nach dem Zweiten Weltkrieg erreichte die Zahl für Emmelshausen 1950 = 1.106, bis 1975 = 2.960 und bis 2008 etwa 5.000.

Es lohnt sich, nach langen Jahren die seinerzeitige Entwicklung, die im Jahre 1935 zur Gründung der neuen Gemeinde Emmelshausen auf der Hunsrückhochfläche zwischen Rhein und Mosel führte, einer näheren Betrachtung zu unterziehen.

Verwaltungsgeschichtliche Entstehung

Die Situation auf dem Hunsrück bis zum Bau der Hunsrückbahn

Im 19. Jahrhundert erfuhr das Gebiet des Landkreises Sankt Goar, zu dem die heutigen Ortsteile von Emmelshausen gehörten, eine wirtschaftliche Belebung durch eine steigende Zahl von Touristen, die durch die Romantik angeregt, besonders das Rheintal besuchten. Außer im Handel und im Fremdenverkehrsgewerbe bot sich den Bewohnern als weitere Erwerbsmöglichkeit noch der Dienst bei Bahn, Post und Schifffahrt an, bei denen ein großer Personalbedarf bestand. Diese Entwicklung wirkte sich aber nicht auf die Hochflächen aus. Bedingt durch die Realerbteilung in der Landwirtschaft waren die landwirtschaftlichen Betriebe immer weniger in

Bahnarbeiter beim Gleisbau in der Gemarkung Halsenbach, heute Emmelshausen (1907).

der Lage, den Lebensunterhalt einer großen Familie voll zu gewährleisten. Da die Einkommen entsprechend niedrig lagen, waren die Bauern dieser Gegend gezwungen, einen zusätzlichen Beruf zu ergreifen oder sich eine andere zusätzliche Erwerbsquelle zu suchen. Dazu bot sich zunächst einmal die Arbeit im Wald an. Die Frauen übernahmen Heimarbeiten. Eine besondere Rolle spielte dabei die Wollverarbeitung. Aus besonders günstigen Höhengemeinden zogen auch einige Pendler in die Talgemeinden, wo sie leichtere Arbeit fanden als auf der Hochfläche. Viele, besonders junge Leute, kehrten ihrem Heimatdorf den Rücken und zogen in die industriellen Ballungsräume um.

In diese Zeit fällt auch der Bau der Hunsrückbahn von Boppard nach Simmern. Eine Linienführung von Koblenz aus spielte damals für die Landbevölkerung noch keine große Rolle. Am 3. August 1908 fuhr zum ersten Mal ein fahrplanmäßiger Zug auf dieser neu erbauten Strecke. Nun bestand für die Bauern die Möglichkeit, Butter und Eier leichter nach Boppard und somit ins Tal zu bringen.

Bedingt durch die Linienführung der neuen Bahn, wurde der Bahnhof Halsenbach dort errichtet, wo sich die Gemeindegrenzen von Halsenbach, Dörth und Basselscheid trafen. Hier war es, da dieses Gebiet in der Hauptsache mit Wald bestanden war, leichter möglich, einen Bahnhof für die umliegenden Dörfer zu bauen, als auf den dorfnahen Feldern.

Die mit Eröffnung der Bahn verbundenen hohen Erwartungen brachte der damalige Bürgermeister von Halsenbach nicht gänzlich ohne Skepsis auf den Punkt: *„Die Eröffnung der Bahn wird den Gemeinden rein ländlichen Charakters auf die Dauer ein neues Gepräge geben, Die Heranziehung der Industrie ist dringend erwünscht. Hoffentlich gelingt es, die in der Nähe des Bahnhofs Halsenbach gelegenen Ländereien preiswert und vor allem an solche Unternehmen zu verkaufen, die der Gemeinde bzw. den umliegenden Ortschaften infolge Eröffnung neuer Erwerbsquellen dauernden Nutzen bringen.“* Mit dieser Weitsicht sollte er recht behalten.

Am Bahnhof Halsenbach entwickelte sich schnell eine neue Siedlung

Etwa gleichzeitig mit dem Bahnhof Halsenbach wurde auch bereits das erste Wohnhaus in Bahnhofsnähe fertiggestellt und bezogen. Ein Knochenheilpraktiker erkannte die günstige Gelegenheit und eröffnete in seinem Haus eine Gaststätte, in der nun die Bauern der umliegenden Dörfer auf den Zug warten konnten. Durch den neu errichteten Bahnhof besserten sich auch die Erwerbsquellen der Kleinlandwirte. Vor allem die recht beachtliche Zahl der Hausierer, die die in der Heimarbeit gefertigten Wollwaren

Der Landrat des Altkreises St. Goar, Dr. Karl Statz (Amtsperiode 1923 - 1945), erkannte die Vorteile, die sich dem Vorderhunsrück durch eine gemeindliche Zusammenlegung im Umfeld des „Bahnhofes Halsenbach“ boten und unterstützte die Bestrebungen der beteiligten Hunsrückgemeinden.

Voller Stolz präsentieren sich die Bahnarbeiter in der Nähe des Mermicher Hofes bei Ehr dem Fotografen.

zum Verkauf anboten, konnten ihren Kundenkreis erweitern. Die Endstation der Hunsrückbahn, Boppard, war D-Zug-Station. So führten die Reisen der Hunsrücker Händler diese nun in die großen Ballungsräume und Industriegebiete an Rhein, Main und Ruhr.

Dem Gasthaus am Bahnhof folgten weitere Häuser. Als erster Gewerbebetrieb kam eine Zweigstelle einer Kölner Großhandelsfirma an den Kreuzungspunkt Rhein-Mosel-Straße mit der Straße Boppard-Simmern. Von hier aus zogen nun die bereits erwähnten Hausierer los, die in der Zweigstelle ihre Waren abholen konnten und dort nach Beendigung ihrer Reise abrechneten.

Ein Düsseldorfer Unternehmer baute 1910 an der ursprünglichen Kreuzung der Rhein-Mosel-Straße, der damaligen Provinzialstraße und späteren Hunsrückhöhenstraße, fast genau an der Stelle, wo seit 1993 das „Zentrum am Park“ steht, ein Versandhaus (auf Basselscheider Gemarkung) für das seit 1901 im Lamscheider Stahlbrunnen geförderte und dorthin gepumpte Mineralwasser. Ein Gleis- bzw. unmittelbarer Bahnanschluss, bedeutete schon seinerzeit einen großen Standortvorteil.

Weitere Betriebe folgten, Textilgeschäfte zum Beispiel. Am Bahnhof Halsenbach entstand so ein Einkaufszentrum für die Bauern der umliegenden Gemeinden, bevor man von einer eigentlichen Wohnsiedlung sprechen konnte.

Im Jahre 1920 zählte die Ansiedlung Halsenbach-Bahnhof bereits 26 Bewohner, 10 davon auf Halsenbacher und 16 auf Basselscheider Gebiet. Mit der Errichtung eines Forsthauses auf Dörther Gemarkung in Bahnhofsnähe 1923 nahm die Gemeinde Dörth ersten Anteil an der neuen Siedlung. Fünf Jahre später, 1928, war die Einwohnerzahl schon auf über 100 gestiegen, wovon die Hälfte etwa auf Basselscheider Gebiet und 11 auf Dörther Gemarkung wohnten. Die Bewohner wurden jeweils von der Muttergemeinde mit verwaltet. So besuchten die Kinder die für sie zuständigen Schulen. Ähnlich stand es mit dem Kirchenbesuch.

Verwaltungschwierigkeiten zwischen den an der Siedlung am Bahnhof Halsenbach beteiligten Gemeinden führten zur Gründung der Gemeinde Emmelshausen

Die ersten Verwaltungsschwierigkeiten zwischen den drei an der neuen Siedlung beteiligten Gemeinden traten auf, als die Notwendigkeit von Gemeinschaftsanlagen wie Wegen, Beleuchtung und Wasserversorgung aktuell wurde. Schnell noch einigte man sich über die Wasserversorgung. So beschloss als letzte die Gemeinde Basselscheid am 11. Dezember 1928 einem Wasserzweckverband beizutreten, der von den Gemeinden Halsenbach und Dörth gegründet worden war (Beschlussbuch der Gemeinde Basselscheid, S. 37, im Archiv der Gemeinde Emmelshausen). Größere Schwierigkeiten bereitete aber bereits die Installierung der Beleuchtungsanlage. Als man sich über die Kosten und die Trägerschaft einer Lampe am Knotenpunkt der drei Gemarkungen nicht einig werden konnte, errichtete Basselscheid eine Lampe, die nur das Gebiet der Gemarkung Basselscheid beleuchtete. Unter dem 10. März 1931 liest man dann zum ersten Mal im

Die Ansicht zeigt den Bahnhof Halsenbach in seiner Gründerzeit. Zwei honorige Bürger beobachten die Streckenarbeiter (rechte Seite), die wohl in der Zeit zwischen 1910 und 1914 mit Rammarbeiten für die Signaltechnik beschäftigt waren. Und den Garten für den Bahnhofsvorsteher gab es auch schon...

Beschlussbuch der Gemeinde Basselscheid (S. 86), dass die dortige Gemeindevertretung damit einverstanden sei, zusammen mit Liesenfeld, den Siedlungsteilen Halsenbach-Bahnhof und den Häusern der Dörther Gemarkung in Bahnhofsnähe eine neue Gemeinde zu bilden. Am 14. Juni 1933 beschließt der Gemeinderat in Ergänzung seines Beschlusses vom 10. März 1931, die Trägerschaft für die Schule Halsenbach-Bahnhof zu übernehmen. Gleichzeitig beantragen sie, die Siedlung am Bahnhof nach Basselscheid einzugemeinden (Beschlussbuch, S, 119). Eine andere Eingemeindelösung wünschte die Gemeinde Basselscheid dieses Mal nicht, „insbesondere möchte sie nicht mit den Gemeindebezirken Liesenfeld und Halsenbach zusammengelegt werden" (Beschlussbuch, S. 134). Zusammen mit Liesenfeld beschloss Basselscheid dann am 14. Juni 1934 einen neuen Wasserzweckverband zur Versorgung der „Örtlichkeit Bahnhof Halsenbach" mit Wasser. Die Finanzierung des Projekts wurde gemeinsam unternomen (Beschlussbuch, S. 137 bzw. S. 140).

In Basselscheid scheint die Bedeutung der Siedlung am Bahnhof also zuerst richtig eingeschätzt worden zu sein. So schreibt der Chronist (Basselscheider Chronik in der Volksschule Emmelshausen): *„Innerhalb unserer Gemeinde ist eine große Veränderung eingetreten. Ursache hierzu war, dass der Bahnhof Halsenbach sich in den letzten Jahren kolossal entwickelt hat. Es sind jetzt Geschäfte in allen Branchen hier vorhanden, so dass man alles kaufen kann, was man nötig hat, Kleidung, Lebensmittel und auch sämtliche Artikel, welche der Bauer braucht, so dass niemand mehr nach Boppard muss".*

Der Landrat des Kreises St. Goar, Dr. Statz, steuerte Aktennotizen bei: *„Der Bahnhof Halsenbach, der noch 1924 aus drei Gebäuden bestand, zählt heute bereits 42 Häuser. Infolge seiner günstigen Lage auf dem Vorderhunsrück an der Eisenbahnstrecke Boppard-Simmern bildet der Bahnhof Hal-*

Das von Heilpraktiker Peter Pies im Jahre 1908 eröffnete Halsenbacher „Gasthaus zum Bahnhof" sollte das erste Gebäude sein, welches dem späteren Emmelshausen zugerechnet wurde.

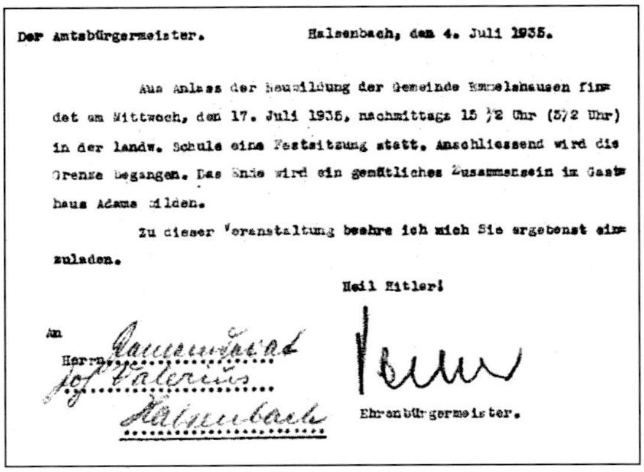

Der Amtsbürgermeister. Halsenbach, dem 4. Juli 1935.

Aus Anlass der Neubildung der Gemeinde Emmelshausen findet am Mittwoch, den 17. Juli 1935, nachmittags 15 1/2 Uhr (3 1/2 Uhr) in der landw. Schule eine Festsitzung statt. Anschliessend wird die Grenze begangen. Das Ende wird ein gemütliches Zusammensein im Gasthaus Adams bilden.

Zu dieser Veranstaltung beehre ich mich Sie ergebenst einzuladen.

Heil Hitler!

An
Herrn [illegible]
Jos. Valerius
Halsenbach

Ehrenbürgermeister.

Einladung an Lehrer Valerius, Gemeinderatsmitglied in Halsenbach, zur Feierstunde am 17. Juli 1935 anlässlich der Neubildung der Gemeinde Emmelshausen.

senbach einen günstigen Umschlagplatz in weitestem Umfang. Der große Vorteil liegt darin, dass er an dem Kreuzungspunkt zweier Verkehrsstraßen liegt, wo vier Gemeindegrenzen zusammenstoßen. Die Erzeugnisse des Hunsrücks nehmen ihren Weg per Bahn und Auto über den Bahnhof Halsenbach zum Rhein und zur Mosel."

1934 fanden in der Siedlung am Bahnhof Bürgerversammlungen statt, die zu einer Gemeindeneubildung führen sollten. An diesen Verhandlungen nahm auch Regierungspräsident Turner (Koblenz) teil. Dank seiner Vermittlungen kam man schnell zur Einigung, so dass beschlossen wurde, nach ihm die neue Gemeinde „Turnerhöh" zu nennen. Damit waren aber die zuständigen Behörden nicht einverstanden. Sie beauftragten daher einen Lehrer und Heimatforscher mit der Suche nach einem sinnvolleren Namen. Nach einigen weiteren Vorschlägen, die abgelehnt wurden („Liesenfeld" nach dem Namen des größten der drei Ortsteile, „Galgenhöhe" und „Gallscheid" nach Distriktsnamen in Bahnhofsnähe) nahm man den Namen von einer mittelalterlichen Wüstung zwischen Basselscheid und Liesenfeld: „Emmelshausen". Über Bedenken des Landratsamtes (der

Kartengruß „Wirtschaft zur Rhein-Moselstraße von Ww. Peter Vogt, Bahnhof Halsenbach" aus dem Jahre 1912.

Name sei im Volksmund unbekannt) setzte sich die Regierung in Koblenz hinweg. (Akten III-A-30, Landratsamt Sankt Goar).

Nach langen Verhandlungen erschien am 15. Juni 1935 in der Nr. 25 des Amtsblattes der Preußischen Regierung in Koblenz folgender Erlass des Oberpräsidenten: *„Mit Wirkung vom 1. Juli 1935 werden gemäß §§ 10, 13, 15 Abs. l, 117 Abs. 3 der Deutschen Gemeindeordnung vom 30. Januar 1935 im Kreis Sankt Goar die Gemeinden Liesenfeld und Basselscheid sowie Teile der Gemeinden Halsenbach und Dörth - umfassend das Siedlungsgebiet am Bahnhof Halsenbach - ... zu einer neuen Gemeinde mit dem Namen 'Emmelshausen' zusammengeschlossen.*

Gleichzeitig wird gemäß § 32 Ziffer 2 der Amtsordnung vom 8. Oktober 1934 die bisherige Gemeinde Liesenfcld aus dem Amtsbezirk Obergondershausen ausgegliedert und die neu gebildete Gemeinde Emmelshausen in den Amtsbezirk Halsenbach eingegliedert."

Josef Bach, erster Bürgermeister der neuen Gemeinde Emmelshausen (Amtsperiode 1935 - 1945).

Kartengruß aus dem jungen 20. Jahrhundert vom Bahnhof Halsenbach.

Briefkopf der Firma Kansa-Strickwaren.

Verhandlungsunterlagen beim Landratsamt Sankt Goar (HI-A-30; Neubildung der Gemeinde Emmelshausen) belegen den Inhalt der Auseinandersetzungen. Das Ministerium des Innern meldete am 22. September 1934 Bedenken an: *„Es ergibt sich die Frage, ob die kommunalen Interessen der genannten Gemeinden, die voneinander völlig getrennte Ortskerne besitzen, so gleich gerichtet sind, dass sich aus dem Zusammenschluss der Kommunen nicht künftige Schwierigkeiten ergeben".*

Die Antwort des Amtsbürgermeisters von Halsenbach lautete wie folgt: *„Die Interessen der Gemeinden Basselscheid und Liesenfeld können ohne weiteres als gleichgerichtet angesehen werden. Der weitaus größte Prozentsatz der Einwohner dieser beiden Gemeinden treibt Landwirtschaft. Das Gebiet des Bahnhofes Halsenbach ist allerdings vorwiegend mit Gewerbetreibenden besiedelt. Es liegt jedoch keine Veranlassung vor, aus diesen Tatsachen Bedenken für ein ersprießliches Zusammenarbeiten der drei Ortskerne aufkommen zu lassen. Ein Interessenausgleich wird damit geschaffen, dass die bäuerliche Bevölkerung ihre Bedürfnisse bei den am Bahnhof Halsenbach wohnenden Gewerbetreibenden deckt."*

1935 wohnten am Bahnhof Halsenbach in 44 Wohn- und Geschäftshäusern rund 260 Einwohner,

Verfolgt man die Akten und Aufzeichnungen mit den Beschlüssen des Gemeinderats von Liesenfeld, so wird deutlich, dass diese Gemeinde gar nicht so sehr dazu bereit war, ihre Eigenständigkeit aufzugeben. Liesenfeld wollte über dieses „Manöver" nur eine Umamtung aus dem Amt Obergondershausen/Brodenbach in das Amt Halsenbach erreichen. Gründe dazu waren vor allem die ungünstigen Verkehrsverhältnisse nach Brodenbach an der Mosel, wo die Ämter Obergondershausen und Brodenbach in Personalunion verwaltet wurden. Während die Entfernung Liesenfeld - Brodenbach 16 Kilometer beträgt, hat man von Liesenfeld nach Halsenbach nur eine Strecke von etwa drei Kilometern zurückzulegen.

Bereits am 24. März 1925 hatten die Bewohner von Liesenfeld einen Antrag auf Umamtung deshalb an den Kreistag von St. Goar gestellt:*„ Wer die Verhältnisse im Hunsrück einigermaßen kennt, weiß, was die Zurücklegung dieser Wegstrecke (Liesenfeld - Brodenbach) für Opfer und Mühen erfordert. Besonders in den Wintermonaten ist dies fast eine Unmöglichkeit; ältere Leute gebrauchen zur Erledigung ihrer Geschäfte auf dem Bürgermeisteramt meistens zwei Tage"* (Akte „Trennung der Gemeinde Liesenfeld von der Bürgermeisterei Obergondershausen" III-A-28 beim Landratsamt St. Goar).

Gegen die Umamtung von Liesenfeld wandten sich die übrigen Gemeinden des Amtes Obergondershausen/Brodenbach. Eine solche Ausamtung würde die Amtsumlage der anderen Gemeinden erhöhen. Die Moselorte drohten: „Wenn es den Liesenfeldern zu weit zum Amt Brodenbach ist, dann ist es uns erst recht zu weit, um von der Mosel zum Landratsamt in St. Goar zu kommen. Wir verlangen daher, der Kreisstadt Mayen zugeordnet zu werden!" Als man in Liesenfeld merkte, dass eine Umamtung nur über die Beteiligung an der neuen Gemeinde zu erreichen sei, war man dazu bereit, auf die gemeindliche Selbstständigkeit zu verzichten.

1952 unterschrieben 96 Haushaltsvorstände aus Liesenfeld einen Antrag auf Ausgemeindung, um wieder eine selbstständige Gemeinde zu bilden. Doch dazu kam es nicht.

Die Grenzziehung der neuen Gemeinde sollte ein Zusammenwachsen der Ortsteile Liesenfeld und Basselscheid mit dem Siedlungsgebiet am Bahnhof begünstigen

Da sowohl Basselscheid als auch Liesenfeld mit ihrem gesamten Gemeindebesitz in die neue Gemeinde übergingen, ergaben sich

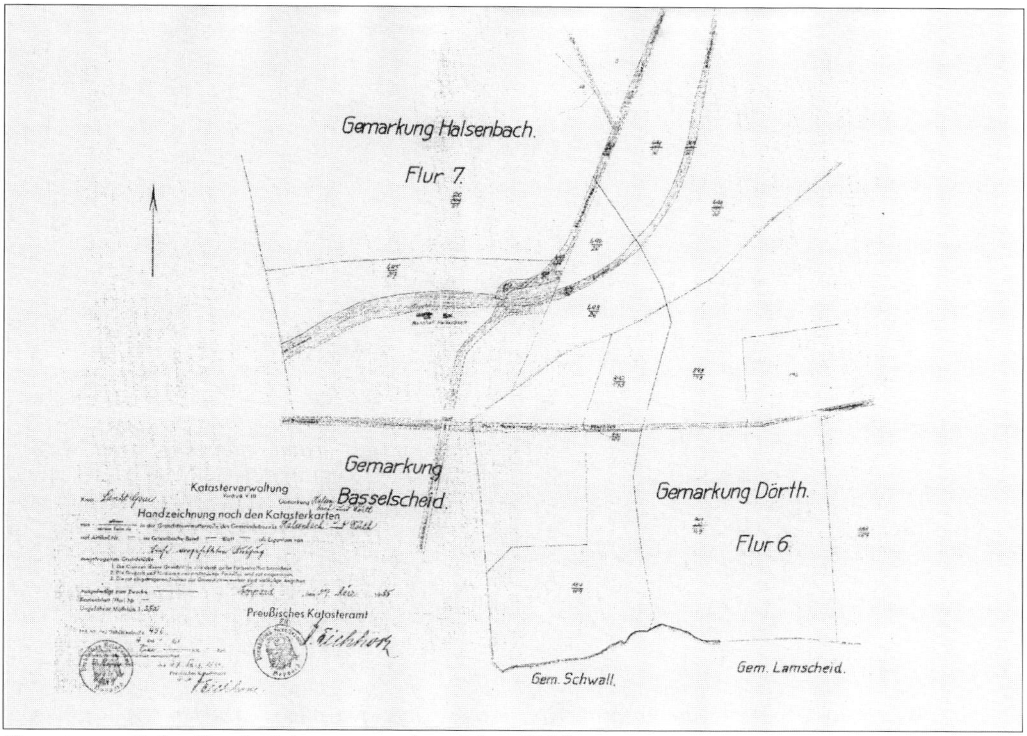

Katasteramtliche Handzeichnung aus dem Jahre 1935.

hier keine Schwierigkeiten. Mit Halsenbach und Dörth gab es ein Ringen um jeden Hektar Land, obwohl es sich nicht um landwirtschaftlich genutzte Flächen, sondern ausschließlich um Waldungen handelte.

Der Amtsbürgermeister von Halsenbach schlug für Dörth eine Einbuße von nur etwa 25 ha Gemeindeland vor und für Halsenbach eine noch geringere. Mit dieser Grenzziehung waren verständlicherweise die Bewohner am Bahnhof Halsenbach nicht einverstanden. So schrieb ihr Sprecher am 20. März 1935 *„...so ist es ein unhaltbarer Zustand, dass man hingeht und legt die neue Grenze so hart an die Siedlung heran, man legt uns die Schlinge direkt an den Hals.“*

Der Landrat erwiderte, die enge Grenzziehung beruhe auf der Absicht, die drei Siedlungsteile Liesenfeld, Basselscheid und Bahnhof im Laufe der Zeit zusammenwachsen zu lassen. Dies sei aber nur möglich, wenn die Grenzziehung gewisse Schranken für die Bebauung nach anderen Seiten biete. Der neue Ort solle kein weiteres Bauerndorf werden, sondern ein zur Siedlung bestimmter industrieller Ort (Akten HI-A-30 beim Landratsamt St. Goar).

Den Nachbargemeinden wurde die Auflage erteilt, an der Grenze zu Emmelshausen keinerlei Bauvorhaben durchzuführen, damit nicht nach kurzer Zeit eine ähnliche Situation wie bei der Entstehung von Emmelshausen entstünde, die eine neue Grenzregulierung erfordere. Die junge Gemeinde Emmelshausen erhielt die Auflage, einen Bebauungsplan zu erstellen, dessen Aufgabe es sei, die Siedlungsteile Emmelshausen-Bahnhof mit Liesenfeld und Basselscheid zu verbinden. Und gerade das wurde nach dem

Entscheidenden Anteil am wirtschaftlichen Aufschwung im Vorderhunsrück leisteten die am Streckennetz der Hunsrückbahn expandierenden Gewerbebetriebe. Die neuen Arbeitsplätze waren heiß begehrt, wie auch obiges Firmenfoto der Belegschaft der Strickwarenfabrik Kann & Marx aus dem Jahre 1930 beweist. Gemeinsam mit weiteren Unternehmungen im Umfeld des Bahnhofes Halsenbach wurde hier sicherlich ein Grundstein der im Jahre 1935 gegründeten Gemeinde Emmelshausen gelegt.

2. Weltkrieg jahrelang von der Bezirksregierung Koblenz abgelehnt. Erst anfangs der 1960-er Jahre erfolgte dann endlich durch einen großzügigen mit den Nachbargemeinden Dörth und Halsenbach abgestimmten Bebauungsplan die Umsetzung dieser Auflage. Der Bebauungsplan ist inzwischen weitgehend umgesetzt.

Bereits 1939 musste mit dem Bau der Hunsrückhöhenstraße eine Grenzänderung zwischen Halsenbach und Emmelshausen erfolgen. Eine etwa 10 a große Fläche für den Bau einer Großtankstelle wurde in die politische Gemeinde Emmelshausen eingegliedert.

Emmelshausen nach der Gemeindebildung

In der Zeit nach der Gemeindeneubildung durch Ein- und Ausgemeindung nach 1935 verfolgte die Planung weitere Verkehrserschließung, die Schaffung nichtlandwirtschaftlicher Arbeitsplätze und den Ausbau der Zentralität von Emmelshausen.

Verkehrssituation

Von Bedeutung war zunächst nur die Straße von Koblenz nach Simmern, die durch das Gebiet der heutigen Gemeinde Emmelshausen führte. Diese Straße verfiel aber in ihrem ersten Abschnitt. Der Verkehr verlagerte sich auf die Straße von Boppard, die bei Ehr auf die Koblenz - Simmerner Straße stieß. Entsprechend den Anforderungen wurde die Straße Boppard - Simmern ausgebaut und befestigt.

Auf dieser „Simmerner Chaussee" fuhr bis zur Eröffnung der Bahnlinie 1908 eine regelmäßige Postkutsche für den Personenverkehr. Eine systematische Verbesserung der Kreisstraßen erfolgte erst am Ende der Zwanzigerjahre des vergangenen Jahrhunderts. Die Arbeiten brachten einen doppelten Vorteil. Einmal verbesserten sich die Verkehrsverhältnisse im Kreisgebiet, die bis zu diesem Zeitpunkt katastrophal waren, zum anderen wurden dringend benötigte Arbeitsplätze geschaffen, wodurch ein Teil der Kreisbevölkerung wenigstens für einige Zeit eine Beschäftigung fand. Nach 1930 wurde dann auch die Straße Sankt Goar - Emmelshausen - Brodenbach ausgebaut. Eine große Zahl von Touristen benutzte diese Straße als abkürzende Verbindung zwischen den Fremdenverkehrsgebieten an Mittelrhein und Mosel. Gleichzeitig verband die Straße die Moselteile des Kreises mit der damals zuständigen Kreisstadt Sankt Goar.

Große Bedeutung aber kam und kommt der kurz vor dem Zweiten Weltkrieg erbauten Hunsrückhöhenstraße zu, die zunächst aus rein militärischen Gesichtspunkten angelegt wurde. Sie hat „wesentlich zur Verbesserung der ungünstigen Standortbedingungen im Rahmen der Industrialisierungsbemühungen" beigetragen (Knopp, Werner, Straßen und Wege - In: Heyen, Franz-Josef (Hrsg. 1966): Zwischen Rhein und Mosel, der Kreis Sankt Goar. Boppard. S. 561). Mit der Hunsrückhöhenstraße entstand über die Hochflächen des Hunsrücks eine Verbindung mit Trier und der Saar.

Lange, bis zum Bau einer Umgehungsstraße im Osten in der Gemarkung Dörth um 1990, teilte die Hunsrückhöhenstraße Emmelshausen-Bahnhof in zwei Siedlungsteile. Ihr Kreuzungspunkt mit der Rhein-Mosel-Straße, die direkt daneben bis zur Stilllegung in den Siebzigerjahren auch die Hunsrückbahn überquerte, bildete einen Gefahrenpunkt innerhalb des Ortsverkehrs. Die Hunsrückhöhenstraße überquert die Rhein-Mosel-Straße jetzt kreuzungsfrei außerhalb Emmelshausens.

Ein Stück weiter östlich und ebenfalls in der Gemarkung Dörth ist Emmelshausen seit den Siebzigerjahren an die Autobahn A 61 Krefeld - Ludwigshafen angeschlossen, die die Straßen des Rheintals entlastet und, das zeigen die Industriegebiete in ihrem Verlauf von Boppard-Buchholz über Dörth, Pfalzfeld bis Laudert - Wiebelsheim die Zielplanung des Landes Rheinland-Pfalz erfüllen, durch *„verkehrsmäßige Erschließung der Höhengemeinden des Hunsrücks die Industrie in bisher rein landwirtschaftliche Bereiche zu führen und damit den hier gegebenen Abwanderungstendenzen entgegen zu wirken"* (Rheinland-Pfalz von A bis Z (1961), Staatskanzlei, Mainz).

1965 war die Hunsrückbahn von Stilllegung bedroht. Der Kreistag von Sankt Goar und die Bürgermeister der betroffenen Gemeinden wandten sich energisch gegen diese Maßnahme der Bundesbahn, weil sie die aufbauende Tätigkeit in der Wirtschaft dieses Raumes gefährde, die Fremdenverkehrsentwicklung hemme und den Bildungsnotstand im Hunsrück vergrößern würde.

Die Argumente der Gegenseite lauteten, dass eine Stilllegung des Streckenabschnittes Boppard - Simmern auch die Bevölkerung und in geringerem Maße die Wirtschaftsbetriebe hart treffen würde. Wenn aber das in Emmelshausen geplante Gymnasium als weiterführende Schule im Vorderhunsrück erstellt sei, würde der Personenverkehr Emmelshausen - Boppard eine Einbuße von etwa 180 Schülern pro Tag verzeichnen. Für die etwa 250 Berufsschüler, die sich auf sechs Tage in der Woche verteilen, lohne sich kaum mehr die Aufrechterhaltung des Personenverkehrs auf dieser Strecke. Der Güterverkehr laufe aber schon seit Jahren nicht mehr über die steile Strecke Boppard - Buchholz, sondern werde über Simmern geleitet. Die Folge davon sei eine Verzögerung im Frachtverkehr, weshalb ein Teil der Gewerbetreibenden bereits zu anderen Transportmitteln übergegangen sei.

Für den Fremdenverkehr würde die Sperrung der reizvollen Strecke Boppard - Buchholz der Verlust einer Attraktion sein. Die Strecke, für die ein Schienenbus zu Berg bei einer Länge von sechs Kilometern 18 Minuten braucht, bietet den Reisenden einen Blick in das tiefeingeschnittene Mühltal und führt sie über zwei Brücken, darunter die 150 m lange, leicht gebogene Brücke über die Hubertusschlucht.

Die Strecke Boppard - Emmelshausen ist noch heute in Betrieb, für den Schülerverkehr und für den Ausflugs- und Fremdenverkehr. Der Betrieb und damit die Zukunft für den Fortbestand ist für die nächsten 20 Jahre Dank dem Mitwirken vieler Beteiligter und vor dem Hintergrund der wirtschaftlichen, touristischen aber auch verkehrsmäßigen Bedeutung langfristig gesichert. Die Strecke Emmelshausen - Simmern ist seit dreißig Jahren stillgelegt, und die Trasse dient als Radweg.

Nichtlandwirtschaftliche Arbeitsplätze

Den Anfang machte die aus einem kleinen Verkaufsgeschäft entwickelte „Kansa Strickwarenfabrik". Das in Bonn gegründete Unternehmen kam dort mit den bereits erwähnten wandernden Händlern aus dem Hunsrück in Kontakt, die im Bonner Raum ihre Textilien verkaufen wollten. Die Händler kauften auch bei der Firma Max Kann ein. Aus der Berührung mit dem Hunsrücker Wandergewerbe entstand die Idee, das Auslieferungslager näher an den Wohnsitz der Händler heranzubringen. So ließ sich dann das Großhandelsgeschäft am Bahnhof Halsenbach nieder. 1929 begann die Firma Kann mit der Herstellung eigener Erzeugnisse, zunächst auf Wollstrümpfe beschränkt. Zu Beginn des Zweiten Weltkrieges zählte das Werk bereits 80 Beschäftigte. Ende der Sechzigerjahre bot das erweiterte und modernisierte Werk, dessen Großhandelsfunktion für die wandernden Händler mehr und mehr ge-

Kartengruß aus den 1920-er Jahren.

schrumpft war, etwa 240 weiblichen und 25 männlichen Kräften einen Arbeitsplatz.

1939 kam die Firma Schank, Betrieb zur Herstellung von Türen, Toren und Glasdächern, als kriegswichtige Produktionsstätte aus dem Frontbereich nach Emmelshausen, in eine Lagerhalle direkt an der Bahnlinie. Nach dem Krieg arbeitete das Werk Emmelshausen mit etwa 100 Beschäftigten und auf Leichtmetalle und Kunststoffe umgestellter Produktion als Zweigwerk weiter.

Besondere Bedeutung aber kam dem Baugewerbe zu, da hier ein großer Teil der arbeitenden Bevölkerung unterkam. Hier wurden auch ungelernte Arbeitskräfte gebraucht. Das war besonders günstig für Arbeitskräfte, die nebenbei ihren kleinen landwirtschaftlichen Betrieb weiterführten. In den Baugeschäften verschiedener Fachrichtung fanden etwa 300 männliche Arbeitskräfte Beschäftigung. Zum Baugewerbe gehörte auch ein Sägewerk. Weiter gab es in Emmelshausen Ende der Sechzigerjahre etwa zehn mittlere und 30 kleine Handwerksbetriebe, etwa 50 Handelsgeschäfte und zwei Bankfilialen, in denen noch einige hundert Bewohner von Emmelshausen und Umgebung Arbeit fanden – und das bei etwa 2500 Einwohnern.

Um 1960 war klar, dass durch die Grenzziehung von 1935 in Emmelshausen in verkehrsgünstiger Lage kaum noch Flächen für industrielle Ausdehnung vorhanden waren. 1949 schon hatte sich die Firma Driescher für die Herstellung von Hochspannungsporzellanen mit 85 Arbeitsplätzen an der Hunsrückhöhenstraße in der Gemarkung Halsenbach angesiedelt, wobei sie vorgab, am Standort „Emmelshausen“ zu sein. Weitere Betriebe folgten ihr. Neue Industrieanlagen sollten dann in der Gemarkung Dörth untergebracht werden, zwischen Hunsrückhöhenstraße und Autobahn.

Ein Versandhaus nutzte bereits um 1920 die neuen verkehrstechnischen Möglichkeiten im Umfeld des Halsenbacher Bahnhofes durch Verlegung eines eigenen Bahnanschlusses.

Luftaufnahme der Ortsgemeinde Emmelshausen aus dem Jahre 2007.

Emmelshausen strebte nun an, seine Bedeutung als Wohnsiedlung weiter auszubauen, mit Wachstum beiderseits der Rhein-Mosel-Straße in Richtung Liesenfeld und Basselscheid. Vom Funktionstyp „Arbeitsstätte“ ging es zum Funktionstyp „Wohn- und Arbeitsstätte“ über. In den Einwohnerzahlen (1961 = 2.000,1973 = 3.000, 1984 = 4.000) spiegelt sich das (Ortsgemeinde Emmelshausen (Hg., 1985): Emmelshausen - Geschichte und Geographie eines zentralen Ortes im vorderen Hunsrück) wider.

Ursprünglich waren im Vorderhunsrück die zentralörtlichen Funktionen anders geordnet. Im 19. Jahrhundert hatte Boppard die Funktion eines Mittelzentrums für die Höhengemeinden des Amtes Halsenbach übernommen. Noch weiter ausgebaut wurde diese Funktion durch den Bau der Hunsrückbahn. Die Entwicklung von Emmelshausen wurde unterstützt durch den Bau der Hunsrückhöhenstraße. Boppard verlor mehr und mehr seine zentrale Funktion für die Dörfer um Emmelshausen. Koblenz wurde durch die Hunsrückhöhenstraße näher gerückt und gelangte dadurch in die Stellung eines Mittelzentrums für den Vorderhunsrück. Emmelshausen *„hat sich aus einem ganz dem Einfluss von Boppard unterliegenden Weiler seit einer Generation zu einem selbständigen, vorwiegend auf Koblenz orientierten Kleinzentrum entwickelt:“* (E. Meynen, R. Klöpper, J. Körber, (1957): Rheinland-Pfalz in seiner Gliederung nach zentralörtlichen Bereichen. Forschungen zur deutschen Landeskunde 100. Remagen, S.65).

Heute wird Boppard nur noch für wenige spezielle Dienste wie Krankenhaus und weiterführende Schulen in Anspruch genommen. So hatte Emmelshausen eine Umwertung der zentralörtlichen Gliederung erzwungen. Trotzdem fehlte noch die überört-

So stellt sich der im Jahre 1906 erbaute Bahnhof Emmelshausen im Jubiläumsjahr 2008 dem Betrachter dar. Bis zur Stilllegung des Bahnabschnittes Pfalzfeld - Emmelshausen wohnte der Bahnhofsvorsteher in den Räumlichkeiten. Die Verbandsgemeinde erwarb am 11. Mai 1989 das Gebäude und modernisierte es. Es dient heute als Versammlungsort für Tagungen, Kulturveranstaltungen und Gottesdienste der Freien Evangelischen Kirchengemeinde. Daneben wird es für die Volkshochschule und als Trauzimmer des Standesamtes genutzt.

liche Verwaltungsfunktion. Auf schulischem Gebiet besaß Emmelshausen bereits seit 1929 die landwirtschaftliche Schule für den Kreis Sankt Goar, das spätere Bildungszentrum für die Agrarverwaltung, in dem sich heute das zentrale Schulungszentrum des Landesbetriebes Mobilität befindet und das an das Agrarmuseum angrenzt. Aus der Volksschule (1939) und der Mittelpunktschule Emmelshausen (1963) ging 1971 die Grund- und Hauptschule hervor, die Hauptschule war bereits für die neue Verbandsgemeinde Emmelshausen bestimmt. Seit 1972 besteht eine Realschule, die mit der Hauptschule eine gemeinsame Orientierungsstufe hat. 1979 wurden Hauptschule und Grundschule (für neun Gemeinden) getrennt (Emmelshausen. Geschichte und Geographie).

Überörtliche Verwaltungsfunktion durch Verwaltungsreform

Der Kreis Sankt Goar wurde bei der Verwaltungsreform in Rheinland-Pfalz 1969/70 zur Auflösung vorgesehen. An die Stelle der sieben Ämter sollten vier größere Verbandsgemeinden oder Großgemeinden treten. An Emmelshausen als Sitz einer neuen Verwaltungseinheit konnte kaum vorbeigegangen werden, auch hatte sich die Amtsvertretung Halsenbach bereits dafür ausgesprochen, den fälligen Neubau der Amtsverwaltung dort zu errichten. Nachdem von den 71 Gemeinden des Kreises Sankt Goar drei Gemeinden aus dem Amt Boppard und sieben Gemeinden überwiegend des Moselteils aus dem Amt Brodenbach an den Kreis Mayen-Koblenz und die acht Gemeinden des Amtes Bacharach an den Kreis Mainz-Bingen abgetreten worden waren, kamen die anderen 53 Gemeinden zum Rhein-Hunsrück-Kreis mit der Kreisstadt Simmern. Aus ihnen wurden die Großgemeinde Boppard (die Stadt und zwei Gemeinden aus dem Amt Boppard, drei Gemeinden aus dem Amt Sankt Goar, vier Gemeinden aus dem Amt Halsenbach), die Verbandsgemeinde Sankt Goar-Oberwesel (die beiden Städte, vier Gemeinden aus dem Amt Sankt Goar, eine Gemeinde aus dem Amt Pfalzfeld, fünf Gemeinden aus dem Amt Oberwesel) und die Verbandsgemeinde Emmelshausen (sechs Gemeinden aus dem Amt Halsenbach, vierzehn Gemeinden aus dem Amt Pfalzfeld, fünf Gemeinden aus dem Amt Brodenbach und zwei Gemeinden aus dem Amt Sankt Goar) gebildet. Die vier restlichen Gemeinden (je zwei aus dem Amt Brodenbach und dem Amt Pfalzfeld) gingen an die Verbandsgemeinde Kastellaun, die weit überwiegend aus Teilen des Altkreises Simmern gebildet worden war.

Die Verbandsgemeinde Emmelshausen nahm unter den sieben neuen Verwaltungseinheiten des Rhein-Hunsrück-Kreises mit 135 qkm Fläche den vierten und mit 11.100 Einwohnern 1970 den fünften Platz ein. Von den 27 Gemeinden bestanden nach zwei Zusammenlegungen 25 fort, allein neun mit weniger als 200, nur drei mit mehr als 1.000 Einwohnern. Die neue Gemeinde deckte sich sehr weitgehend mit dem Pendlereinzugsgebiet von Emmelshausen, und der neue Hauptort erhielt, da er im Grenzbereich der drei ehemaligen Ämter Brodenbach, Halsenbach und Pfalzfeld lag, eine klare Mittellage in seinem Verwaltungsbereich. Die Fläche der Gemeinde Emmelshausen von 792 ha blieb von der Verwaltungsreform unberührt.

Zentralität Emmelshausens

Das Unterzentrum Emmelshausen hat seit der Bildung der Verbandsgemeinde seine Position festigen können – und das in besonderer Weise als Wohnsiedlung in verkehrsgünstiger Lage (Autobahnanschluss A61, Hunsrückhöhenstraße B 327, Rhein-Mosel-Straße, Bahn nach Boppard). Die in den Gründerjahren für den Aufbau wichtigen Industrieniederlassungen bestehen nicht mehr, das ein oder andere Familienunternehmen aus dieser Zeit besteht heute noch. „Industrie- und Gewerbegebiete“ mit arbeitsplatzintensiven Betrieben sind in kooperativen Schulterschluss über vier Jahrzehnte jenseits der engen Gemeindegrenzen in den Nachbargemeinden Halsenbach und Dörth entwickelt worden unter entsprechendem Verzicht damit einhergehender Prosperitäten in der Zentralgemeinde. Hier wurde der Schwerpunkt auf die Entwicklung der

Dienstleistungen, des Handels und Handwerks gelegt. Ein breit gefächertes Angebot des Einzelhandels besteht vor allem entlang und unweit der Rhein-Mosel-Straße. Auffallend groß ist das Angebot im Gesundheitswesen. Mit der 24 Stunden-Rettungswache, der Ärztenotdienstzentrale sowie der Breite und Vielzahl der Medizinischen Versorgung u.a. zwölf Fach-, vier Zahnärzte, Kieferchirurgie, vier therapeutische Praxen, vier Apotheken, wird eine über die Region hinausgehende Bedarfsnachfrage gedeckt. In Emmelshausen befindet sich die Hauptzentrale des ambulanten Hilfezentrums der Caritas mit einem über die Region hinausreichenden Tätigkeitsfeld.

Das Schul- und Sportzentrum mit dem Hallenbad und dem Stadion bildet den größten Gebäudekomplex. An Stelle des früheren zentralen Kreuzungspunktes ist mit dem – seinerzeit im Jahre 1995 ersten Kreisel im Landkreis, dem an den Kurpark grenzenden Zentrum am Park - ZaP –, das sich mit dem Kleinkunstbahnhof als weit über die Grenzen der Region bekannte Kultur- und Tagesstätte entwickelt hat, ein echter Ortsmittelpunkt entstanden. Das Bahnhofsumfeld wurde erst 2005 mit Blick auf die wichtige Verknüpfungsfunktion sowohl für Bus- wie auch Bahnverkehr und die touristische Bedeutung des angeschlossenen Schinderhannesradweges kunden- und benutzerfreundlich umgestaltet.

Emmelshausen ist Sitz der zentralen katholischen Seelsorgeeinheit und Zentrale für die Evangelische Kirchengemeinde Emmelshausen - Pfalzfeld. Sport- und Spielplätze sind eingefügt in die im Laufe der Jahrzehnte integrierten neuen Wohngebiete. Neben zahlreichen Gaststätten gibt es vier Hotels. Tiefeingeschnittene Täler sind nahe, Waldinseln und „Grüne Lungen" durchsetzen noch immer die „Siedlung im Wald" und tragen zum gesunden und hohen Wohnwert bei. Das Agrarhistorische Museum mit einer europaweit einzigartigen Sammlung landwirtschaftlicher Arbeitsgeräte angrenzend an die früheren Gebäude der „Landwirtschaftlichen Schule" in denen sich nach verschiedenen Nutzerwechseln heute die zentrale Schulungs- und Weiterbildungsstätte des Landesbetriebes Mobilität und das Zebit-Zentrum für Benutzerservice und Informationstechnik befindet, bildet am östlichen Ortseingang ein dominantes Ensemble. Die Wohnbebauung endet im Norden mit dem „Henchen II" auf der Höhe des „Liesenfelder Bachs", der die Grenze zu Halsenbach bildet, im Osten an der Dörther Gemarkung und im Südosten mit dem neuen Baugebiet Schwaller Delle an der Nachbargemeinde Schwall, auf deren Gebiet auch die große Reitsportanlage steht, die von auswärts Emmelshausen zugerechnet wird. Mit Liesenfeld und Basselscheid ist der frühere „Bahnhof Halsenbach" zusammengewachsen, genau, wie bei der Eingemeindung gewollt.

Gleichwohl hört man noch heute nicht wenige ältere Mitbürgerinnen und Mitbürger aus den umliegenden Gemeinden sagen: *„mer gehn off de Bahnhof!"* wohingegen es andere in die Stadt zieht. Die von den Gründungsvätern formulierten Ziele sind in den fast 75 Jahren des Gemeindebestehens sicherlich mehr als erfüllt und weit darüber hinaus erreicht. Die Leistungen und die gestellten Anforderungen an die Menschen, die all dies über die Jahrzehnte durch Eigeninitiative und immense Schaffenskraft erreicht haben, waren enorm, das Erreichte mit den bekannten wirtschaftlichen und sozialen Umbrüchen der Jahrzehnte damals kaum vorstellbar.

Wohin die Entwicklung von Emmelshausen führt? Eva Maria Sirowatka, die 1950 hier eine neue Heimat fand, wünschte der Gemeinde zum 50. Geburtstag im Jahre 1985: *„Wachse und gedeihe weiter, liebes Emmelshausen, aber werde nicht allzu groß, und bewahre Dir Dein Gesicht als nunmehr seit Jahren über die Grenzen des Landes bekannt gewordener Luftkurort ... dass der Nachbar weiterhin ein guter Nachbar bleibt und zwischenmenschliche Beziehungen bestehen bleiben, die Toleranz nicht nur ein Wort ist und dass trotz allem Streben nach materiellen Dingen, die Ideale nicht aussterben ..."* Dem ist uneingeschränkt zuzustimmen.

Rückbau eines Nebengleises am Buchholzer Bahnhof.

Hundert Jahre Hunsrückbahn

Betrachtung eines Heimatmalers

von Paul-Willy Dillmann

Das Bild zeigt einen Sonnenuntergang an einem heißen Sommertag zwischen den Bergen des Mühltals in Boppard. Von links nach rechts sieht man die alte Hunsrücklok Nr. 094 639 2 drückend den Berg hinaufschnauben. Der frühere Lokschuppen, der für Reparaturen und Wartung zuständig war, sowie das Stellwerk im Vordergrund sind heute nicht mehr existent. Bahnschienen auf Holzschwellen für den linksrheinischen Zugverkehr sollen gegenwärtig den Bahnlärm eindämmen. Eine 12-stufige Treppe, mit Blumen am Treppengeländer verziert, führt ins Innere des dargestellten Raumes. Rechts im Hintergrund ist der Aufstieg des Felsenweges zum Gedeonseck bzw. zur Alten Burg sichtbar gemacht. Unten im Tal sind die Gebäude von „Fondels Mühle“ in Fachwerk zu sehen.

Die Hunsrückbahn

Heimatgedicht aus dem Jubiläumsjahr 2008

von Rudi Alexius

Die Hunsrückbahn

Vom Rhein, von Boppard komm ich her,
die Berge hoch, mein Atem schwer,
hab mich gequält, mich sehr geschunden,
hab große Höhe überwunden,
jedoch bewusst, mir völlig klar,
mein schönstes Teilstück ist's fürwahr.
Der Bauzeit Echo längst verhallt,
die Strecke 100 Jahre alt.

Ein Jawort gilt den Folgekosten,
mag dies Kulturgut niemals rosten,
gewiss verpflichtend auch den Erben,
denn Schützenswertes darf nicht sterben,
ist ein Juwel dies Fleckchen Erde,
das Panorama im Gefährte,
es zeigt der Bergwelt stolze Auen,
bleibt staunen, wundersames schauen.

Es grüßt beherzt so manches Tal,
der Tunnel fünfe an der Zahl,
dich fasziniert, o welche Wucht,
die Perle, die Hubertusschlucht,
erlebst vor Ort Romantik pur,
ein wahres Prachtstück der Natur,
du bist verzaubert, ja entzückt,
ein Viadukt sie überbrückt.

Autoren- und Redakteursverzeichnis

Rudi Alexius
Hauptstraße 1
56291 Thörlingen

Dr. Walter Bersch
Mittelstraße 25
56154 Boppard

Paul-Willy Dillmann
Mergstraße 3
56154 Boppard

Dr. Thomas Geyer
Friedrich-Ebert-Ring 14 - 20
56068 Koblenz

Markus Göttert
Ringstraße 5
55483 Unzenberg

Wolfgang Helbach
Finkenweg 1
56179 Vallendar

Armin Henn
Lortzingstraße 7
56075 Koblenz

Jürgen Johann
An der Platane 7
56154 Boppard

Heinz Kähne
Schäffersweyer 28
56154 Boppard

Rainer Krüger
Auf der Zeil 24
56154 Boppard

Michael Koelges
Rheinstraße 58
56154 Boppard

Walter Kunz
Brahmsstr. 1
56812 Cochem

Norbert Monnerjahn
Taubenweg 4
56281 Emmelshausen

Klaus-Peter Neumann
Am Eisenberg 10
56154 Boppard

Stephan Pauly M.A.
Schloßstraße 18 - 20
56068 Koblenz

Jürgen Quary
Pielstraße 15
56154 Boppard

Kurt Seus
Buchenstraße 6
56281 Emmelshausen

Werner Stoffel
Hubertusstraße 31
56154 Boppard

Bildnachweis

Ein besonderes Dankeschön gilt nachfolgenden Personen und Institutionen, die zur Ausschmückung des vorliegenden Werkes Bilder jeglicher Art, sei es als Original-Foto, als Reproduktion oder als Bilddatei zum Abdruck zur Verfügung stellten.

- **Bilfinger + Berger (Archiv):** Buchtitel vorne (2), Seiten 33, 34, 35, 36, 37, 50, 52, 54 (unten), 55 (2), 56 (2), 58, 59, 60, 73
- **Breitbach, Franz-Josef:** Seiten 119, 132 (links), 153 (2), 154 (2)
- **Breitbach, Norbert:** Seite 102
- **Caspers, Markus:** Seiten 38, 86 (2)
- **Decker, Rudolf:** Buchtitel vorne (1), Seiten 45, 53, 57, 61, 72, 77, 84 (2), 92 (oben), 93, 96 (2), 97 (2), 98, 99, 100 (2), 101 (2), 103, 104, 105, 108, 117 (2), 122 (2), 123 (unten), 130, 131, 134, 135, 136, 138 (2), 140, 181 (oben), 200, 204, 212, 230
- **Deutsche Bahn AG:** Seite 10
- **Dillmann, Paul-Willy:** Seite 231
- **Fischbach, Hans-Werner:** Seiten 171, 174
- **Formann, Josef:** Seite 166
- **Freiwillige Feuerwehr Dörth:** Seite 128
- **Gipp, Rainer:** Seiten 141, 143, 147, 215
- **Göttert, Markus:** Seiten 26, 63, 95, 137 (oben), 145 (oben), 172, 173, 177, 180 (rechts); 181 (unten), 216
- **Hay, Frido:** Seite 133
- **Hegersweiler, Herbert:** Seite 163
- **Herfeldt, Gerhard (Sammlung Bellingrodt):** Seiten 91, 188, 189, 190, 192
- **Hermanspahn, Erich-Martin:** Buchtitel vorne (1), Seiten 113 (oben), 142, 186, 193, 235
- **Heyer, Richard:** Seite 179 (2), 180 (links)
- **Höffling, Monika:** Seite 22
- **Hübner, Bernd:** Seite 167 (7)
- **Ihmig, Klaus-Dieter:** Seite 145 (unten)
- **Johann, Jürgen:** Buchtitel vorne (1), Seiten 18 (2), 19, 21, 25, 27, 29, 30, 32 (oben), 54 (oben), 65, 67, 74, 76, 79, 82, 83, 87, 88, 92 (2, unten), 106, 113 (unten), 114, 115, 116, 120 (2), 121, 129,157 (oben), 191, 217, 220, 243, Buchtitel hinten (oben)
- **Kähne, Heinz:** Seite 112
- **Kämmerling, Hans:** Seiten 31, 44, 111, 123 (oben)
- **Knoll, Viktor:** Seiten 28, 40, 41, 42, 43, 78, 107
- **Kreisarchiv Rhein-Hunsrück:** Buchtitel vorne (1), Seiten 80, 81, 110 (2), 169, 213, 214, 218 (unten), 219 (unten)
- **Kreisverwaltung Rhein-Hunsrück:** Seite 11
- **Krüger, Rainer:** Seiten 137 (unten), 159, 160, 161, 162, 165
- **Kunz, Walter:** Seiten 124, 125, 126, 127
- **Liesenfeld, Maria:** Seite 132 (rechts)
- **Meinung, Adolf:** Seite 158
- **Merten, Walter †:** Seiten 146, 155 (2), 156 (2)
- **Ministerium für Wirtschaft, Verkehr, Landwirtschaft und Weinbau Rheinland-Pfalz:** Seite 9
- **Monnerjahn, Norbert:** Buchtitel hinten (unten rechts), Seiten 218 (oben), 219 (oben), 221, 222, 224, 225, 226
- **Müller, Viktor:** Seite 157 (unten)
- **Neid, Erwin:** Seite 118 (2)

- **Purper, Volker:** Seite 178
- **Quary, Jürgen:** Seiten 194, 201, 203, 205, 206, 208, 210
- **Rhein-Zeitung (Archiv):** Seiten 90, 149, 150 (2), 151 (oben)
- **Ring, Christopher:** Seite 176
- **Schäfer, Ottmar / Bock, Hans-Peter:** Seiten 32 (unten), 64, 75,144, 151 (unten), 168, 182, 183 (2), 184 (2)
- **Schienenpersonennahverkehr Nord (SPNV-Nord):** Seite 14 (rechts)
- **Schneider, Edmund:** Seite 89
- **Schneider, Klaus:** Seite 66 (2)
- **Seus, Kurt:** Seiten 47, 70, 227
- **Seyffert, Jörg:** Seite 175
- **Stadtverwaltung Boppard:** Seite 13, Buchtitel hinten (unten links)
- **Stoffel, Werner:** Seite 170
- **Tscharn, Günter:** Seite 148
- **Tschenett, Hildegard:** Seite 139
- **Verbandsgemeindeverwaltung Emmelshausen:** Seite 11 (3)
- **VRM-Verkehrsverbund Rhein-Mosel:** Seite 14 (links)
- **Weinand, Joachim:** Buchtitel vorne (1), Seite 152

IM FOTOALBUM GEBLÄTTERT

Die Lokbesatzung der „94 988" (Kastor, Braun, Günster und Salzig) bei Bauarbeiten auf dem Rauschenloch-Viadukt, ca. 1930.

Literaturverzeichnis

von Michael Koelges

Diese Zusammenstellung verzeichnet vorwiegend Publikationen, die die Geschichte der Hunsrückbahn auf dem Gebiet der heutigen Stadt Boppard behandeln. Trotz sorgfältiger und umfangreicher Recherchen erhebt sie keinen Anspruch auf Vollständigkeit. Da die Titel nach Erscheinungsjahr sortiert sind, mag man die Übersicht über weite Strecken auch als kleine Chronik der Hunsrückbahn lesen.

Aufstellung eines Fahrplan-Entwurfs für die neue Eisenbahnlinie Boppard - Castellaun - Simmern. In: Mitteilungen der Handelskammer zu Coblenz 5 (1908), Nr. 18, S. 94.

Besprechung der Eisenbahndirektion Mainz „mit den Interessenten" am 2.04.1908 in Boppard.

Eröffnung der Neubaustrecke Boppard-Pfalzfeld. Fahrplanwünsche betreffend die Bahnlinie Boppard - Castellaun. In: Mitteilungen der Handelskammer zu Coblenz 5 (1908), Nr. 19, S. 119-120.

Erneute Konferenz zur Fahrplangestaltung der am 3.08.1908 eröffneten Hunsrückbahn, veranstaltet von der Eisenbahndirektion Mainz, am 1.09.1908 in Boppard.

Projekt einer Fortsetzung der Hunsrückbahn Simmern-Kastellaun über Blankenrath nach Treis-Karden. In: Mitteilungen der Handelskammer zu Coblenz 6 (1909), Nr. 20, S. 25.

„In der Begründung wird angeführt, dass der Bau der Linie Simmern-Kastellaun-Boppard dem Verkehrsbedürfnisse der dortigen Bevölkerung nicht habe genügen können."

Lemcke: Die Hunsrückbahn. In: Mitteilungen des Rheinischen Vereins für Denkmalpflege und Heimatschutz 3 (1909), S. 208 - 212.

Geschichte des Bahnbaus und technisch-architektonische Beschreibung. Mit Fotos des Viadukts über die Hubertusschlucht (S. 209) und des Buchholzer Bahnhofsgebäudes (S. 211) sowie einer Beschreibung der Steilstrecke zwischen Boppard und Buchholz (S. 211 - 212).

Mängel des auf der Strecke Boppard-Kastellaun verwendeten Wagen- und Lokomotivmaterials. In: Mitteilungen der Handelskammer zu Coblenz 7 (1910), Nr. 24, S. 58; Nr. 25, S. 91.

Forderung nach bequemerem Wagenmaterial und leistungsstärkeren Lokomotiven, da die gegenwärtigen oft ihren Dienst versagten.

Wirtz, Richard: Zwischen Rhein und Mosel. In: Rheinfels. Heimatblätter für Mittelrhein und Vorderhunsrück 1 (1927), Nr. 3, S. 21-23.

Schilderung einer Fahrt mit der Hunsrückbahn von Boppard nach Buchholz und einer anschließenden Wanderung durch die Ehrbachklamm nach Brodenbach.

Rhein-Führer und Wanderbuch. Enthält u.a. die Beschreibung des Rheinhöhenwegs (früherer Titel: 150 Wanderungen im Rheintal). 6. Aufl. Bonn 1930.

Boppard und der Viadukt der Hunsrückbahn über die Hubertusschlucht S. 99 (mit Foto).

Berger, J.: Wir fahren zum Hunsrück. Vom Landschaftsbild des Vorderhunsrücks. In: Rheinfels. Heimatblätter für Mittelrhein und Vorderhunsrück 6 (1932), Nr. 9, S. 65 - 68.

Landschaftsschilderung anlässlich einer Wanderung von Boppard durch das Bruder-Michels-Tal, über Hunsrückbahn und Römerstraße durch das Holzbachtal nach Ney, Dieler, Preisbachtal, Mermuth nach Gondershausen.

Ausstellung moselländischer Künstler vom 5. Dezember 1942 bis 31. Januar 1943 [Ausstellungskatalog]. Hrsg. vom Kulturverband Gau Moselland. Luxemburg 1942.

Ohne Seitenzahl: Gemälde „Hubertusbrücke" von Robert Gerstenkorn (Wetzlar 1877 - 1965 Bonn). Vgl. auch das eingeheftete „Verzeichnis der ausgestellten Werke".

Der neue Winterfahrplan. In: Rund um Boppard Nr. 29, 2.10.1954, S. 2.

Wegen „dringender Reparaturarbeiten an der Hubertusbrücke" wird der Verkehr auf der Hunsrückbahn zwischen Boppard und Buchholz vom 6.10. bis 27.11.1954 eingestellt.

Hay, Wilhelm: Heimat, wie schön bist du! Morgenfahrt in den Frühling des Hunsrücks. In: Paulinus-Kalender (1957), S. 36-40.

Beschreibung einer Fahrt mit der Hunsrückbahn von Boppard nach Simmern. Mit landeskundlichen und literarischen Exkursen.

Eröffnungsfahrt zur Aufnahme des elektrischen Betriebes. Strecke Ludwigshafen (Rhein) - Mainz - Koblenz - Remagen feierlich übergeben. In: Rund um Boppard Nr. 22,

31.05.1958, S. 1-2, 5.
Eröffnung der elektrifizierten Rheinstrecke am 29.05.1958. Betrifft auch die Eröffnung der Hunsrückbahn am 3.08.1908.

Hoch auf dem gelben Wagen. Die letzte Fahrt des Postillions. In: Rund um Boppard Nr. 31, 2.08.1958, S. 1-2.
Letzte Fahrt der Postkutsche von Boppard nach Kastellaun am 2.08.1908, dem Vortag der offiziellen Eröffnung der Hunsrückbahn.

Blaesius, Wilhelm: Eisenbahntechnische Erschließung des Hunsrücks. In: Rund um Boppard Nr. 31, 4.08.1962, S. 6.
Betrifft u. a. die Hunsrückbahn (Eröffnung der Strecke Kastellaun - Buchholz - Boppard am 3.08.1908).

Der letzte Postillion im Heimatkreis gestorben. In: Rund um Boppard Nr. 16, 20.04.1963, S. 3.
Anton Külzer, Halsenbach 26.06.1885 - April 1963 Boppard. Mit der Inbetriebnahme der Hunsrückbahn am 2.08.1908 (offiziell 3.08.1908) wurde der Postkutschenverkehr zwischen Boppard und Kastellaun eingestellt (mit Foto der letzten Fahrt am 2.08.1908).

Wird die Hunsrückbahn stillgelegt? In: Rund um Boppard Nr. 1, 8.01.1966, S. 1-2.
Bericht über eine Protestversammlung am 28.12. 1965 in Emmelshausen gegen die Pläne der Bundesbahn, die Strecke Boppard - Kastellaun aus Rationalisierungsgründen stillzulegen.

Stilllegung der Hunsrückbahn. In: Rund um Boppard Nr. 2, 15.01.1966, S. 5.
Abdruck der Resolution der Protestversammlung gegen die von der Bundesbahn beabsichtigte Stilllegung der Strecke Boppard-Kastellaun, die am 28.12.1965 in Emmelshausen zusammenkam.

Landrat und Bürgermeister fordern Erhaltung der Hunsrückbahn. Stilllegung der Strecke bedeutet Rückschlag auf schulischem und wirtschaftlichem Gebiet. In: Rund um Boppard Nr. 5, 5.02.1966, S. 1-2.
Sitzung der betroffenen Amtsbürgermeister aus den Kreisen St. Goar und Simmern am 17.01.1966 in der Amtsverwaltung Halsenbach.

Protest entspringt der Sorge um das Wohl und die Sicherheit der Bevölkerung. Einstimmige Resolution des Stadtrates gegen Schließung der Hunsrückbahnstrecke. In: Rund um Boppard Nr. 6, 12.02.1966, S. 1, 3.
In der Sitzung am 7.02.1966.

Kreistag für Erhaltung der Hunsrückbahn. In: Rund um Boppard Nr. 8, 26.02.1966, S. 1 - 2.
Verabschiedung einer Resolution in der Sitzung des Kreistags St. Goar vom 19.02.1966.

Clasen, Theo: Ein Meister mittelrheinischer Malerei im 20. Jahrhundert. Robert Gerstenkorn zum Gedächtnis. In: Zwischen Rhein und Mosel. Der Kreis St. Goar. Hrsg. von Franz-Josef Heyen. Boppard 1966, S. 305 - 308.
Zwischen S. 304 und 305: Hunsrückbahnbrücke über das Hubertustal (Gemälde von Robert Gerstenkorn, Wetzlar 1877 - 1965 Bonn).

Industriegelände am Bahnhof Buchholz. In: Rund um Boppard Nr. 14, 8.04.1967, S. 8.
Der von der Bezirksregierung Koblenz am 4.03.1958 genehmigte Wirtschaftsplan der Stadt Boppard sah beiderseits der Hunsrückbahn ein Industriegebiet vor. Durch den neuen Flächennutzungsplan beschränkt sich das Industriegebiet auf das Gelände östlich der Hunsrückbahn, also auf die Bopparder Gemarkung.

Knebel, Hajo: Es wurden damals viele Chancen verpasst. Zur Geschichte des Eisenbahnbaues im Hunsrück. In: Heimat zwischen Hunsrück und Eifel 16 (1968), Nr. 6, S. 5 - 6.
Betrifft auch die Geschichte der Hunsrückbahn Boppard - Kastellaun.

Hunsrückbahn hielt der Güterabwägung stand. Hunsrückeisenbahn bleibt. In: Rund um Boppard Nr. 23, 7.06.1969, S. 8.
Auf einer Verkehrskonferenz in Emmelshausen am 28.05.1969 gibt die Bundesbahndirektion Saarbrücken bekannt, dass die Bahnstrecke Boppard - Simmern erhalten bleibt.

Mit Dampf über die Hunsrückbahnstrecke. In: Rund um Boppard Nr. 44, 31.10. 1969, S. 2.
Der „Verein mittelrheinischer Dampflokfreunde" veranstaltet am 24.10.1969 eine Dampf-Nostalgiefahrt von Boppard über Buchholz, Fleckertshöhe und Emmelshausen nach Simmern.

Wohnplatzname „Bahnhof Buchholz" soll verschwinden. In: Rund um Boppard Nr. 28, 11.07.1970, S. 2.
Der Wohnplatz, der seine Entstehung der Hunsrückbahn verdankt, erstreckt sich auf die Gemarkungen Boppard und Buchholz. Die Trasse der Hunsrückbahn bildet die Gemarkungsgrenze. Der Wohnplatzname soll in „Hellerwald" geändert werden.

Stollenwerk, Alexander: Hundert Jahre Antonius-Nachbarschaft in Boppard. Ratingen, Kastellaun, Düsseldorf 1973 (Bopparder Beiträge zur Heimatkunde 9).

Abb. 1: Der Säuerlingsturm vor seiner Umsetzung infolge des Baus der Hunsrückbahn auf die Nordseite der Bahn; Abb. 6: Letzte Fahrt der Pferdepost nach Simmern am 2.08.1908; Abb. 7: Einweihung der Hunsrückbahn am 3.08.1908.

Maixner, Oskar; Bach, Heinz: Hunsrückbahn Boppard-Buchholz. Erinnerungen aus den 20er und 30er Jahren. In: Rund um Boppard Nr. 3, 19.01.1974, S. 1 - 2.

Ausführliche Schilderung des Dampflokbetriebs auf der Steilstrecke Boppard-Buchholz in den Jahren 1917-1927 sowie technische Details und Fotos der eingesetzten Loks. Daneben ein Foto von der Sonderfahrt eines dampfbespannten Personenzuges auf der Hubertusbrücke am 23.06.1968.

Die ersten Pläne für die Hunsrückbahn. In: Rund um Boppard Nr. 10, 9.03.1974, S. 13.

Die ersten Planungen (Bericht der Bopparder Zeitung vom 3.04.1900) hätten folgende Linienführung erwogen: Schützenstraße, Untertunnelung des Eisenbolz, Forsthaus Buchenau (mit Haltepunkt für Fleckertshöhe und Weiler), Mittelbachtal, Kasselinger Berg (Runde Buche), Kreuzberg (mit Haltepunkt), Hellerwald, Buchholz.

Stückgutbahnhof bleibt erhalten. In: Rund um Boppard Nr. 33, 17.08.1974, S. 1.

Am 8.08.1974 sagt die Bundesbahn zu, den Stückgutbahnhof Boppard entgegen ihrer ursprünglichen Absicht nicht zu schließen. Der Stückgutbahnhof Emmelshausen wird aufgelöst und Boppard zugeschlagen. Vgl. allerdings Rund um Boppard Nr. 48, 30.11.1974, S. 9: Stadtratsfraktionen waren sich einig: Stückgutbahnhof und Hunsrückbahn müssen erhalten bleiben; Rund um Boppard Nr. 50, 14.12.1974, S. 8: Auch im Kreistag war man sich einig: Stückgutbahnhof und Hunsrückbahn müssen erhalten bleiben. Demnach lassen Äußerungen der Bundesbahn erneut eine Schließung des Stückgutbahnhofs Boppard und die Stilllegung der Hunsrückbahn befürchten.

Fischbach, Werner: Die Hunsrücker Eisenbahnen am Beispiel der Linie Boppard-Simmern. In: Rund um Boppard Nr. 44, 2.11.1974, S. 8-10.

Darstellung der Entwicklung des technischen Betriebs auf der Hunsrückbahn. 1929/30 ging man vom Zahnrad- auf den Reibungsbetrieb über, und am 22.10.1956 wurde der Dampfbetrieb durch den Einsatz von Schienenbussen abgelöst. Überarbeitete Fassung eines Aufsatzes, der erstmals in den Hunsrücker Heimatblättern Nr. 26/1972 erschien.

Fischbach, Hans Werner: Damals auf der Hunsrückbahn. In: Rhein-Hunsrück-Kalender 31 (1975), S. 70-73.

Erzählung, spielt im Dezember 1944 auf der Steilstrecke zwischen Boppard und Buchholz. „Anmerkung: Diese Geschichte ist frei erfunden einschließlich der Personen. Jedoch decken sich die Schilderungen der technischen und betrieblichen Bedingungen der Hunsrückbahn in der damaligen Zeit weitgehend mit der Wirklichkeit" (S. 73).

Die landschaftlich schönste Strecke Deutschlands. Die Hunsrückbahn von Boppard bis Buchholz. In: Rund um Boppard Nr. 32, 9.08.1975, S. 8.

Kurze Schilderung des Baus der Steilstrecke zwischen Boppard und Buchholz und seinerzeit geplanter Alternativen.

Benutzt die Hunsrückbahn. In: Rund um Boppard Nr. 26, 26.06.1976, S. 1.

Protestveranstaltung gegen die drohende Stilllegung der Bahnstrecke Boppard - Simmern am 19.06.1976 im Bahnhof Boppard.

Erhaltung der Hunsrückbahn. In: Rund um Boppard Nr. 28, 16.07.1977, S. 10.

Wortlaut der gemeinsamen Resolution des Stadtrates und des Verbandsgemeinderats (beschlossen am 21. bzw. 26.11.1974) zur Erhaltung der Hunsrückbahn Boppard-Simmern. Vgl. auch Rund um Boppard Nr. 44, 5.11.1977, S. 1: Hoffentlich nützliche Gespräche (Schreiben des rheinland-pfälzischen Ministeriums für Wirtschaft und Verkehr an die CDU Boppard, mit Schilderung der Pläne zur Stilllegung der Hunsrückbahn seit 1964).

Koelges, Rudolf: 70 Jahre Hunsrückbahn von Boppard nach Kastellaun. In: Rund um Boppard Nr. 31, 5.08.1978, S. 5-6.

Geschichte des Bahnbaus und des Bahnbetriebs, u. a. der erstmals 1965 bekannt gewordenen Stilllegungsabsichten.

Hunsrückbahn Simmern - Emmelshausen wird eingestellt. In: Rund um Boppard Nr. 44, 6.11.1982, S. 4.

Voraussichtlich zum Fahrplanwechsel Ende Mai 1983. Zuletzt seien im werktäglichen Durchschnitt nur 203 Reisende in beiden Richtungen gezählt worden.

Schmaus, Rudi: Ein Stück Eisenbahngeschichte. Als es auf dem Hunsrück noch richtig dampfte. In: Heimat zwischen Hunsrück und Eifel 30 (1982), Nr. 8, S. 1-2.

Betrifft auch die Geschichte der Hunsrückbahn Boppard - Kastellaun. Mit Foto des Hubertusschlucht-Viadukts aus der Zeit des Zahnradbetriebs der Steilstrecke Boppard - Buchholz.

75 Jahre Hunsrückbahn. In: Rund um Boppard Nr. 2, 15.1.1983, S. 8.
Erster planmäßiger Personenverkehr am 3.08.1908. Auf seine Anfrage erhält der VVV von der Generalvertretung Koblenz der DB die Mitteilung, dass die Bahn wegen der Ende Mai geplanten Einstellung des Personenverkehrs zwischen Emmelshausen und Simmern keine Feierlichkeiten anlässlich des 75-jährigen Jubiläums der Hunsrückbahn plant.

Benner, Ferdinand: 75 Jahre Hunsrückbahn. In: Rund um Boppard Nr. 25, 25.06.1983, S. 16.
Sonderfahrt Boppard - Simmern - Langenlonsheim - Bingerbrück - Boppard am 16.10.1982 anlässlich des 110-jährigen Bestehens des VVV Boppard. Am 28.05.1983 verkehrt zum letzten Mal ein Zug auf der Strecke Boppard - Simmern. Die Schienenbusse fahren nur noch bis Emmelshausen.

Marquardt, Walter: Hoch lebe die Hunsrückbahn. In: Rund um Boppard Nr. 37, 17.09.1983, S. 2.
Volksfest „75 Jahre Hunsrückbahn" im Bahnhof Boppard am 11.09.1983.

Dunger, Hans: Hunsrückbahn 1983. Weiterer Abschied und Jubiläum. In: Rhein-Hunsrück-Kalender 40 (1984), S. 34-40.
Betrifft u. a. das 75-jährige Jubiläum der Strecke Boppard - Emmelshausen.

Schmaus, Rudi: Als noch Schienenbusse fuhren. Sie lösten auf dem Hunsrück die Dampflokomotiven ab. In: Heimat zwischen Hunsrück und Eifel 32 (1984), Nr. 5, S. 2.
Auf der Strecke Boppard - Kastellaun lösten die Schienenbusse im Jahr 1956 die Dampfloks ab; jene wiederum fuhren zum letzten Mal am 28.05.1983 auf der Strecke Emmelshausen - Simmern. Zwischen Emmelshausen und Boppard verkehrten sie bis 21.-04. 1986; sie wurden durch mit Dieselloks bespannte Nahverkehrswagen (mit Steuerwagen) abgelöst.

Merten, Walter: Geschichte und Geschichten zur Hunsrücker Eisenbahn. In: Rhein-Hunsrück-Kalender 41 (1985), S. 67 - 70.
Betrifft vorwiegend das Unglück im Schacht bei Leiningen im Januar 1907.

Reuter, Jakob: Jakobs erste Fahrt mit der Hunsrückbahn. In: Rhein-Hunsrück-Kalender 41 (1985), S. 71-82.
Der Autor, Jahrgang 1894, schildert seine erste Fahrt mit der Hunsrückbahn von Leiningen nach Pfalzfeld im Jahr 1908.

Palm, Claus: Schienenwege am oberen Mittelrhein. In: Heimat am Mittelrhein 30 (1985), Nr. 5, S. 1.
Betrifft u. a. die linke Rheinstrecke Koblenz - Bingerbrück (eröffnet 1859) und die Hunsrückbahn Boppard - Simmern (eröffnet am 3.08.1908).

Dunger, Hans: Hunsrückbahn 1985. Holztransporte und Rundreisen im Jubiläumsjahr der Bahn. In: Rhein-Hunsrück-Kalender 42 (1986), S. 33 - 41.
Großes Holztransportaufkommen (Windwurfholz vom November 1984).

Hunsrückbahn fährt ab Juni wieder sonntags. Erstmals umsteigefreie Sonntagsverbindung nach Koblenz. In: Rund um Boppard Nr. 5, 1.02.1986, S. 19.
Ab dem Sommerfahrplan 1986 sollen sonntags auf der Hunsrückbahn fünf Zugpaare verkehren.

Starke Kräfte fördern Hunsrückbahn. Neuer Führungswagen erstmals in Boppard eingesetzt. In: Rund um Boppard Nr. 17, 26.04.1986, S. 1, 3.
Umstellung des Verkehrs auf der Hunsrückbahn vom Schienenbusbetrieb zum Betrieb mit Nahverkehrswagen mit Steuerwagen ab dem 22.04.1986.

Marquardt, Walter: Neuer Südbahnhof. Fahrschülern soll geholfen werden. In: Rund um Boppard Nr. 29, 19.07.1986, S. 1.
Man plant, zur besseren Erreichbarkeit der Bopparder Schulen durch die Hunsrückbahn am jetzigen Holzverladeplatz an der Hofstatt unterhalb des Marienbergs einen „Südbahnhof" anzulegen.

Münzel, Michael: Die Eisenbahn auf dem Hunsrück. In: Rund um Boppard Nr. 29, 19.07.1986, S. 10.
Kurze Geschichte der Hunsrückbahn.

Fischbach, Hans Werner: Die Nebenbahn Boppard - Simmern. Streckenbeschreibung von 1938. In: Rhein-Hunsrück-Kalender 43 (1987), S. 110-113.
Ohne Quellenangabe. Mit Abb. des Pfalzfelder Wasserturms und des Bahnhofsgebäudes in Ebschied.

Buchholzer „Ersatz"-Bahnhof. In: Rund um Boppard Nr. 34, 22.08.1987, S. 3.
Abriss des 1908 errichteten Buchholzer Bahnhofsgebäudes durch die Firma BOMAG und Aufstellung eines einfachen Wartehäuschens Anfang August 1987.

Die Kunstdenkmäler des Rhein-Hunsrück-Kreises. Teil 2: Ehemaliger Kreis St.

Goar. Bd. 1: Stadt Boppard [1. Halbbd.] Hrsg. von Alkmar von Ledebur u. Hans Caspary. München, Berlin 1988 (Die Kunstdenkmäler von Rheinland-Pfalz 8).
Hunsrückbahn, Säuerlingsturm und Bahnhof Boppard S. 471 - 477.

Quary, Jürgen: 80 Jahre Hunsrückbahn Boppard-Kastellaun. In: Rund um Boppard Nr. 32, 13.08.1988, S. 6 - 7.
Artikel anlässlich der ersten Fahrt der Hunsrückbahn am 3.08.1908. Mit einem Foto vom 30.08.1950.

Dunger, Hans: Hunsrückbahn 1988. Ein Jahr vor dem hundertjährigen Jubiläum. In: Rhein-Hunsrück-Kalender 45 (1989), S. 36 - 42.
S. 39: Foto des Buchholzer Bahnhofsgebäudes, mit dessen Abriss am 3.08.1987 begonnen wurde.

Hunsrückbahn künftig unter Denkmalschutz. In: Rund um Boppard Nr. 36, 7.09.1990, S. 1.
Mit Angaben zur Geschichte und Statistik: Die Strecke Boppard - Emmelshausen ist die erste unter Denkmalschutz gestellte Eisenbahnstrecke in Rheinland-Pfalz, 1906 - 1908 gebaut, berührt die Gemarkungen Boppard, Kratzenburg, Halsenbach und Emmelshausen, kostete sieben Millionen Mark, überwindet auf sechs Kilometer Länge 326 Höhenmeter, ursprünglich als Zahnradbahn angelegt, später auf Adhäsionsbetrieb umgestellt, Teststrecke für Lokomotiven, zahlreiche Stützmauern, fünf Tunnels zwischen 65 und 144 m Länge, zwei Viadukte; die Hubertusschluchtbrücke mit 150 m Länge war zu ihrer Zeit eine der höchsten Steinbogenbrücken Deutschlands.

Custodis, Paul-Georg: Technische Denkmäler in Rheinland-Pfalz. Spuren der Industrie- und Technik-Geschichte. Koblenz 1990.
S. 124-125: Viadukt der Hunsrückbahn über die Hubertusschlucht.

Dunger, Hans: Hunsrückbahn 1991 - viele Zeichen deuten auf Stilllegung. In: Rhein-Hunsrück-Kalender 48 (1992), S. 37 - 42.
S. 39: Blick auf den Bahnhof Pfalzfeld vom Ende des Schinderhannes-Radwegs aus, 22.06.1991.

Dunger, Hans: Die Hunsrückbahn im Jahre 1992. In: Rhein-Hunsrück-Kalender 49 (1993), S. 40 - 44.
Ab Ende Mai 1992 heißt der Steilstrecken-Abschnitt zwischen Boppard und Buchholz bahnoffiziell „Hunsrückbahn“ und erhält die Kursbuch-Streckennummer 479 (S. 40).

Kandler, Udo: Die linke Rheinstrecke. Fürstenfeldbruck 1993 (Eisenbahn-Journal III/93, Sonderausgabe).
S. 66 - 75: Hunsrückbahn Boppard - Buchholz (reich illustriert).

Bersch, Walter: Lier mich Zuch fahre. In: Rhein-Hunsrück-Kalender 50 (1994), S. 47.
Anekdote von zwei Oppenhausenern, die mit der Hunsrückbahn von Buchholz nach Boppard fahren wollten und am Haltepunkt Fleckertshöhe merkten, dass sie in die falsche Richtung fuhren.

Diether, Dieter: Das „Wehrertüchtigungs-Bewährungslager“ in Ellern. In: Rhein-Hunsrück-Kalender 50 (1994), S. 55 - 60.
In dem Lager waren vorwiegend „Edelweißpiraten“ aus dem Raum Köln inhaftiert. Am 5.11.1944 gelingt einem der Insassen, Fritz Theilen, die Flucht aus dem Lager nach Köln über Simmern und Boppard mit der Hunsrückbahn, von dort weiter über Koblenz (S. 60).

Dunger, Hans: Hunsrückbahn 1993. In: Rhein-Hunsrück-Kalender 50 (1994), S. 28 - 32.
Fotos von der Hunsrückbahn in Boppard (Frühjahr 1983, S. 29) u. bei Buchholz (5.06.1993, S. 28; 21.03.1993, S. 31).

Hunsrückbahn erhielt neue Tunnelbeschilderung. In: Rund um Boppard Nr. 21, 27.05.1994, S. 1.
Auf Initiative von Joachim Weinand.

Fromm, Heinz-Joachim: Bahnlinie 479 - Die Hunsrückbahn. In: Koblenzer Geographisches Kolloquium 19 (1997), S. 47 - 57.
Streckenbeschreibung und geschichtliche Angaben.

Benner, Ferdinand: 90 Jahre Hunsrückbahn (Journal; Beiträge zur Geschichte der Stadt Boppard 38). In: Rund um Boppard Nr. 32, 7.08.1998, S. 11-14.
Erste Fahrt der Hunsrückbahn am 3.08.1908. Ausführliche historische Informationen. Wiederabdruck in: 50 Jahre „Rund um Boppard“ 1954-2004. Eine Dokumentation. Hrsg. von Robert Beringer und Hans Zastrow. Boppard 2004, S. 413 - 416.

Dampflokomotiven vor Stellwerken rund um Koblenz. Hrsg. von den Eisenbahnfreunden Koblenz-Lahnstein e. V. Koblenz, Lahnstein 1999.
Bildkalender für 2000. - Blatt Juni 2000: „Lok 82040 vom BW Koblenz-Mosel begibt sich in Boppard mit einem Arbeitszug auf die Steilstrecke nach Buchholz.“

Alexius, Rudi: Herrliche Kindheitserinnerungen eines Hunsrückers. Die Fahrt mit Deutschlands schönster Bergbahn war früher ein besonderes Ereignis. In: Heimat zwischen Hunsrück und Eifel 48 (2000), Nr. 10, S. 2.
Schilderung einer Fahrt des Autors mit der Hunsrückbahn von Leiningen nach Boppard sowie des Aufenthalts in Boppard, wohl in den 1930er Jahren.

Fischbach, Hans Werner: „Einmal Boppard - Simmern, hin und zurück". Persönliche Erinnerungen an die frühe Hunsrückbahn. In: Rhein-Hunsrück-Kalender 56 (2000), S. 149 - 151.
Schildert u. a. einen Tieffliegerangriff auf die Hunsrückbahn im Dezember 1944.

Tippach, Thomas: Koblenz als preußische Garnison- und Festungsstadt. Wirtschaft, Infrastruktur und Städtebau. Köln, Weimar, Wien 2000 (Städteforschung, Reihe A: Darstellungen, 53).
S. 84: Förderung des Baus der Hunsrückbahn 1907/08 durch die Stadt Koblenz mit 60.000 Mark, „um den Bewohnern des aufzuschließenden Gebietes den Besuch von Koblenz zu ermöglichen".

Hicke, Friedrich; Müller, Hans: Verkehrswesen. In: Boppard. Geschichte einer Stadt am Mittelrhein. 3. Bd.: Boppard nach 1945. Hrsg. von Heinz E. Mißling. Boppard 2001, S. 73 - 110.
Eisenbahn, Bahnhof Boppard und Hunsrückbahn S. 87 - 96.

Müller, Harald: Erinnerungen an die Hunsrückbahn. In: Rhein-Hunsrück-Kalender 58 (2001), S. 161 - 167.
Beschreibung einer Fahrt mit der Hunsrückbahn von Külz nach Boppard und zurück am 12.06.1980. Mit Fotos des alten Bopparder Bahnhofs.

Polster, Rüdiger: Wehranlage, Wasserturm - und was nun? Historischer „Säuerlingsturm" in Boppard im Wandel der Zeit. Von Privatmann liebevoll renoviert. St.-Antonius-Kirmes am wehrhaften Bauwerk. In: Rhein-Hunsrück-Zeitung Nr. 129, 7.06. 2002, S. 19.
Grundlegende Renovierung des Säuerlingsturms durch Hans-Josef Löser und seinen Schwiegersohn Christof Halfer.

Fischbach, Hans Werner: Als ich eine halbe Stunde lang Lokführer war. In: Rhein-Hunsrück-Kalender 59 (2003), S. 118 - 119.
Schilderung einer Fahrt auf der Hunsrückbahn von Buchholz nach Boppard im Führerstand der Lok am 19.08.1983.

Gräff, Franz J.: Schweres Unglück bei Bahnbau. Im Jahre 1907 ereignete sich ein Schachteinbruch beim Bau der Hunsrückbahn von Simmern nach Boppard. In: Rhein-Hunsrück-Kalender 60 (2004), S. 86 - 89.
Schachteinbruch zwischen Lamscheid und Leiningen am 4.01.1907, bei dem 13 Menschen starben. Mit Auszügen aus Berichten der Bopparder Zeitung. Am 10.05.1991 wurde an der Unglücksstelle, an der der am 18.06.1990 eingeweihte Schinderhannes-Radweg vorüberführt, ein Gedenkstein enthüllt.

Gräff, Franz J.: Die Schwaller Pulverkatastrophe im Jahre 1906. In: Rhein-Hunsrück-Kalender 61 (2005), S. 95 - 97.
Durch Unachtsamkeit eines Arbeiters explodieren am 9.10.1906 in einem Haus in Schwall 25 Pfund Dynamit, die dort vorschriftswidrig gelagert waren. Zwei Menschen sterben.

Weber-Wieck, Else: Von der Hunsrückbahn. Gedanken und Erinnerungen. In: Rhein-Hunsrück-Kalender 61 (2005), S. 155.
„Dann wurde weiter gebaut nach Pfalzfeld und Boppard, was einige Jahre dauerte. Die Strecke Buchholz - Boppard war schwierig. Es mussten über die Schluchten Brücken gebaut werden und durch den Berg einige Tunnels. Es war später die schönste landschaftliche Strecke im Westen Deutschlands."

Wendling, Wolfgang: Steilstrecke ist noch nicht am Zug. Vorerst bis 16. Oktober bleibt Verkehr auf der Hunsrückbahn eingestellt. Hoher Verschleiß der Achsen an Lok und Waggons. In: Rhein-Hunsrück-Zeitung Nr. 229, 1.10.2005, S. 11.
Seit 10. August ist der Verkehr auf der Hunsrückbahn eingestellt. Die Ursache der Verschleißerscheinungen ist noch unklar.

Hunsrückbahn fährt wieder. In: Rund um Boppard Nr. 47, 25.11.2005, S. 5.
Wegen übermäßigen Verschleißes der Radreifen des Steuerwagens war der Betrieb der Hunsrückbahn zwischen Boppard und Emmelshausen seit dem 10.08.2005 eingestellt. Am 23.11.2005 wird der Betrieb versuchsweise für sechs Wochen wieder aufgenommen; Anfang Januar 2006 läuft der Verkehr wieder normal.

Johann, Jürgen: Erster Haltepunkt der Hunsrückbahn: Forsthaus Buchenau. In:

Jürgen Johann, Michael Koelges: Buchenau - eine neue Heimat. Boppard 2005, S. 57 - 61.
Erste Planungen sahen eine Untertunnelung des Eisenbolz und einen Haltepunkt am Forsthaus Buchenau für Weiler und Fleckertshöhe vor.

Henn, Armin: Der Hunsrücker und sein beliebtes Brot. Hommage an eine liebenswerte Landschaft und einen netten Menschenschlag. In: Heimat zwischen Hunsrück und Eifel 54 (2006), Nr. 12, S. 2.
Schilderung einer „Hamsterfahrt" nach dem Zweiten Weltkrieg vom Rheintal auf den Hunsrück: „Wenn man nach langer Abwesenheit mit dem Schinderhannes-Express von Boppard kommend in Simmern einfährt, stelle man die Uhr 150 Jahre zurück. Man vergesse den Fortschritt, die Ruinenstädte längs des Rheins. Hier kommt die Flucht der Zeit in das Gewesene nicht so schmerzhaft zum Ausdruck."

Johann, Jürgen: Vor einhundert Jahren: Säuerlingsturm erhält neuen Standort. In: Rund um Boppard Nr. 12, 24.03.2006, S. 18.
Ursprünglich sollte der mittelalterliche Stadtmauerturm, der dem Bau der Hunsrückbahn im Wege stand, abgerissen werden. Vom 6.01.1906 bis 7.01.1907 wurde der Turm jedoch abgetragen und an der heutigen Stelle wieder aufgebaut.

Johann, Jürgen: Anekdoten aus den Pionierjahren der Hunsrückbahn. In: Rund um Boppard Nr. 40, 6.10.2006, S. 17.
Andekdoten „Loss de Zuch eruss" und „Lier mich Zuch fahre" (letztere erstmals abgedruckt im Rhein-Hunsrück-Kalender 50 [1994], S. 47). - Mit Abb. (Gemälde) des 1987 abgerissenen Buchholzer Bahnhofsgebäudes.

Dunger, Hans: Hunsrückbahn 2006 - ein Schienenweg vergammelt. In: Rhein-Hunsrück-Kalender 63 (2007), S. 41 - 50.
S. 44 - 45: Vorübergehende Stilllegung der Strecke Boppard - Emmelshausen von August bis November 2005 wegen übermäßiger Abnutzung der Spurkränze der Fahrzeuge.

Hübner, Ralf: „Kyrill" lichtet Wälder - Hunsrückbahn fiel aus. Windbruchschäden in Boppard überschaubar. In: Rund um Boppard Nr. 4, 26.1.2007, S. 22.
Am 18.01.2007 richtet der Orkan „Kyrill" im Stadtgebiet nur geringe Schäden an. Die Hunsrückbahn ist zwischen Buchholz und Fleckertshöhe durch umgestürzte Bäume blockiert.

Benner, Ferdinand; Kämpchen, Paul; Brill, Albert: 99 Jahre Hunsrückbahn. In: Rund um Boppard Nr. 42, 19.10.2007, S. 17.
Wiedergabe eines Textabschnitts aus dem Buch von Kämpchen/Brill: Land am Strom. Eine Heimatkunde für junge Menschen. 3. Aufl. 1960, in dem eine Zugfahrt mit der Hunsrückbahn von Boppard zum Haltepunkt Fleckertshöhe und eine Wanderung von dort über die Fleckertshöhe und Bad Salzig nach Boppard geschildert wird.

Johann, Jürgen: Hunsrückbahn fährt seit fast 100 Jahren. Im August 1908 wurde das letzte Teilstück auf der Strecke von Boppard nach Simmern vollendet. Alte Reichsstadt erlebte wirtschaftlichen Aufschwung. In: Rhein-Hunsrück-Zeitung Nr. 300, 28.12. 2007, S. 17.
Geschichte des Hunsrücker Eisenbahnbaus.

Stoffel, Werner: Vor 100 Jahren: Die Hunsrückbahn Boppard-Pfalzfeld wird in Betrieb genommen. In: Rhein-Hunsrück-Kalender 64 (2008), S. 80 - 88.
Geschichte der 1908 eröffneten Hunsrückbahn. - Der allererste Zug, gesteuert von Lokführer Anton Weiland aus Boppard, verließ Boppard am 1.08.1908 um 9.10 Uhr und erreichte Kastellaun pünktlich um 11.25 Uhr. Als Tag der offiziellen Eröffnung gilt allerdings der 3.8.1908.

Johann, Jürgen: 100 Jahre Hunsrückbahn. Historische Dokumente gesucht. In: Rund um Boppard Nr. 4, 25.01.2008, S. 17.
Eröffnung der Hunsrückbahn Boppard - Simmern am 3.08.1908. Mit Abb. (Bildunterschrift: „Bau der Hunsrückbahn im Jahre 1907. Der nicht unproblematische Durchbruch des Kalmuttunnels ist geschafft. Voller Stolz präsentieren sich die Bahnarbeiter dem Fotografen").

VVV optimierte den Wanderweg „Kronprinzenpfad". In: Rund um Boppard Nr. 4, 25.01.2008, S. 19.
Mit Angaben zur Geschichte des Wanderwegs und seiner Benennung (1901 - 1903). Als die ersten Planungen für den Bau der Hunsrückbahn bekannt wurden, verzichtete man auf die Errichtung einer Schutzhütte am Kronprinzenpfad.

Hunsrückbahn wird privatisiert. In: Rund um Boppard Nr. 7, 15.02.2008, S. 1, 5.
Von Dezember 2009 bis zum Jahr 2029 betreibt die private Eisenbahngesellschaft Rhenus Veniro aus Mainz die Hunsrückbahn zwischen Boppard und Emmelshausen. Die Firma hat ein entsprechendes Vergabeverfahren des Zweckverbandes Schienenpersonennahverkehr Rheinland-Pfalz Nord für sich entschieden.

9,3 Mio. Euro werden in die Hunsrückbahn investiert. In: Rund um Boppard Nr. 9, 29.02.2008, S. 1, 5.
Die Generalinstandsetzung der Strecke zwischen Boppard und Emmelshausen erfolgt vom 27.06. bis 3.08.2008. Während dieser Zeit übernehmen Busse die Personenbeförderung. Die offiziellen Feierlichkeiten zum Jubiläum „100 Jahre Hunsrückbahn" sind für den 27./28.09.2008 geplant.

Breitbach, Suzanne: Säuerlingsturm erwacht zu neuem Leben. Marlene Leue, Inhaberin des Weinkontors, hat das historische Gemäuer erworben und erweitert dort ihr Angebot. Am Samstag ist Eröffnung. In: Rhein-Hunsrück-Zeitung Nr. 68, 20.03.2008, S. 14.
Am Karsamstag, 22.03.2008, wird das Bopparder Weinkontor im Säuerlingsturm (dem einstigen Wasserturm der Bahn) eröffnet.

IM FOTOALBUM GEBLÄTTERT

Bahnmitarbeiter bestellten die Kleingärten entlang der Schienenführung Säuerling/Flogt. Im Bildhintergrund sind das Bopparder Stellwerk Nord und der Lokschuppen der Hunsrückbahn mit Kamin zu erkennen. In den Seitenhängen des vorderen Mühltals wird noch intensiver Weinbau betrieben. Liebevoll behütete Kinder eines örtlichen Lokführers positionieren sich anfangs der 1920-er Jahre dem Fotografen.

Register

von Michael Koelges

Die bloßen Ortsnamen Boppard, Buchholz, Emmelshausen, Pfalzfeld, Kastellaun und Simmern werden wegen ihres häufigen Vorkommens nicht verzeichnet. Unter diesen Ortsnamen erscheinen jedoch einzelne Gebäude, Straßen und eisenbahnbezogene Einrichtungen. Topographische Bezeichnungen außerhalb des bebauten Gebiets sind unter dem Begriff selbst aufgeführt (z. B. Rauschenloch, Hellerwald, Gallscheid).